안산동산고 이야기2

김인중, 김성겸,
안산동산고 가족일동

프롤로그

30년 후, 다시 쓰는 동산고 이야기

    2005년 발간된 『안산동산고 이야기』는 청소년기를 보내는 자녀를 둔 대한민국의 많은 부모들에게 깊은 감동과 희망을 안겨 주었다. '신앙과 실력'이라는 교육의 가치를 지키기 위해 기도하며 헌신해 온 동산고 선생님들, 그 가치를 배우며 자라난 졸업생과 재학생들, 그리고 귀한 자녀들을 동산고에 믿고 맡겨 주신 학부모님들. 이 모두가 함께 써 내려간 동산고 이야기는 오늘도 여전히 진행 중이다. 우리는 이 이야기가 하나님의 도구가 되어 또 다른 가정을 세우고, 또 다른 아이들의 삶을 빚어 가는 데 쓰임 받고 있음에 감사한다. 그리고 개교 30주년을 맞은 지금, 동산고의 새로운 30년이 또다시 소망으로 시작됨을 기쁘게 전한다.

    『안산동산고 이야기 2』는 선생님, 졸업생, 학부모가 출판 과정에 함께 참여하여 동산고 교육의 본질적 가치를 다시금 확인하고, 지난 30년간 교육 현장에서 빚어진 수많은 에피소드와 그 속에 담긴 사람 냄새 나는 감동의 이야기를 엮어 낸 책이다. 웃고 울었던 교실과 운동장, 그 시절 선생님과 친구들이 남긴 기억과 흔적이 책 속 곳곳에 살아 숨 쉰다.

    세월이 흘러도 문득 떠오르는 사람들, 존경하는 선생님과 소중한 친구들, 축복처럼 다가왔던 만남. 청소년기의 혼란 속에서 바른 가치와 섬김의 삶을 몸소 가르쳐 주신 선생님을 통해 인생의 전환점을 맞이했던 이들의 이야기는 오늘날 자녀 교육에 대한 갈급함을 가진 수많은 부모님들에게 분명 깊은 울림과 비전을 전해 줄 것이다. 이 책을 통해 동산고의 설립 가치가 교육 현장의 선생님과 학생, 학부모 모두에게 다시 한번 전해지길 기대한다.

김인중 원로목사 / 안산동산고등학교 설립자

기도로 심고 은혜로 맺은 열매

1995년 김인중 목사님의 비전과 안산동산교회 성도들의 기도로 안산동산고등학교가 세워졌다. '하나님의 세계를 품은 인재'를 기른다는 소명을 안고 조심스럽게 첫걸음을 내디뎠던 그 시작은, 모든 것이 낯설고 쉽지 않았기에 오히려 동산고의 정체성과 방향을 더욱 분명히 하는 귀한 시간이었다.

개교 10년 만에 대한민국을 대표하는 명문 사립고등학교로 자리 잡은 동산고는, 수많은 이들의 기도와 헌신으로 자라났다. 김인중 목사님의 『안산동산고 이야기』는 그 탄생과 성장, 그리고 비전을 생생하게 담아낸 기록으로, 동산고가 품은 꿈과 신앙의 여정을 많은 이들과 나누는 귀한 통로가 되었다.

그리고 이제 개교 30주년을 맞아 『안산동산고 이야기 2』를 새롭게 세상에 내어놓는다. 이번 책은 설립자의 시선을 넘어, 동산고의 시간을 함께 살아온 학생들과 학부모, 교사들의 목소리를 담았다. 100여 명의 동산 가족들이 들려주는 이야기들은 단순한 회상이 아니라, 각자의 자리에서 믿음으로 씨를 뿌리고 열매를 맺은 생생한 고백이자 증언이다.

학생들의 이야기 속에는 믿음의 여정과 청춘의 흔적이, 학부모들의 고백에는 자녀를 맡기며 드린 눈물의 기도가, 교사들의 기록에는 한 영혼을 위해 흘린 수고와 헌신이 담겨 있다. 이 모든 목소리가 하나로 모여, 동산고의 30년이 단순한 시간이 아닌 하나님의 은혜로 빚어진 신앙과 삶의 역사였음을 보여 준다.

『안산동산고 이야기 2』는 과거를 추억하는 데 머물지 않는다. 앞으로 동산고가 걸어갈 길을 비추는 이정표이자, 다시금 사명을 확인하는 믿음의 증언이 되길 바란다. 오늘의 동산고는 사람의 능력이 아닌 하나님의 은혜로 세워졌고, 수많은 동역자들의 기도와 헌신이 그 자리를 지켜 왔다.

이 책이 동산고를 사랑하는 모든 이들에게 하나님의 은혜를 다시 새기게 하고, 새로운 30년을 향한 걸음을 믿음으로 내딛게 하는 작은 불꽃이 되길 소망한다.

김성겸 담임목사 / 안산동산고등학교 이사장

추천사

하나님의 꿈이 자라는 학교

일제 강점기 시대 때 남강 선생이 오산학교를 세우셨다. 해방이 되었을 때, 민족을 이끌 지도자를 키우기 위함이었다. 그러한 설립 취지를 가진 오산학교에는 '오산가'(오산경가)라는 노래가 있었다.

> 백두산서 자란 범을 백두호라고
> 부엄 중의 부엄으로 불리우느니라
> 너희들은 오산에서 자라났으니
> 어디를 가든지 오산이로다

목회의 버킷리스트가 있었다. 그중 하나가 오산과 같은 기독교 학교를 세우는 것이었다. 하나님의 특별하신 은혜로 은퇴 말미에 기독교 학교를 세울 수 있었다. 초등학교 1학년과 2학년을 받아 시작한 학교가, 올해 첫 고등학교 졸업생을 배출하였으니 참으로 감개무량하다.

안산동산고는 우리 시대에 세워진 최고의 기독교 학교다. 30년 동안 수많은 기독 인재들이 배출되어 국내뿐 아니라 전 세계 곳곳에서 큰 영향력을 발휘하는 이들이 되었다. 물론 내 개인적인 의견이지만, 나는 안산동산교회가 지금까지 해 온 수많은 일 중에서 안산동산고를 세운 일이 가장 잘한 일이며, 가장 큰일이라고 생각한다.

1기부터 31기까지 학생들과 교직원들의 생생한 간증을 담아 『안산동산고 이야기 2』가 출간되었다. 많은 분이 읽고 감동을 받아, 안산동산고와 같은 기독교 학교가 계속해서 세워져 나가기를 기대하는 마음으로 이 책을 추천한다.

김동호 목사 / 에스겔선교회 대표

하나님의 가르침으로 세상을 섬기는 아이들

 안산동산고는 내 인생의 한 부분을 차지한다고 해도 과언이 아닐 것이다. 내가 안산동산교회에 부목사로 첫 부임하던 해에 안산동산고가 개교했다. 그다음 해에 고등부를 맡으면서, 고등부 안에 있던 수많은 안산동산고 학생들과 함께하는 특권을 누릴 수 있었다.
 동산고를 졸업한 학생들의 특징 중 하나는 하나님께서 원하시는 곳에서 누군가를 섬기며 살겠다는 생각을 가진 이가 많다는 것이다. 가까이에서 동산고의 힘을 지켜본 내 마음 한구석에는 기독교 대안 학교에 대한 꿈이 생겼다. 그렇게 그들과 함께 복된 시간을 보낸 후, 2004년 12월에 안산 바로 옆 동네인 화성시 남양읍에 교회를 개척했다.
 교육 여건이 열악한 동네여서, 많은 사람이 좋은 교육에 대한 목마름을 갖고 있었다. 교회를 개척한 이후, 동산고 졸업생 몇 명이 와서 우리 동네 중학생들을 위한 방과 후 학교를 열었다. 그 여세를 몰아 개척 5년 차 즈음에는 '은혜의동산기독교대안학교'를 시작했다. 제대로 된 건물도 없었고, 운동장도 없었지만 우리 학교 교사들이 동산고 졸업생이라는 소문이 동네에 퍼지면서, 점차 많은 이가 관심을 갖게 되었다. 왜냐하면 당시 동산고는 우리 동네에서 전교 1~2등 하는 학생만 갈 수 있는 학교였기 때문이다. 동산고 졸업생들이 교사라는 사실은 열악한 우리 학교의 가장 큰 힘이 되었다. 믿음으로 세운 작은 학교가 오늘날 초·중·고 193명의 학생이 같이 기도하고 꿈을 키우며 공부하는 학교가 될 수 있었던 것은 동산고 졸업생들의 선한 영향력 덕분임을 재차 강조하고 싶다.
 이번에 출간되는 『안산동산고 이야기 2』는 마치 내가 경험한 것 같은 아름다운 이야기 100여 편을 모아 엮은 책이다. 이 책에 소개되지 않은 더 많은 이야기가 우리 사회 구석구석에서 일어나고 있을 것이다. 앞으로 더 많은 아름다운 이야기가 알려지기를 소망하며, 이 책을 강력히 추천한다.

이규현 목사 / 은혜의 동산교회

차례

프롤로그
추천사

학생

1기 김주희	그땐 몰랐던 일들	12
1기 박성국	고개를 들어 다윗을 보았고, 하늘에 꿈을 그렸다	14
1기 이현재	꿈이 이끄는 삶	16
2기 박유화	동산의 마음을 닮아 가는 중입니다	18
2기 유영식	동산교육이 곧 대한민국 미래 교육이다	20
3기 박정심	늘 버릇없는 아이	22
3기 양소연	좋은 사람 선물 세트	24
4기 권준기	내 기억 속의 안산동산고	26
4기 박용한	여전히 그리운, 꿈꾸던 시절	28
5기 석혜선	나의 10대가 아름다웠던 이유	30
5기 한효녀	오늘을 살 수 있는 힘을 믿으며 그렇게 살아간다	32
6기 김동협	수동태 인생	34
6기 윤연	상록학사의 우당탕탕 사생장	36
7기 문지현	음악의 길을 열어 준 사랑의 교정, 안산동산고	38
7기 이민욱	동산이 나의 자랑이듯, 나도 동산의 자랑이고 싶다	40
8기 임성호	동산의 저녁	42
9기 김선애	망아지처럼 신나던 나의 봄날	44
10기 우민지	사람을 배운 곳, 안산동산고	46
10기 좌행운	하나님을 만난 학교	48
11기 김윤호	쓰임 받는 삶을 향한 첫걸음	50
11기 윤유진	나에게 동산고는	52
12기 장보규	봄날의 벚꽃, 그리고 동산	54
13기 류승민	엄마의 운전	56
13기 양동혁	동산의 운동장은 나의 홈그라운드	58
13기 이건주	나의 기원(起源), 나의 동산고	60
14기 김성령	영향력 있는 공연기획자를 꿈꾸다	62
14기 김인기	나의 만능 줄기세포 시절	64

14기 장요한	동산으로 가는 언덕길을 삼 년 동안 오를 수 있었던 이유	66
15기 설수진	우당탕탕 동산고 3년, 그리고 그 후	68
15기 유홍주	조금은 쉬어 가도 괜찮아!	70
16기 이경은	멋이라는 것이 폭발했다!	72
16기 최하영	겨자씨의 기도	74
17기 오수암	기도와 배움이 만났던 동산	76
17기 최근원	학생회장 형제에게 안산동산고란	78
18기 박예성	(예)수님의 (성)품을 닮아 (준)비되어 쓰임 받는 사(람)이 되자	80
18기 이규진	동산고에서 배운 것들	82
19기 오한결	아, 너가 걔야?	84
19기 이가빈	우리 결혼했어요!	86
19기 최하영	동산에서 피어난 카메라 너머의 꿈	88
20기 백주훈	심리학도의 성찰기, 10년 전의 너로부터 10년 후의 너에게	90
20기 심기열	엉덩이의 힘으로 버텨 온 시간	92
21기 전보은	새벽이 지나고 비로소 깨닫는 것들	94
22기 김현빈	자유를 향한 문	96
22기 서예원	헤맨 만큼 내 땅이다	98
22기 이강현	닮은 얼굴로, 같은 언덕을 올랐던 3년	100
23기 김도현	기도와 인도	102
23기 이유진	과거는 다시 돌아갈 수 없어서 아름다운 법이기에	104
24기 이주원	후집사님을 아세요?	106
25기 오세훈	그 봄의 전우들	108
26기 김생수	황량한 우듬지에도 새순은 돋고	110
27기 조민의	모든 발걸음이 동산인답게	112
27기 조보민	평범하지만 비범한	114
28기 조은비	이팔청춘	116
29기 강지원	오늘도 주님이 맑게 하심	118
29기 정지후	세 번의 벚꽃과 한 번의 숯	120
30기 강태이	곁에	122
30기 이해주	인생이란 산과 그 안의 동산이다	124
31기 안요아	나의 자랑이 될 동산에게	126
31기 임성율	동산, 봄, 다시, 계속	128

학부모

계대정 하나님의 인도하심 속에 걸어온 동산고와의 동행 ·················· 132
김경옥 동산고에 환한 벚꽃이 필 때 ····································· 134
김기삼 동산 공동체와 함께한 21년의 이야기 ························· 136
김영관 동산고와 나 ··· 138
김향숙 아이들의 찬양이 들리던 동산고의 아침 ······················ 140
박은희 공부는 꼴찌 해도 괜찮아! ·· 142
박종찬 개교 30주년 동산고를 축하하고 축복하며 ·················· 144
이수형 동산에서 인생을 배우다 ··· 146
이창갑 추억의 박물관, 안산동산고 ····································· 148
임영빈 우리가 지켜 낸 그 이름, 안산동산고 ························ 150
전덕임 간절한 기도와 하나님의 응답 ·································· 152
정재준 비전 위에 세운 학교에서 기도로 자란 아들 ················ 154
채연근 예수님과 플러그인 카이로스 삶 ······························· 156
허윤경 하나님 품에 자녀를 던지다 ····································· 158
현원옥 영원히 열린 문 ·· 160

교직원

곽희경 　내 마음에 동산고가 쏙 들어온 날 ···················· 164
김연정 　둘이 먹고 둘 다 죽어도 모를 밥상 ··················· 166
김은진 　제자들을 위해 노래하는 선생님 ····················· 168
김은하 　우리는 찬란한 동산의 오케스트라 ··················· 170
김재호 　국경을 건너온 아이와 처음 만난 날 ················· 172
김준 　　우리가 함께 만든 졸업장 ··························· 174
남영이 　오늘 하루도 수고 많았습니다 ······················· 176
노경우 　동산의 언덕에서 하나님의 일꾼으로 ················· 178
류하영 　동산에서 보낸 나의 추억은 아직도 진행 중 ··········· 180
박순정 　넘치게 사랑받은 곳, 안산동산고 ···················· 182
소남원 　나를 교사 되게 한 것은 나를 거쳐 간 학생들이었음을 ··· 184
엄기윤 　사랑의 동산에서 우리의 시간이 쌓여 갈 때 ··········· 186
유명근 　매년 TV 저녁 뉴스에 등장하던 동산고 졸업식 ········ 188
유정식 　세계로 뻗어 나가는 세계지리 수업 ··················· 190
이영희 　설렘으로 여는 하루 ································· 192
이원희 　열정은 열정을 낳고, 사랑은 사랑을 낳고 ············· 194
이윤진 　여기 스프링 추가요! ······························· 196
이은선 　동산의 느티나무 아래서 ··························· 198
임출호 　어깨동무 찬양 ····································· 200
임태혁 　동산의 운동장을 다시 뛰다 ························· 202
정주리 　'함께'에서 오는 즐거움, '기다림'이 주는 기쁨 ········· 204
조규철 　하나님의 학교를 만나다 ··························· 206
조수용 　동산에서의 두 번째 봄 ····························· 208
진윤태 　'난중일기'부터 '동요 함께 부르기'까지 ·············· 210
진형도 　수학 수업은 재미있어야 한다 ······················ 212
최도열 　세족식과 세리머니, 우리 반의 감동 리그 ············ 214
최용락 　여섯 명의 교사, 대만을 달리다 ····················· 216
하정욱 　동산에서 시작된 나의 인생 이야기 ·················· 218

에필로그

학생

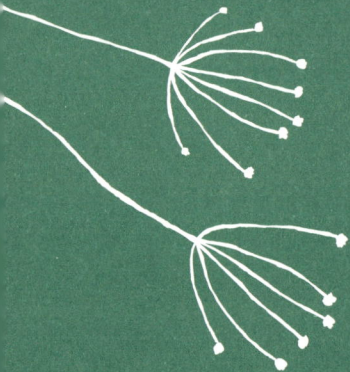

믿음 위에 선 청춘, 그리고 하나님의 사람들
책가방보다 무거운 질문을 안고 학교에 들어선 아이들은,
어느새 눈물로 기도하고 웃으며 성장해 갔습니다.
동산의 학생은 단순히 공부하는 존재가 아니라,
믿음 안에서 '어떤 사람'이 될지를 고민하는 존재입니다.

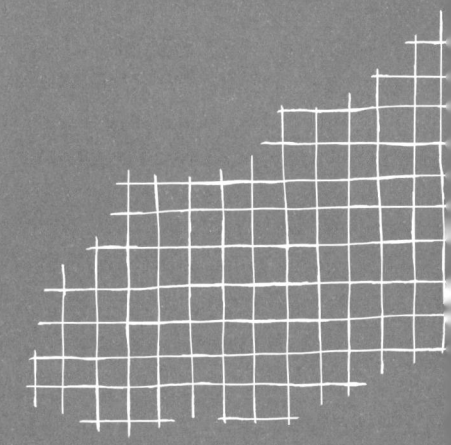

그땐 몰랐던 일들

김주희 / 1기

　　　　95년 동산고 1기로 입학한다는 건, 모험 그 자체였다. 당시는 지금과 달리, 중학교 담임 선생님들이 동산고 지원을 말릴 정도였다. 학교에 대한 기대는 없었지만, 그 대신 기도하는 분들은 많았다. 정보 자체가 없었기에, 우리 역시 막연한 기대만 품을 수밖에 없었다.

　그런데 막상 입학해 보니, 학교생활은 기대 이상으로 흥미진진했다. 거의 모든 선생님이 20대였고, 막내 선생님은 우리와 겨우 여덟 살 차이였다. 자연스럽게 학교 안에 남자 선생님의 팬덤이 형성되었고, 선생님들의 일거수일투족은 전교생의 관심사가 되었다. 카메라를 들고 와 선생님 사진을 찍어 여러 장 인화해 나누어 갖고, 좋아하는 선생님의 수업 시간에는 아이들이 교탁 위에 음료수 등 다양한 선물을 앞다투어 놓아두곤 했다. 선생님과 따로 연락을 주고받거나 밥을 함께 먹는 일은 정말이지 큰 자랑거리였다. 학교는 그야말로, '나의 스타'를 만날 수 있는 설레는 공간이었다. (내가 이렇게 잘 아는 이유는… 쉿!)

　물론 모든 선생님이 좋으셨다. 거의 모든 선생님이 아이들의 이름을 다 외우셨고, 학생들의 생일까지 챙겨 주셨다. 어떤 사모님은 선물을 손수 만들어 반 아이들에게 나누어 주시기도 했고, 어떤 선생님은 묵직한 감동이 담긴 손편지를 써서 게시판에 걸어두기도 하셨다. 방학 때는 집으로 전화를 돌려 안부를 물으셨고, 쉬는 날 반 아이들과 여행을 다녀오기도 하셨다. 그 시절, 우리는 그게 1기만의 특권이라 믿었다.

　어느덧 나도 기독교 대안학교에서 교사로 일한 지 십오 년이 넘었다. 결혼하고 아이를 낳아 키운 뒤 시작한 일이기에, 나는 30대에 신입 교사가 되었다. 기독교 교육, 대안 교육을 어떻게 해야 할지 실전에서 늘 고민이 많았다. 그럴 때마다 떠오르는 건, 바로 동산고 선생님들이었다.

　그땐 그렇게 커 보였던 선생님들이 알고 보니 사회 초년생이셨고, 그

나이가 되어 보니, 그때 그렇게 커 보였던 선생님들도 사회 초년생이셨는데, '선생님'이라는 무게를 어찌 감당하셨을지 이해가 되지 않는다. 소수의 학생들과 관계를 맺는 일도 이렇게 힘든데, 그 많은 아이에게 그렇게 사랑을 퍼 주실 수 있었다는 사실이 경이롭기만 하다.

그래서 나는 '선생님 따라 하기'를 했다. 그렇게 하다 보면 언젠가 나도 거인 같았던 우리 선생님들처럼 될 수 있을까 기대했기 때문이다. 하지만 사랑을 하면 할수록, 기쁘고 행복한 순간보다 아프고 힘든 순간이 더 많았다. 교단에서서 우리에게 전해 주셨던 짧은 한마디에 얼마나 많은 고민이 담겨 있었는지, 학생을 알아 가고 가까워질수록 그 아이의 삶의 무게가 교사의 마음을 얼마나 짓누르는지, 모진 말로 혼내고 나면 학생들보다 교사가 더 마음 아팠던 이유를 그때는 알지 못했다. 학생인 나보다도 내가 잘되기를 얼마나 간절히 바라고 계셨는지 그 마음을 이제야 조금 알겠다.

요즘 무뎌져 가는 내 모습을 보며 '연차가 쌓이니 그런가 보다.' 생각한 적도 있었다. 학생들의 마음을 귀 기울여 듣고, 혼자가 아니라는 걸 느끼게 해 주며, 훌훌 떠나는 아이들을 보내는 일이 예전만큼 힘들지 않아서다. 하지만 그 시절 선생님들을 떠올려 보니, 지금 내게 부족한 것이 무엇인지 선명히 보인다. 그건 바로 '뜨거움'이다. 사랑했기에, 열정이 있었기에 뜨거울 수밖에 없었던 그분들의 온기를 이제 내 품의 온기로 담아야겠다. 내가 그렇게 뜨거운 사랑을 받았기에, 그때의 내가 살아남을 수 있었다. 그 믿음을 품고, 오늘도 아이들의 눈을 더 깊이 들여다보아야겠다.

고개를 들어 다윗을 보았고,
하늘에 꿈을 그렸다

박성국 / 1기

그날, 교복을 입고 비를 맞으며 한 시간이 넘는 길을 걸었다. 나는 동산고등학교 1기 졸업생이지만 입학으로 들어오지 않고 2학년 여름 전학으로 들어왔다. 이전에 경험하지 못했던 친절하고 늘 기도해 주시던 선생님들과 서로 격려해 주던 급우들이 있음에도 불구하고, 이전 학교와는 차원이 달랐던 학업량은 점점 나를 지치게 했다.

탈출해야 살 것 같았다. 초등학교 시절부터 울타리를 공유하고 있던 고향과 같은 이전 학교로 돌아가고 싶었다. 가능하지 않다는 것을 알았지만 무조건 교육지원청을 찾아갔고, 당연히 불가능하다는 이야기를 들었다. 그리고 우산을 써야 한다는 것도 잊은 채 비를 맞으며 집을 향해 걸었다. 한 시간이 넘게 비를 맞은 교복은 무거웠고, 집에 도착하고도 교복을 벗지 않고 그대로 내 방에 누웠다. 아버지가 뒤에 누워 안아 주고 가셨지만 아무 말도 하지 않았고, 돌아보거나 일어나고 싶지도 않았다.

다음 날 아침, 책상에 얼굴을 묻은 채 아무 생각이 없었다. 누군가 들어왔고, 교탁을 끄는 소리가 들렸다. 그리고 기타를 조율하는 소리가 들렸다. 고개를 들어 보니 친구 ○식이가 0교시 반 채플을 인도하기 위해 칠판 선반에 걸터앉아 준비하고 있었다. ○식이를 바라보는 내 얼굴 표정이 어떠했는지 알 수 없지만, 나를 향해 방긋 웃는 친구의 얼굴을 마주할 수 있었다.

그날, 정말 만나고 싶었던 소년 다윗을 만났다. 주일학교 시절에 만났던, 골리앗을 향해 어떤 두려움도 없이 달려갔던 소년 다윗, 사망의 음침한 골짜기에서도 하나님을 향해 찬양했던 다윗을 만난 것이다. 마음에서 변화가 일어나기 시작했고, 학교가 점점 사랑스러워져 갔다. 우리는 고3이 되었고, 학교에서 더 많은 시간을 보내야 했지만 더 머물고 싶었다. 모든 것이 좋았다. 정말 모든 순간이 행복했다. 지금도 동산고에는 누군가의 소년 다윗들이 서로에게 희망을 주며 함께하고 있을 것이다.

선생님의 말씀이 계셨다. "오늘 밤, 유성우를 관측할 수 있으니 보고 싶은 학생들은 00시에 운동장으로 나와라." 마치 오래전부터 그 시간을 기다렸던 것처럼 우리들은 운동장에 모였다. 여느 때와 같이 공놀이를 한참 한 후 운동장에 누워 하늘을 바라보았다. 관측은 쉽지 않았고, 기대에 미치지 못했다. 그러나 기대하지 않았던 친구와의 이야기는 나를 두근거리게 했다.

   "나는 꼭 전투기를 타고 하늘을 날아 볼 거야." 친구의 진심이 내 가슴을 뛰게 했다. 그러나 98년 수능이 끝난 우리는 다가온 현실에 맞추어야 했다. 친구와 안양에 있는 대학교 면접을 함께 들어갔고, 교수님은 이렇게 우수한 학생들과 이야기를 나눌 수 있어서 기분이 좋고 꼭 만나자는 말씀도 주셨지만, 결과는 그렇지 못했다. 대학 입시가 마무리되어 갈 때, 나를 두근거리게 했던 친구의 전투기는 그날 멀리 떠 있는 밤하늘의 별과 같았다.

   98년 대학에 들어가 군대를 제대하고 각자의 현실에 최선을 다했을 것이다. 중학교 2학년 때, 청소년들이 자신들의 자리에서 언제든 예배자로 살아가도록 인도하는 목사가 되는 것이 내 꿈이었다. 나는 2009년 목사 안수를 받고 동산교회 고등부 담당 목사로 안산에 있는 7개 고등학교를 다니며 점심시간과 저녁 시간에 청소년들의 현장에서 함께 예배를 드리는 꿈과 같은 시간을 보냈다. 그날, 밤하늘을 보며 전투기를 타고 하늘을 날겠다는 친구는 파일럿으로 비행을 마치고 멋진 사진 한 컷을 SNS에 올렸다. 동산고에서 나눈 꿈과 같은 이야기들이 우리에게 익숙한 일상이 된 것은 결코 우연이 아니었으리라 믿는다.

꿈이 이끄는 삶

이현재 / 1기

나는 학창 시절의 추억보다 졸업 이후의 학교 관련 기억들이 더 빠르게 떠오른다. 학창 시절 저마다 가진 짠하고 때로는 멋진 추억이 없어서가 아니다. 공부 잘하고 훌륭한 후배들 덕에 "그 학교 나오셨어요?"라는 질문에 어깨가 으쓱해졌던 경험 덕분이다. 그런 후배들에게 몇 마디 적으려 하니 글이 좀처럼 써지질 않아 며칠간 끙끙댔다.

수년 전, 오○훈 선생님의 강의 요청으로 소위 '백만 년 만에' 학교를 방문한 적이 있었다. 졸업 25년 만이었다. 그때도 무슨 이야기를 해야 할지 몰라 끙끙댔다. 그리고 소위 '성공한 선배'가 아닌 '꿈을 좇는 선배'로 스스로를 정의하며 조심스럽게 나의 이야기를 꺼냈던 기억이 있다. 실제로 나는 지금도 '성공한 선배'는 아니기 때문이다.

어린 시절부터 내게는 파일럿이 되겠다는 꿈이 있었다. 영화 <탑건>을 보고 그 꿈을 가지게 된 것 같다. 96년도, 교정을 올라가는 길에 벚꽃이 화려했던 어느 날, 공군사관학교 생도 몇이 학교를 방문해 모집 안내를 했다. 그리고 그 화려했던 봄날, 나의 꿈은 산산이 부서졌다. 공군사관학교 입학 제한 대상자라는 사실을 그때 처음 알게 되었기 때문이다. 나는 적록색약이었기 때문이다. 지금은 기준이 바뀌어 색각 이상자도 교정 시력만 맞추면 입교가 가능하지만, 당시엔 입학이 불가능했다. 예민했던 시기여서였을까. 꿈을 잃었다는 생각에 공부할 이유도, 열정도 잃었다. 부모로부터 유전된 것이라는 사실을 알고 난 뒤, 못난 마음에 집을 나와 자취를 시작했다.

정말 되는대로 살아갔다. 되는대로 대학을 갔고, 무엇을 해야 할지 고민은 있었지만 '내가 잘할 수 있을까'라는 생각에 무기력했던 시절이었다. 그런 나를 다시 일으킨 것은 어머니의 기도였다. 군대에서 밤에 소초 근무를 서다가 문득 떠오른 기억이 있었다. 새벽마다 머리맡에서 아들 잘되라며 눈물로 기도하시던 어머니의 모습이었다. 그 밤, 갑자기 떠오른 그 기억에 죄송한 마음이 들어 밤새도록 눈물을 흘렸다.

그 일이 계기가 되었던 것 같다. 삶의 태도를 바꾸고 모든 일에 열정을 갖고 덤벼들기 시작했다. 미국 일리노이 주립대에 교환학생으로 다녀왔고, 주간지와 방송국에서 인턴 기자로 일하면서 좋은 평가를 받았다. 이후 다음(Daum)과 카카오에서 미디어 정책을 담당하고 대외 업무를 수행했다. 2015년부터는 우아한형제들(배달의민족)에서 대외 정책 임원으로 일하며 '대한민국 IT 정책 최고 전문가'라는 수식어를 얻기도 했다.

또 우리나라 역대 대통령들, 정부 기관, 국회의원들과 함께 IT 정책과 법률을 만들고 불필요한 규제를 없애는 일을 했다. 2017년에는 트럼프 미국 대통령을 만나러 갔고, 2018년에는 문재인 전 대통령과 함께 유럽 순방을 다녀오기도 했다. 2019년엔 우리나라 최초의 노사 자율협상을 이끌어 냈고, 2021년에는 배달 노동자들을 위한 공제조합법을 만들어 긱워크(Geek Work)의 지위를 향상시키는 사회적 협상을 성사시켰다. 그 결과, 유럽연합(EU) 초청 토론에도 참석했고, 영국 여왕 타계 직전 왕실 초청으로 버킹엄궁에도 다녀왔다. 한국인으로서는 두 번째 방문자였다. 4차산업혁명위원회 분과위원, 개인정보분쟁조정위원회 위원 등으로 차관급 대우를 받기도 했다.

앞서 말했듯이, 나의 꿈은 파일럿이었다. 그리고 그 미완의 꿈을 이루기 위한 도전이 2013년에 있었다. 공군에서는 국민조종사 프로그램을 운영하며 홍보를 위해 남녀 각 1명을 선발해 블랙이글스 팀의 T-50 고등훈련기를 조종할 기회를 제공했다. 경쟁률은 1,000:1이었다. 나는 모든 테스트를 1위로 통과해 남자 최종 1인으로 선발되었고, 드디어 파일럿의 꿈을 이루게 되었다. 활주로를 박차고 하늘 높이 솟아오르던 그날을 나는 절대 잊지 못한다. 그리고 깨달았다. 꿈이라는 것은 마음속 어딘가에 고이 간직해 두면 언젠가는 이룰 수 있는 씨앗이 되기도 한다는 사실을.

동산고 30주년이라니, 얼마나 많은 동산고 인연이 있을까 하는 생각이 든다. 그리고 그 동산고 후배들 모두가 저마다 가슴 설레는 무언가를 품기를 바란다. 설렘을 간직하고 산다면, 분명 그 꿈이 당신을 저 언덕 너머 어딘가로 이끌 것이라 확신한다.

동산의 마음을 닮아 가는 중입니다

박유화 / 2기

일곱 살에 안산으로 이사 온 이후로 한두 해 정도 타지에서 살았던 시기를 제외하면 나는 지금까지 쭉 안산에서 살고 있다. 40대 중반이 된 지금까지도 말이다. 학창 시절 교회를 다니며 언니 오빠들과 함께 집회에 참석하던 때, 신앙심이 한창 뜨거워질 무렵 생긴 미션스쿨은 자연스레 내가 꼭 가고 싶은 학교가 되었다.

나는 고입 입학시험을 치르던 시기에 학교를 다녔는데, 아직도 두근거리는 마음으로 시험을 보러 언덕길을 오르던 기억이 생생하다. 당시에는 건물이 다 세워지지 않아 교실도 몇 개뿐이었고, 지금처럼 분수대나 운동장이 잘 갖춰져 있지도 않았다. 그럼에도 시험을 마치고 나오는 길에 '여기가 바로 우리 학교다.'라는 확신이 들어 참 좋았던 기억이 있다.

학교를 다니면서 가장 좋았던 것은 뭐니 뭐니 해도 동아리 활동이었다. 가장 친한 친구가 함께 동산고에 입학했는데, 자신이 들어가고 싶은 동아리 오디션을 보러 가자며 나를 데리고 갔다. 나는 얼떨결에 같이 면접을 보고, 그렇게 '선창'이라는 찬양 동아리에 들어가게 되었다. 점심시간과 쉬는 시간, 방과 후마다 틈틈이 찬양 연습을 하고, 율동을 준비하던 기억이 마치 몇 달 전처럼 생생하다.

가끔 다툼도 있었지만 선후배 간의 관계는 끈끈했고, 동기들과도 많은 시간을 함께 보내며 좋은 추억을 쌓을 수 있었다. 아직도 기억에 남는다. 축가를 부탁하셨던 이○길 선생님, 여름 합숙 훈련으로 선생님의 고향 교회에 내려가 1박 2일 동안 행사를 했던 일들, 그리고 교회의 문학의 밤 행사에 찬조 출연했던 순간들까지.

그때 나는 친구들 덕분에 내 고약한 잠버릇도 처음 알게 되었다. 자다가 말고 벌떡 일어나 찬양을 부르고 율동을 하다가 다시 푹 쓰러져 자 버리는 바람에, 깨어 있던 친구들이 모두 깜짝 놀라 귀신인 줄 알았다고 했다.

내게 동산고는 공부로 인해 힘들고 지쳤던 시기에도 좋은 친구들과 함께 즐거운 추억을 만들 수 있었던 고마운 학교다. 그래서 졸업한 이후에도 한동안 선생님들이 그리워 학교로 가 찾아뵙고 인사를 드리곤 했다.

세월이 흘러 나는 영어 교사가 되었다. 교사 초년생 시절 내가 가르치던 반에 있는, 예쁘고 성실한 학생이 영어부장을 지원했다. 한 학기가 지난 뒤에야, 그 학생이 내가 존경하던 역사 선생님의 따님이라는 사실을 알게 되었고, 나는 깜짝 놀랐다. 그리고 그 순간 깨달았다. '사람은 착하게 살아야 한다.'는 걸.

그 이후에도 동산고에서 나를 가르쳤던 선생님들의 자녀들을 가르칠 기회가 있었고, 그럴 때마다 제자들에게 부끄럽지 않은 스승이 되고, 선생님들께는 부끄럽지 않은 제자가 되기 위해 부단히 애썼다. 중학교에서 계속 근무하다 보니, 이제는 내 제자들이 동산고의 후배가 되는 일도 종종 생긴다.

학생들에게는 겉으로 티를 내지 않지만, 열심히 노력하는 아이들이 동산고 진학을 희망할 때마다 마음 한편이 뿌듯하다. 그리고 그들을 보며 부끄럽지 않은 선배와 교사가 되어야겠다고 다시 한번 다짐한다. 그래서 제자이자 후배들에게 종종 무심한 척 맛있는 간식을 툭 건네곤 한다. 작은 응원의 마음을 담아서.

올해는 동산고 개교 30주년을 맞이하는 해다. 내가 배운 선생님들께서 한 분, 두 분씩 학교를 떠나는 것을 보며 마음이 아프기도 하고, 시간이 많이 흘렀다는 사실을 실감하기도 한다. 가끔은 여전히 나를 가르쳐 주신 선생님들이 계셔서 후배들과 함께 그분들 이야기를 나눌 수 있었는데, 그 시간이 이제 많이 그리워질 것 같다.

반가운 일도 있다. 내가 근무하는 학교에 동산고 졸업생 선생님이 세 분이나 더 계셨던 것이다. 이제는 넷이 모여 동산고 이야기를 나눌 수 있게 되었으니 얼마나 좋은 일인지 모른다. 추억 속의 동산고가 여전히 우리 마음속에 살아 숨 쉬고 있다는 것에 참 감사한 마음이 든다. 좋은 학교를 만들어 주신 선생님들, 함께했던 친구들과 선후배들, 모두 고맙다. 동산인으로서 좋은 본을 보이며 부끄럽지 않은 제자, 후배, 선배가 되기 위해 노력할 것이다.

동산교육이 곧 대한민국 미래 교육이다

유영식 / 2기

동산고가 개교한 지 30년. 그 시간 동안 사회 각계각층에서 우리 동산인들이 눈부신 활약을 펼치고 있다. 나 역시 교육 분야에서 동산인으로는 처음으로 교직에 진출했고, 학교 관리자가 되었으며, 국가 교육과정 개발에 참여하고 교육 분야 베스트셀러 다섯 권을 낸 작가이자 전국 초중고등학교 교사들을 대상으로 강연하는 강연자로 활동하고 있다. 나는 현재 안산 초당초등학교 교감 선생님이자 동산고 2기 졸업생, 유영식이다.

동산과의 인연은 여전히 현재진행형이다. 나의 소중한 딸 지효가 동산고 31기로 입학하면서, 나는 이제 동산고 졸업생이자 학부모라는 두 가지 이름을 함께 갖게 되었다. 20년 넘게 교육자의 길을 걸어오고, 국가 교육과정 개발에까지 참여해 온 내가 자녀의 고등학교로 동산고를 선택한 이유는 단 하나. 나는 '동산교육의 힘'을 믿기 때문이다. 그렇다면, 동산교육의 힘은 무엇일까? 그리고 왜 '안산 동산교육'이 곧 '대한민국 미래 교육'을 대표한다고 말할 수 있을까?

국가 교육과정 개발자로서 나는 그 답을 누구보다 선명하게 체감하고 있다. 최근 고시된 2022 개정 교육과정은 '포용성과 창의성을 갖춘 주도적인 사람'을 교육 비전으로 내세우고 있다. 여기에는 세 가지 핵심 키워드가 담겨 있다. 바로 주도성(student agency), 포용성, 창의성이다. 동산인이라면 별다른 설명이 없어도, 이 세 단어가 우리 삶에 뿌리 깊이 새겨져 있음을 알 것이다. 실제로 다양한 분야에서 활약 중인 동산인들의 모습은 고등학교 시절 동산교육에서 길러진 이 세 가지 역량이 어떻게 사회적 성취로 이어지는지를 보여 주는 명확한 사례다.

나는 아직도 동산고 시절 선생님들의 수업을 생생하게 기억한다. 중학교 시절까지만 해도 주입식 교육에 익숙했던 나에게, 동산고의 수업은 충격이었다. 그 수업은 지식을 '집어넣는' 교육이 아니라, 내 안에 있는 생각을

'꺼내는' 교육이었다. 지금의 2022 개정 교육과정이 강조하는 '깊이 있는 학습'과 정확히 일맥상통하는 방향이었다.

그때의 경험은 교직 생활 내내 나의 수업관을 흔들림 없이 세우는 기준이 되었고, 나만의 창의적인 수업을 만들어 내는 밑거름이 되었다. 그런 역량이 쌓여 나는 경기도교육청 수업명인으로, 그리고 대한민국 수학교사로 선정되었고, 국가 교육과정 개발위원으로까지 참여하게 되었다. 모든 시작은 동산고 선생님들의 수업이었다. 그 수업은 바로 오늘날 미래 교육의 핵심, '주도성'을 키우는 진정한 교육이었던 것이다.

'하나님을 경외하고 이웃을 사랑하자'는 동산고의 교훈은 지금까지도 내 마음속에 깊이 새겨져 있다. 최근 학교 현장에서 학생들의 폭력 문제를 직접 접하면서, 동산고 시절 욕 한마디 하지 않고 서로를 형제처럼 아끼며 지냈던 시간들을 떠올리게 된다. 학교폭력 단 한 건 없이 지나갔던 그 시절. 그것은 단지 교훈 한 줄 때문이 아니었다. 그 교훈이 학교 문화로, 일상의 태도로, 깊이 뿌리내려 있었기 때문이었다.

지금 딸 지효가 다니고 있는 동산고의 모습에서도 그 문화를 그대로 느낄 수 있다. 친구 간의 우정, 교사와 학생 간의 따뜻한 신뢰, 배려의 말 한마디까지. 동산의 '포용성'은 여전히 현재진행형이다. 나는 동산에서 배운 모든 것들이 단순히 한 개인의 성장을 넘어, 미래 교육을 구현하는 중요한 사례라고 확신한다. 나뿐만 아니라, 나의 친구들, 그리고 후배들 모두가 같은 길 위에서 빛나고 있다. 이는 이사장님, 교장·교감 선생님을 비롯한 모든 동산 선생님들의 오랜 헌신과 기도, 그리고 사랑이 있었기에 가능한 일이었다.

얼마 전 학부모 총회로 오랜만에 동산고를 찾았다. 1996년 청년이셨던 선생님들의 이마에 깊게 자리한 주름을 마주하며 마음이 뭉클했다. 그리고 동시에 든든했다. 우리 딸의 인생에서 가장 소중한 3년을 그분들에게 다시 맡길 수 있기 때문이다. 동산교육은 단지 '학교교육'을 넘어, '사람을 세우는 교육'이다. 그래서 나는 동산이 대한민국 미래 교육의 모델이고 희망이라 믿는다.

늘 버릇없는 아이

박정심 / 3기

학창 시절, 나는 늘 버릇없는 아이였다. 공부는 어느 정도 하는 새침한 여자아이가 사람을 보고도 인사를 하지 않거나, 빤히 바라보기만 하니 돌아오는 말은 이랬다. "쟤는 왜 인사를 안 해?", "쟤는 왜 버릇이 없어?"

쳐다보고도 인사하지 않는 나를 보며 충분히 할 수 있는 말이었다. 하지만 내가 일부러 인사를 하지 않은 것은 아니었다. 아니, 할 수가 없었다. 그때 나는 앞이 거의 보이지 않았기 때문이다. 그날 입은 옷이나 목소리, 걸음걸이로 친구와 선생님을 구분해 겨우 인사를 할 수 있는 정도였다. 그러다 보니 아주 친한 친구나 선생님을 제외하고 내게 관심이 없는 사람들은 내가 앞을 잘 보지 못한다는 사실조차 알지 못했다.

나는 81년생이다. 아마 그 당시에 내가 시골에 있었다면 맹학교에 다녔을지도 모른다. 그러나 부모님은 여자아이를 맹학교에 보낼 수 없다고 생각하셨다. 이제는 잘 안다. 맹학교를 다니더라도 안마 등 다양한 기술을 배울 수 있다는 것을 말이다.

나는 앞이 잘 보이지 않았지만, 초등학교와 중학교를 일반 학교를 다녔다. 당연히 잘 보이는 친구들에 비해 여러모로 불편한 점이 많았다. 맨 앞자리에 앉아 칠판에 적힌 내용을 다 외워서 노트를 정리하고 있으면, 내가 잘 보이지 않는다는 것을 아시는 선생님들은 다 필기할 때까지 기다려 주시거나 도와주셨다. 하지만 나를 미워하는 선생님들은 기다려 주지 않거나, 부모님께 촌지를 받겠다며 괴롭히기도 하셨다. 전부 다 그런 것은 아니지만 사랑받는다는 생각은 들지 않았다.

그렇게 관심이나 사랑이 없던 곳에서 학교를 다니다가 안산동산고에 진학하게 되었다. 그런데 동산고 친구들과 선생님들은 모두 나를 알아보았다. 책에 얼굴을 박고 공부하거나, 칠판 앞으로 나와 필기를 확인하는 나를 보고, "저 안 보입니다!"라고 말한 적이 없음에도 불구하고 모두가 관심 있게 바라봐 주고 기다려 주었다.

  한번은 정○리 선생님이 일부러 나를 불러 반갑게 인사해 주시며, 임신한 배를 만져 보게 해 주셨다. 이모가 아니면 만져 볼 기회가 없었던 배에 가만히 손을 올렸던 기억이 아직도 생생하다. 정보 수업 때 조○만 선생님은 컴퓨터 자판 사용법을 차근차근 알려 주셔서, 나는 어렵지 않게 자판을 익힐 수 있었다. 이후 안내견을 데리고 교생 실습을 갔을 때 반겨 주셨던 신○준 선생님의 목소리 또한 선명하게 기억난다.

  인사를 하고 싶어도 누구인지 몰라서 인사할 수 없는 내게, 동산고 선생님들은 자신만의 방식으로 인사를 받아 주셨다. 김○호 선생님은 커다란 손으로 내 눈을 가리고 "누구게!" 하고 물으셨고, 나는 "김○호 선생님이요!" 하고 맞힌 뒤 인사를 드릴 수 있었다. 그렇게 내게 인사할 기회를 주시는 선생님들이 참 좋았다.

  우리 반 수업을 맡지 않는 선생님들도 나를 잘 알고 계셨다. 한번은 졸업 후 동산교회를 다니던 때였다. 교회에서 권사님 한 분이 내게 화를 내셨다. 여자아이가 교회에서 이성 친구의 팔을 잡고 다닌다는 이유였다. 그때 신○재 선생님과 사모님이 내가 잘 보이지 않는다는 사실을 알려 주셨다고 한다. 그 권사님은 그럴 리 없다며 화를 내셨지만, 나를 가르친 적도 없는 선생님은 끝까지 나를 변호해 주셨고, 결국 오해를 풀 수 있었다. 참 감사한 일이다.

  이제 나는 그때와 달리, 아무것도 볼 수 없다. 하지만 눈을 감아도, 마음속에 선명하게 빛나는 곳이 있다. 따뜻한 손길, 조용한 배려, 웃음으로 가득했던 안산동산고. 나를 알아봐 주고, 기다려 주었던 그곳이기에, 나는 주저 없이 말할 수 있다. 동산고는 언제나 마음속에서 빛나는 진정한 '내 학교'라고.

좋은 사람 선물 세트

양소연 / 3기

내 이름은 '양소연'이다. 그런데 고등학교 1학년 때부터 나는 '양소'라고 불렸다. 특별한 이유는 없었다. 친구들끼리 서로를 그렇게 줄여 부르는 게 유행이었을 뿐이다. 대학에 가서도, 그 이후 만난 한국 친구들이나 외국 친구들에게도 나는 늘 '양소'였다. 지금 20여 년째 살고 있는 베트남 하노이에서도 여전히 사람들은 나를 '양소'라고 부른다. 그렇게 내게 별명처럼 자리 잡은 '양소'라는 이름 안에는 동산고 시절의 인연과 그리움이 고스란히 담겨 있다.

내게 안산동산고는 '좋은 사람 선물 세트'다. 나는 원래 '사람'을 좋아하고, '사람'에게 관심이 많다. 그래서 좋은 사람을 만나는 것을 큰 선물처럼 여긴다. 동산고를 졸업한 지 25년이 다 되어 가지만, 지나온 시간 속에서 받은 수많은 선물을 헤아려 보니, 동산고는 그 모든 선물이 담긴 하나의 커다란 선물 세트였다는 생각이 든다.

나는 전라북도 남원 출신으로, 3년 내내 기숙사에서 생활했다. 공부 습관이 들지 않았던 나는 엉덩이를 붙이고 오래 앉아 있는 게 참 힘들었다. 쉬는 시간, 점심시간, 하교 시간을 늘 손꼽아 기다렸고, 그 기다림의 속도만큼이나 빠르게 계단을 뛰어 내려가다 교복 치마가 찢어지기 일쑤였다. 학교 근처에 살던 이모 집에 라면을 먹으러 가려고 구리스(Grease)가 묻은 담장을 넘다 들켜 호되게 혼나기도 했다. 수업 중 잠꼬대를 하며 벌떡 일어나 반 친구들을 웃게 만들기도 했다.

이렇듯 철없고 모범생은 아니었지만, 나는 조금씩 그러나 꾸준히 자라고 있었다. 새벽예배를 드리겠다고 다짐하고 찾아간 학교 지하 예배당에서 선생님이 학생 한 명 한 명의 이름을 부르며 기도하시는 모습을 보았다. 어머니가 사모님으로 섬기던 개척 교회에서 억울하게 상처를 받은 친구를 위해 함께 울며 기도하던 순간도 있었다. 지식만이 아니라 삶과 믿음을 함께 전해 주셨던 선생님들의 맑은 눈빛은 내 가슴에 깊이 박혔다. 우리는 서로의 아픔과 고민을 위해 기도했고, 그 따뜻하고 끈끈한 관계는 교회 공동체 못지않은 진한 사랑이었다.

 그곳에서 나는 하나님을 경외하고, 이웃을 사랑하고자 치열하게 살아가는 사람들을 만났다. 그들이 바로 내게 '좋은 사람 선물 세트'였다. 그리고 그 선물은 아직도 내 삶을 지탱하는 소중한 자양분이 되어 주고 있다.

 3회 졸업생이었던 내가 어느덧 동산고 30주년을 맞았다니, 감회가 깊다. 그사이 수많은 동산인들이 이곳을 거쳐 나가 각자의 자리에서 선한 영향력을 발하며 살아가고 있을 것이다. 우리가 그때 받았던 선물처럼, 이제는 우리가 또 다른 누군가에게 선물이 되어 주고 있을 것이라 믿는다.

내 기억 속의 안산동산고

권준기 / 4기

　　　　　매일 아침 7시경이면 기숙사의 일과는 시작된다. 대략 한 방에 12~15명이 수용(?)되다시피 모여서, 2층 침대가 양옆으로 쫙 들어찬 좁디좁은 공간에서 생활하는데, 다들 졸린 눈을 비비며 침대에서 내려온다. 2층에서 내려오다가 잠이 덜 깨어 간혹 바닥에 몸을 부딪치거나, 침대 모서리 철제 봉에 머리를 '꽝' 하고 부딪치는 친구들도 있다.

　어찌어찌해서 다들 둥글게 모여 앉는다. 각 방에서는 주로 3학년 선배들이 주도해서 아침마다 작은 경건회를 여는 것으로 하루를 시작한다. 특별하지도, 화려하지도 않고, 심지어 꾸벅꾸벅 조는 친구들도 있다. 아침 경건회는 간단한 시작 기도와 찬송 1곡, 마무리 기도로 약 10분 정도 진행된다. 대부분 이른 아침이라 조용히 끝나지만, 간혹 신앙심이 투철한 부지런한 선배가 있는 방은 기타 소리와 우렁찬 찬양, 진심을 담은 간절한 기도 소리로 아침부터 풍성한 경건회를 치르기도 한다.

　이후 칫솔과 치약, 샴푸, 비누 등 샤워 도구를 담은 바구니를 들고 다들 공동 샤워장으로 향한다. 아침부터 부지런히 샤워를 하는 친구도 있고, 세면대에서 간단히 머리만 감거나, 간혹 아침 경건회 후 5분만 더 잔다며 미적거리다 늦잠을 자고, 고양이 세수만 한 채 허겁지겁 등교하는 친구도 있다.

　이게 가능한 이유는, 당시 남학생 기숙사는 말 그대로 학교 건물 반지하, 즉 햇빛도 잘 들지 않는 지하 공간을 개조해 바닥에 초록색 카펫을 깔고 수십 개의 방을 만들어 철제 침대를 꽉꽉 넣어 가능한 한 많은 인원을 수용하는 형태였기 때문이다. 학교의 인기가 대단해서인지 전국 각지에서 입학생들이 몰려들었고, 기숙사에 들어가기 위해 경쟁을 할 정도였다.

　기숙사생들은 대략 2주에 한 번, 토요일마다 외박의 기회가 주어졌다. 그때는 주 6일제였기에 토요일에도 수업이 있었다. 고등학교 입학 초기에는 아직 환경도 낯설고 적응이 안 되어, 다들 외박이 가능한 주말이면 수업이 끝나자마자 고속버스나 부모님의 차를 타고 집에 가서 아늑한 주말을 보내다가 일요일 밤에 복귀하곤 했다. 하지만 몇 달만 지나면 금세 기숙사 생활에 적응하여, 오히려 주말에 기숙사에서 친구들과 즐겁게 지내고, 일요일 오전이면 멋지게 사복을 차려입고 동산교회에 가서 친구들과 시간을 보내는 것을 더 선호하는 경우도 있었다.

내가 동산고를 지원한 큰 이유 중 하나가, 일찌감치 부모님과 떨어져 지내면서 정서적 자립심을 키우고 싶은 것이었다. 그래서 입학 초기 몇 번을 제외하고는 대부분 주말을 기숙사에서 보냈던 것 같다. 대단한 신앙심을 가지고 큰 뜻이 있어 지원한 것이 아니라, 그저 등교 거리가 가깝고 부모님과 한번 떨어져 살아 보고 싶다는, 어찌 보면 철없는 생각으로 오게 된 동산고에서의 3년간의 생활은 내 삶에 매우 큰 자양분이 되었다.

마냥 좋은 기억만 있는 건 아니지만, 학창 시절을 떠올리면 고등학교 3년간의 생활이 가장 아름답고, 짜릿하면서도 기억에 남는 시절인 것 같다. 매주 수요일 오전 채플 시간에는 전교생이 동산교회 강당에 모이는데, 한창 이성에 눈을 뜰 시기여서 대부분 남학생들은 화장실 거울 앞에서 머리를 매만지고, 옷매무시를 다듬던 모습이 아직도 눈에 선하다. 어찌 보면 참 유치하면서도 너무나 아름답고 풋풋한 광경이었다. 이런 아름다운 추억들을 내 마음 한쪽에 따뜻하게 자리 잡게 해 준 안산동산고와 친구들에게 고맙다고 말하고 싶다.

여전히 그리운, 꿈꾸던 시절

박용한 / 4기

　　　　우리 안산동산고는 수많은 선생님의 헌신과 깊은 사랑 덕분에 오늘날까지 기억되고 있다. 엄하기도 하지만 때로는 친구 같던 선생님과 함께했던 시간은 세월이 쌓일수록 더욱 짙은 미소를 만들어 낸다.

　겉모습만 어른 같던 그때, 성인이 되기 전 이때가 '순수한 사랑'을 할 수 있는 마지막 시간이라며 "사랑하라!"고 외치던 곽○ 선생님이 기억난다. 이성 친구에 관심이 많던 우리에게는 꽤 솔깃한 유혹이자 독려였다. 대학에 가고, 취업을 하며 수많은 '만남'을 겪고 나니, 그때 선생님의 말씀이 가슴 깊이 파고든다. 그 시절 선생님들을 돌이켜 보면, 우리보다 나이가 조금 더 많은 사촌 형이나 누나 같았다. 청년 선생님이 용기 내어 금기어를 소신껏 전해 주셨기에, 우리 가슴속에서 열정과 꿈이 싹트기 시작했다.

　또한 축제 때 열린 세족식에서 나를 비롯한 학생들의 발을 정성껏 씻어 주시던 신○재 선생님의 따뜻한 손길과 뜨거운 애정은, 20여 년이 지난 지금도 선명히 느껴진다. 이처럼 우리 학교 선생님들은 낮은 자리에서 학생들을 보듬어 주셨다. 그래서 우리 학교는 그저 시험 성적을 위한 지식만을 주입하던 여느 학교와 달리, '이웃을 사랑하라.'는 교훈과 지혜를 머리가 아닌 가슴과 몸으로 느낄 수 있게 해 주었다.

　그렇다고 추억 속에 훈훈한 이야기만 가득한 것은 아니다. 공포스러운 순간도 있다. 대입 준비에도 불구하고 나른함을 못 이겨 쓰러져 낮잠에 빠져 있던 고3 여름날 토요일 오후, "위잉!" 하고 울리며 정막을 깨던 '바리깡' 소리는 여전히 뻐쭉한 긴장감을 소환한다. 급훈이 '대학 가자'였던 오○훈 선생님이 이끌던 우리 반은 그렇게 삭발식을 거행하며 마음을 다잡았다. 졸업사진 촬영을 이틀 앞두고 이뤄진 사건이었기에, 그 뚜렷한 증거를 지금도 종종 확인하곤 한다.

　그때 조금은 깐깐하지만 어딘가 쿨했던 김○식 선생님, 그리고 꿈속에서도 눈을 마주치기 무서웠던 '호랑이' 김○하 선생님은, 이제 가끔 학교를 찾을 때마다 인사드리는, 존재만으로도 의지가 되는 친근한 큰형 같은 분들이다. 그러니 지금까지도 함께하고 있는 선생님들을 빼고는 안산동산고를 말할 수 없다. 어쩌면, 전부일 수도 있겠다는 생각이 든다.

　고등학교를 졸업하고 세상으로 나서는 스무 살 청년에게는 험난한 도전이 빠르게 다가왔다. 당장 원하는 대학과 학과에 진학하지 못하면서, 하늘이 무너지는 듯한 무게를 견뎌야 했다. 실망하신 부모님 앞에서 후회가 밀려왔고, 무기력한 자신을 향해 한없는 자책을 던졌다. 하지만 그 뒤로 펼쳐졌고, 지금도 이어지고 있는 인생의 항로를 돌아보면 좌절은 순간일 뿐, 기회는 여러 번 찾아왔다.

　대학에 와서 "공부는 이렇게 하는 거였구나." 하는 깨달음을 얻었다. 고등학교 시절 시험과는 무관했던 독서에 빠졌으며, 친구들과 야식을 나누며 토론하던 시간은 결코 무용한 것이 아니었다. 그 시절 준비해 둔 밑거름이 조금씩 제 역할을 하기 시작했다.

　어느덧 계획에도 없던 대학원에 진학했고, '어쩌다' 기자가 되어 취재 현장을 누비기도 했으며, 지금은 연구 기관에서 탐구하며 때로는 강단에 올라 '연구원'과 '교수'의 이중생활을 이어가고 있다. "끝날 때까지 끝난 게 아니다."라는 말처럼, 그 시절 꿈꾸던 미래는 현실로 다가왔다. 물론 '대기만성'이라는 말처럼 시간이 걸리긴 했지만, 그 순간은 분명히 찾아온다는 걸 후배들에게 꼭 전하고 싶다.

나의 10대가 아름다웠던 이유

석혜선 / 5기

　　나는 소위 말하는 모범생이었다. 어른이 된 지금의 내가 그때의 나를 보아도 그렇게 평가 내릴 것이다. 공부도 곧잘 하는 편이었던지라 부모님께도 나는 속 썩이는 일 없이, 시끄러운 사춘기 없이 잘 자라 준 딸이다. 그러나 중학교 졸업반이었던 나의 10대 내면은 꼭 그렇지만은 않았다. 남들이 알 수 없는 반항기가 삐죽이 올라오고, 어렴풋이 결핍을 느끼고 있었다. 지금이야 인정받을 수 있는 재주가 다양한 시대이지만, 그때는 공부와 성적이 전부였던 시절이라 갈 곳 모르던 반항심은 지역 명문고로 진학하라는 선생님들의 협박 같은 권유를 뿌리치고, 아무도 주목하지 않던 신생 학교인 동산고로 진학하는 것으로 향했다. 어떤 기대도 없었다. 그저 집 가까운 학교로 가자는 것이 합리적인 선택으로 보였을 뿐이었다. 그리고 그 선택이 내 인생 최고의 선택이었다는 사실을 그때는 알지 못했다.

　　동산고가 전국의 목사님 아들딸들이 찾아오는 학교라는 것을 나는 입학하고 나서야 알았다. 나는 기독교를 몰랐다. 교회와는 전혀 연결 고리가 없는 집에서 나고 자랐기 때문이었으리라. 공교롭게도 부모님 두 분 모두 천주교나 기독교와는 관련 없는 가정에서 자라셨지만, 천주교 재단의 학교를 다니셨기에 종교색이 있는 학교에 대한 거부감은 없으셨다. 그 덕분에 나의 동산고 진학은 별문제 없이 결정되었다.

　　그다음은 온전히 내 몫이었다. 교회 근처도 가 본 적 없는 나로서는 매일 아침의 경건회, 매주 두 시간의 채플이 낯설기 그지없었고, 특히 채플 시간 중 친구들의 '방언'은 차라리 공포였다. 이게 대체 무엇인가. 나는 그 삐죽이 솟은 반항심을 거기에 꽂기로 결심했다.

　　쉬는 시간이면 복도 중앙 계단 3층의 커피 자판기는 나의 전쟁터였다. 거기서 지금은 이름조차 기억나지 않는 한 목사님의 딸 친구와 성경 이야기를 나눴다. 내 입에서는 성경에 대한 비판이 소나기처럼 쏟아져 나왔다. 돌이켜 보면 성경에 적힌 하나님의 의지와 현실 사이의 괴리에 대한 비판이었다. 그때마다 그 친구는 정성껏 내게 하나님 이야기를 해 주었지만, 결국 그 친구도 나와 같은 10대 청소년이었기에 말문이 막힐 때도 많았으리라. 그런데도 그 친구는 화를 내지 않고 내게 늘 이렇게 말했다. "혜선아, 널 위해 기도할게." 내가 만난, 내 생애 최초의, 가장 가까운 '인류애'였다. 놀랐다. 기독교인들은 다 저럴 수 있는 걸까?

고등학교 2학년 여름방학이 끝나 갈 즈음, 나는 내 발로 교회의 문턱을 넘었다. 그날 이후로 내가 신실한 크리스천이 되었다면 더 감동적인 이야기였겠지만, 안타깝게도 그렇지 못하다. 무교인 배우자를 만나 두 아이의 엄마가 된 지금은, 하나님도 가정을 먼저 여기는 나를 이해하시리라 스스로를 합리화한다. 그러나 내 아이들은 언젠가 진정으로 하나님을 만나길 바란다. 왜냐하면 동산고에서의 그 시간 동안, 나는 충만한 삶은 결국 사람과 사랑으로 채워지는 것임을 알게 되었고, 동산고에서의 수많은 만남은 내 주위에 이미 있어 왔던 사람과 사랑을 알아보는 눈을 갖게 해 주었기 때문이다.

졸업한 지 20년이 넘은 지금, 나는 육군사관학교를 거쳐 현재는 대한민국 육군에서 현역 소령으로 근무하고 있으며, 지난 한 해는 UN의 일원으로 파키스탄에서 파병 생활을 했다. 낯선 생활 방식과 종교를 그대로 존중하고 인정할 수 있는 마음의 여유도, 결국 나를 다시 일으키는 것은 감사와 사랑이라는 사실을 새삼 깨닫게 된 것도, 그 시작은 동산고등학교였다.

내 삶을 사랑하게 해 준 것은 감사와 사랑이다. 그보다 더 적절한 말을 나는 아직 찾지 못했고, 그 실마리는 사실 동산고에서 이미 찾아서 세상에 발을 디딜 수 있었던 것이라고 이제 와서야 비로소 알게 되었다.

자주 가지는 못하지만, 가끔 모교에 들르면 여전히 나를 기억해 주시는 선생님들이 반갑게 맞아 주신다. 때로는 내가 잊고 있던 내 과거를 기억해 주셔서 쑥스럽기도 하고 또 새롭다. 아직은 이르지만, 머지않은 미래에 나의 아이가 이곳에 있는 상상도 해 보며 슬며시 기대도 품어 본다. 지식은 어디서든 배울 수 있지만, 사람과 삶과 사랑을 따뜻하고 온전하게 바라보는 마음을 배울 수 있는 곳은 귀하다. 내 10대가 아름답게 기억되는 건, 그 시절 내 인생에 동산고등학교가 있었기 때문이다.

오늘을 살 수 있는 힘을 믿으며
그렇게 살아간다

한효녀 / 5기

　　　　1999년 나는 비평준화 세대로 연합고사를 통해 동산고에 입학했다. 당시 인문계 고등학교는 단 다섯 곳뿐이었고, 학교 입학 자체가 쉽지 않은 분위기였다. 특히 내가 입학하던 해에는 200명이 넘는 지원자가 몰려 중3 여름 연합고사를 준비하던 시간은 돌이켜 보면 고3 수능 준비보다도 더 진지했던 것 같다.

　입학 초기에만 해도 전교생이 함께 채플을 드릴 수 없어서 1~2학년, 3학년으로 나누어 예배를 드려야 했다. 그러다 '비전센터'가 생기면서 전교생이 한자리에 모여 예배를 드릴 수 있게 되었다. 졸업하던 해인 2002년은 온 국민이 열광했던 월드컵의 해였고, 우리 동기들은 대사관에서 졸업 축하 인터뷰를 받아 와 졸업식에서 함께 보며 축하했던 기억이 아직도 생생하다.

　지금 나는 프리랜서 이러닝 교수 설계자로 일하고 있다. 사실 처음 전공은 '사학'이었다. 첫 대학에서는 사학과 행정학을 공부하며 비영리 기관에서 일했지만, 20대 후반에 상사의 권유로 '교육공학'이라는 새로운 분야를 알게 되었고, 서른 즈음부터 전공을 살려 일하게 되었다. 남들처럼 단번에 진로를 정하진 못했지만, 지금 이 길을 걷게 된 것도 하나님의 은혜라고 믿는다.

　2013년 결혼 이후 여성으로서 피할 수 없는 출산과 육아, 경력 단절이라는 과제를 마주했다. 지금은 내 시절보다 육아휴직 등 정책이 나아졌지만, 여전히 워킹맘으로 살아가는 일은 쉽지 않다. 출산과 육아를 앞두고 있는 후배들이 있다면, 미리 고민하고 준비하길 권하고 싶다.

　사실 내가 프리랜서를 선택할 수밖에 없었던 가장 큰 이유는, 내 아이가 자폐성 장애를 가지고 있기 때문이다. 하교 후 치료를 받기 위해 '발달센터'에 다녀야 하고, 많은 치료비를 감당하려면 어떤 형태로든 일을 해야 했다. 일 자체도 쉽지 않았지만, 아무도 알려 주지 않는 장애의 세계에 필요한 정보들을 하나하나 찾아야 했고, 때로는 이해받지 못하는 주변의 시선도 버거웠다. 임금 체불 등 프리랜서로서 겪는 불합리함도 다반사였다.

그럼에도 나는 아이의 장애, 그리고 프리랜서라는 '이중의 핸디캡'을 꿋꿋하게 이겨 내며 살아내기 위해 노력하고 있다. 장애아 부모 자조 모임에서 사람들을 만나고, 운동으로 건강을 다지고, 프리랜서 단체 활동과 경기도 아이원더 124 활동 등을 통해 육아와 장애 아동을 위한 제도적 목소리를 내고 있다. 남들이 보면 '이걸 아직도 못 해?' 싶겠지만, 손톱만큼의 발전에도 감사하며 하루하루를 살아가고 있다.

동산고 시절, 유○웅 교장 선생님께서 입버릇처럼 말씀하시던 "실력 있는 신앙인"이라는 말이 자꾸 떠오른다. 그땐 잘 몰랐지만, 지금은 그 말이 내 삶의 모토가 되고 있다. 프리랜서이자 발달장애아를 키우는 엄마로, 활동 반경은 좁고 매일이 벅찰 때도 있지만, 그 말은 여전히 내 마음을 다독이는 마법 같은 문장이다.

내가 과연 '실력 있는'이라는 말에 부합할 수 있을지 모르겠다. 하지만 오늘도 최선을 다해 살아가다 보면, 언젠가 나도 그 이름에 부끄럽지 않은 동산의 일원이 될 수 있으리라 믿는다.

졸업 이후 학교에 가 보진 못했지만, 봄날 교정에 흐드러지게 피던 꽃들은 아직도 눈앞에 아른거린다.

빛나던 10대 후반, 그 시절을 동산과 함께할 수 있었기에 오늘을 살아갈 힘이 생긴다. 때로는 슬프고 힘들지만, 그 시절의 기억 덕분에 다시 일어설 수 있다. 이렇게라도 다시 동산의 여러분들과 이야기를 나눌 수 있어 반갑고 감사하다. 모두 건강하고, 어디에서든 승리하길 진심으로 응원한다.

수동태 인생

김동협 / 6기

　　　　동산은 나에게 일종의 도망처였다. 기숙사가 있는 학교로 도망치고 싶었다. 마침 6기는 유일하게 '미달 사태'가 있었던 해였고, 약 150명이 프리패스로 입학했다. 덕분에, 처참한 성적에도 불구하고 나는 동산고에 들어갈 수 있었다.

　그러나 시작은 실패투성이였다. 공부는 못했지만 '감투'는 쓰고 싶었는지 1학년 반장 선거에 출마했다. 그런데 담임 선생님이 부르시더니, 성적이 하위 50%인 학생은 임원에 출마할 수 없다고 하셨다. 2학년 초에는 기숙사 부사생장이 되면서 드디어 '감투'를 쓰게 되었지만, 그것도 잠시였다. 친구 김○인이 전교 학생회장으로 당선되자, 사생장을 겸임할 수 없어 나는 '드디어 사생장이 되겠구나!' 기대했다. 하지만 예상과 달리 기숙사 임원단 전체가 재선거를 치르게 되었고, 나는 부사생장 자리마저 내려놓아야 했다. 공부는 여전히 하기 싫었다. 그저 기타에 빠져 지냈고, 그 덕에 아침 경건회 찬양 인도는 도맡아 하게 되었다. 성적은 계속 바닥을 기었고, 그렇게 2년이 흘렀다.

　고3이 되었다. 첫 면담 시간, 담임이었던 오○훈 선생님께서 내 성적표를 한참 들여다보시며 "어느 학교 가고 싶니?" 하고 물으셨다. 나는 부끄럼도 없이 대답했다. "선생님처럼 고려대 가고 싶어요. 중국어 전공해서 선교사 되고 싶어요." 깊은 신앙에서 나온 말은 아니었다. 그런데 선생님께서는 내 얼굴과 성적표를 번갈아 보시더니 말씀하셨다. "그래, 지금부터 하면 충분히 할 수 있어."

　그 눈빛은 빈말이 아니었다. 내 안에 있던 작은 불씨 하나가 그 말로 인해 살아났다. 그때부터 나는 하루 네 시간 이상 자 본 적 없이 공부했고, 체중도 18킬로나 빠졌다. 수능을 치르고, 선생님께서 고려대 기계과 교차 지원이 가능하겠다는 말씀을 하셨을 때, 처음으로 '해냈구나'라는 생각이 들었다. 최종적으로는 다른 학교에서 인문 계열을 선택했지만, 그 경험은 내 정체성을 흔들림 없이 세우는 데 큰 디딤돌이 되었다.

그 이후 내 삶은 많이 달라졌다. 위기마다 동산에서 경험한 믿음과 극복의 기억이 나를 지탱해 주었다. 고등학교 시절, "중국 선교사가 되고 싶다."는 말은 그저 한 번의 다짐이었지만, 하나님은 그 약속을 기억하셨던 것 같다. 회사를 다니던 중, 나는 롯데건설 중국 주재원으로 5년 반을 보내게 되었다. 마침 사드, 코로나로 인해 중국은 매우 어려운 시기였고, 종교 활동이 금지되면서 선교사들은 추방당했다. 한인교회는 1/10로 줄었고, 건물에서 쫓겨난 교회 예배는 오피스텔에서 조용히 송출되었다.

나는 성도도 없이 카메라 하나를 놓고 찬양 인도를 해야 했다. 고등학교 시절 아침마다 찬양 인도를 하던 기억이 떠올랐다. 그렇게 나는 중국 땅에서 작지만 진심으로 하나님을 섬겼고, 그 경험은 잊고 있던 '중국 선교'의 꿈을 다시 깨워 주었다. '믿음의 선생님께 했던 그 고백, 하나님께서도 잊지 않으셨구나.' 하는 마음이 들었다.

돌아보면, 미달로 입학한 것도, 믿음의 선생님을 만나게 된 것도, 작은 성공의 기회를 주셔서 포기하지 않도록 해 주신 것도, 그리고 결국 중국으로 보내신 것도 모두 하나님의 계획이었다. 나는 내 인생이 능동태인 줄 알았는데, 돌아보니 하나님께서 이끄시는 수동태의 인생이었다.

지금은 다시 한국으로 돌아왔고, 아직 '중국 선교사'의 길은 시작되지 않았지만, 언젠가 그 부르심이 다시 올 것 같은 예감이 든다. 그래서 중국어 공부도, 피아노도, 신앙생활도 게을리하지 않으려 한다. 모세가 80세에 부르심을 받았듯, 나도 그때를 위해 준비하는 중이다.

나는 대기만성이라는 말을 좋아한다. 없는 것을 있는 것으로 부르시는 하나님께서, 무자격자인 나를 동산으로 부르셨듯이 또 어디로든 보내실 것이라 믿는다. 덧붙여 우리 아이들도 곧 동산에 입학시킬 예정이다. 그곳에서 하나님의 선한 능력을 배우고, 신앙 위에 인생을 세우는 동산인이 되기를 진심으로 소망한다.

상록학사의 우당탕탕 사생장

윤연 / 67기

"때르르릉."

새벽 5시, 알람 시계가 울린다. 일어나지 못할 걸 알면서도 상록학사의 몇몇 친구들은 습관처럼 알람을 맞춰 둔다. 나는 어디서 울리는지 알람을 찾아 꺼야 했고, 친구를 흔들어 깨우며 속으로 외쳤다. '아, 제발 그냥 더 자라. 알람도 못 끄는 친구야!'

아침 6시, 방송으로 찬양이 흘러나오면 졸린 눈을 비비며 일어난 후배, 선배, 친구 들이 돌아가며 경건회를 진행한다. 말씀을 읽다 졸기도 하고, 눈곱을 떼다 보면 어느새 경건회가 끝난다. 교복을 챙겨 입고 식당으로 향한다. 집사님들의 따뜻한 아침밥은 늘 맛있다. 특히 수능날 아침 챙겨 주신 전복죽은 아직도 기억에 남아 생각만 해도 가슴이 따뜻해진다.

사감 선생님은 늘 "하나님 공짜 없다."고 말씀하셨다. 학교 수업을 마치고 돌아와 친구들이 청소하고 난 쓰레기를 정리하고, 사생단 회의를 하고, 늦은 밤까지 애쓰는 나에게 "하나님이 다 갚으실 거야."라고 위로해 주셨다. 사실 친구들 사이에서 사생장은 마냥 편한 존재는 아니었을 것이다. 나는 잔소리꾼 같았을지도 모르지만, 친구와 함께 울어 주고, 좁은 방 안 선후배 간의 불편한 관계를 해결해 보려 고군분투하는 나의 모습을 친구들도 알아주었다. 그래서였을까. 한밤중이면 컵라면에 봉지 라면을 넣어 끓인 설익은 라면을 건네주곤 했다.

생일이면 각 방에서 파티 준비로 들썩였다. 기숙사에 유일하게 배달이 가능했던 '그린분식'의 떡볶이와 탕수육은 인기 메뉴였다. 아직도 다 불은 떡볶이 속 쫄면이 그리워, 선배들과 생일마다 '그립단' 이야기를 하곤 한다. 음식을 사감 선생님께 조금 덜어 드리는 전통이 있었는데, 대개 그 탕수육은 사생단이 다 먹게 되어 결국 우리는 토실토실 살이 올라갔다.

사감 선생님은 방송으로 벌점을 받을 친구들을 부르시곤 했다. 방송 알림이 울릴 때마다 모두가 긴장했다. 실내화는 왜 늘 방문 앞에 여기저기 흩어져 있는지, '조금만 더 자자.' 하다 늦잠을 자는 경우도 많았다. 누군가의 이름이 불릴까 두려워 조용히 숨죽였던 그 시간들. 그러나 선생님은 늘 질서 있고 예의 바른 하나님의 사람으로 자라길 바라셨고, 그 기대대로 우리는 성장했다. 나는 그 철저하게 배운 인사 예절 덕분에 지금 간호사로 일하면서 병원 선배들에게 사랑을 듬뿍 받고 있다.

기숙사 생활에서 빼놓을 수 없는 건 변기 문제다. 동산고의 공부벌레들이 오랜 시간 앉아 공부하다 보면 변비는 기본이었고, 기숙사의 수압 이슈로 변기는 자주 막혔다. 누가 싸고 언제 막혔는지는 중요하지 않았다. 나중에는 변기 뚫기의 달인이 되어 3학년 여자 화장실 청소까지 자처했고, 졸업할 땐 "고생 많았다."며 상까지 받았던 기억이 난다.

밤늦게 자고 새벽에 일어나니 수업 시간엔 졸기 일쑤였다. 수업 시간에 교실 뒤로 나가 서서도 졸고 있던 내게 친구들과 선생님은 "윤연, 기도 좀 그만해." 하고 웃으며 농담을 던지곤 했다. 그럴 때마다 사감 선생님은 내게 "연아, 네가 웃는 얼굴이 얼마나 예쁜 줄 아냐? 백만 불짜리 미소야. 어서 웃으며 학교 가자!" 하며 힘을 주셨다.

가장 힘들었던 순간은 몸이 아파 가족이 그리울 때였다. 감기와 생리통으로 보건실을 자주 찾았고, 선생님은 언제나 인자한 미소로 날 반겨 주셨다. 1학년 봄, 실내화가 작아 내성 발톱이 생겨 안산 시내 병원에서 간단한 수술을 받은 뒤, 매일 보건실에서 소독을 해야 했던 기억도 난다. '부모님이 곁에 계셨다면 실내화도 바꿔 신었을 텐데…. 병원도 함께 가 주셨을 텐데….' 하는 속상한 마음이 컸다. 그래도 선생님이 "많이 아팠겠다. 혼자 치료 잘 받고 와서 기특하다."며 따뜻하게 위로해 주셨다. 이후 3년간 수시로 보건실에 들러 진로 상담을 하고, 삶의 이야기를 나누다 보니, 나는 자연스레 선생님의 간호대학 후배가 되었고, 지금은 그 대학에서 종종 강의도 하고 있다.

공부가 어려웠고, 진로가 막막했으며, 친구와의 갈등으로 고민도 많았지만, 동산고 선생님들은 늘 나를 붙잡고 기도해 주셨고, 뜨거운 사랑을 가르쳐 주셨다. 함께 울고 웃었던 친구들은 평생의 동역자가 되었다. 동산고와 상록학사는 내 인생에서 가장 빛나는 시간을 만들어 준 곳이다. 이제는 나도 누군가를 반짝반짝 빛나게 해 줄 수 있는 동산인으로 살아가고 싶다.

음악의 길을 열어 준 사랑의 교정, 안산동산고

문지현 / 7기

동산고 개교 30주년을 맞아 이렇게 한 페이지를 채울 수 있다는 게 참 감격스럽다. 무엇보다 따뜻한 가르침으로 우리를 이끌어 주신 선생님들께 진심으로 감사한 마음을 전하고 싶다. 특히 학창 시절, 내 곁에서 함께해 주셨던 박○식 선생님, 문○용 선생님, 이○희 선생님께 깊은 존경과 사랑을 전한다. 선생님들의 가르침과 사랑은 시간이 아무리 흘러도 내 마음속에서 여전히 살아 숨 쉬고 있다.

중학교 시절, 선배의 소개로 처음 동산고를 알게 됐을 때 '아, 바로 이곳이다!'라는 확신이 들었다. 그리고 중3 가을, 간절한 마음으로 동산고 진학을 결심했다. 기숙사 면접 날의 떨림, 매일 새벽 졸린 눈을 비비며 드렸던 경건회, 기도로 시작해서 기도로 마무리했던 수업들, 그리고 틈만 나면 달려가던 동산교회까지… 그 모든 장면이 지금도 눈에 선하다. '쉴 만한 물가'에서 흘러나오던 잔잔한 음악과 따뜻한 간식, 늘 배고팠던 시절을 위로해 주던 그린분식의 떡볶이와 탕수육, 밤마다 친구들과 함께 간절히 기도하던 그레이스홀…. 동산고에서의 시간은 단순한 학창 시절이 아니라, 내 인생에서 가장 귀한 순간으로 남아 있다.

입시의 긴장 속에서도 매일 드렸던 예배는 내게 평안과 위로를 안겨 줬고, 다시 일어설 힘이 되어 줬다. 지금 돌아보면, 그 시간이 지금의 나를 얼마나 단단하게 만들어 줬는지 새삼 느낀다. 어릴 때부터 피아노 연주를 좋아하긴 했지만, 음악을 계속 공부할 수 있는 환경은 아니었다. 한동안 그 꿈은 내 안에 조용히 숨겨져 있었다. 하지만 동산고에서 동아리 활동, 축제, 예배 반주, 음악 수업 등을 통해 자연스럽게 음악과 가까워질 수 있었다. 그렇게 내 안에 있던 음악에 대한 마음은 조금씩 자라났다.

고2 때는 안산시 피아노 콩쿠르에 나가 입상하면 정식으로 음악을 배우겠다는 결심을 했다. 감사하게도 1등을 하게 됐고, 그 계기로 본격적으로 작곡 공부를 시작하게 됐다. 기숙사 생활 중 입시를 준비하는 건 정말 쉽지 않았다. 연습할 공간도, 악기도, 과제를 할 시간도 부족했지만, 학교 동아리방과 동산교회, 기숙사 옆 교회의 배려 덕분에 틈틈이 피아노를 연습할 수 있었다. 고3 때는 동산교회 새벽기도 반주도 맡게 됐다. 시간도 부족하고 잠도 모자랐지만, 매일 예배로 하루를 시작할 수 있다는 게 참 감사했다. 새벽마다 부어 주신 은혜 덕분에 힘들었던 시간들도 감사함으로 채울 수 있었다. 그렇게 동산고에서의 3년을 은혜 가운데 잘 마무리했고, 결국 꿈꾸던 연세대 작곡과에 진학해 음악을 공부할 수 있었다.

졸업 후 유학을 꿈꾸기도 했지만 상황이 허락되지 않았다. 그 대신 대학 시절부터 시작했던 입시 레슨을 확장해서 클래스를 운영하며 19년 동안 학생들을 가르쳐 왔다. 아이들과 함께 음악으로 소통하고, 서로의 꿈을 응원해 주던 시간은 나에게도 큰 기쁨이었다.

그러던 어느 날, 마음 깊은 곳에서 이런 열망이 피어났다. '이제는 나의 음악을 남기고 싶다.' 그 마음으로 찬송가 편곡 앨범과 뉴에이지 피아노 앨범을 발표하고, 악보집도 출간하며 본격적으로 작곡가의 길을 걷기 시작했다. 지금도 여전히 작곡가로서 성장하는 중이고, 하나님께서 주신 달란트를 성실히 사용해 '소리로 복음을 전하는' 작곡가가 되기를 소망하고 있다. 동산고에서 배운 신앙과 삶의 태도는 여전히 내 삶을 든든히 지탱해 주고 있다. 예수님과의 교제를 삶의 우선순위에 두는 것, 받은 사랑을 이웃에게 흘려보내는 것, 그리고 매일을 성실하게 살아내는 것. 이 세 가지는 동산고에서 배우고 훈련받은, 내 인생에서 가장 중요한 원칙들이고 앞으로도 나를 이끌어 줄 신앙의 나침반이 될 것이다. 동산고에서 보낸 3년, 참 소중하고 감사한 시간이었다. 사랑하는 모교의 30주년을 진심으로 축하한다.

동산이 나의 자랑이듯,
나도 동산의 자랑이고 싶다

이민욱 / 7기

　　　　7기는 6차 교육과정의 마지막 세대였다. 재수도 어렵다며, 고3 때 유난히 겁을 많이 줬던 시기였다. 2003년 고3 여름방학에는 남자 기숙사를 리모델링하면서 지하 1층에 있던 2층 침대를 도서관(5층)으로 전부 옮기고 한 달가량 도서관에서 단체 생활을 했다. 지금 생각하면 다소 황당하지만, 그때는 그마저도 나름 재미있었다.
　가건물 교실도 우리 기수 때 처음 세워졌던 것 같고, 그 무렵 농구장을 우레탄 바닥으로 새로 공사했는데, 실내화 바닥이 초록색으로 변할 만큼 열심히 농구를 하곤 했다. 그 시절, 우울한 마음을 달래 보겠다며 허브 화분을 키우기도 했는데, 볕 좋은 날이면 양손에 화분을 들고 농구장 뒤편으로 가 햇빛을 쬐던 기억이 난다.
　2학년 여름엔 우리나라가 4강에 진출했던 2002년 월드컵을 학교 교회 강당에서 전교생이 함께 응원했다. 고3이 아니어서 얼마나 다행이었는지 모른다. 신○준 선생님은 동네에서 고장 난 자전거들을 모아 수리해 주셨고, 우리는 그 자전거를 타고 시화호까지 다녀온 기억도 있다. 축제 당일 아침엔 승마장까지 가서 학교로 달려오는 이색적인 행사로 축제가 시작됐고, 수능을 끝낸 고3들은 원곡고에 가서 '동원제'라는 별도의 축제를 열었다. 축구, 농구 같은 스포츠 경기는 모두 지고, 마지막으로 무대에 올라 내가 성시경의 '미소천사'를 불렀다. 돌아오는 버스 안에서 누군가 "실제로 보니 귀엽다."고 했던 것 같기도, 아닌 것 같기도 하다.
　고3이 되자 매일 밤 10시 기도회에 가서 울고 나오는 것이 일상이 되었다. 수능이 가까워질수록 믿지 않던 친구들도 "지푸라기라도 잡자."며 기도회에 참석하곤 했다. 기도는 잘 안 나왔다. 그냥 엉엉 울고 나서, 하늘을 올려다보며 크게 한숨을 들이쉬었다. 폐 끝까지 차오르던 맑은 공기, 밤하늘의 별빛―

그것만으로도 마음이 환해졌다. 한번은 모의고사를 망치고 너무 속상한 나머지, 비가 오는 농구장에서 흠뻑 젖은 채 미친 듯이 뛰어다녔다. 이유도 묻지 않고 같이 뛰어 준 친구가 있었다. 지금까지도 내 베스트 프렌드다.

　졸업식 날, 유○웅 교장 선생님께 졸업장을 받을 때 큰 소리로 "선생님, 감사합니다!"라고 외치며 큰절을 올렸다. 누군가는 동산고를 '온실 속 화초'라고 폄하하기도 하지만, 나는 '실력 있는 신앙인'이라는 학교의 모토를 가슴 깊이 새기고 떠날 수 있었던 것에 진심으로 감사했다. 졸업 후에도 기회가 될 때마다 학교에 찾아가 선생님들께 인사드리고, 후배들에게 이런저런 이야기를 들려주곤 했다. 학부 시절에는 대성그룹에서 장학금을 받았고, 방학 때는 짧지만 인턴으로도 근무했다. 결혼식 주례는 홍○용 목사님께서 해 주셨는데, 솔직히 주례사는 하나도 기억이 나지 않는다. 목사님, 죄송합니다.

　지금 나는 과학자로 연구하며 학생들을 가르치고, 대중 강연도 하고 있다. 집에서는 세 딸의 아빠로, 가장으로, 하루하루 넘어지고 다시 일어나며 살아가는, 그저 평범한 중년이다. 하지만 내 안엔 여전히 청년 같은 마음이 남아 있다.

　조심스럽지만, 하나의 소망이 있다. 언젠가 내 마지막 여정을 학교에서 마치고 싶다. 0교시부터 야자 마칠 때까지, 1년을 하루같이 헌신하시던 선생님들의 모습을 떠올리면 내가 감히 할 수 있을까 싶어 자신은 없지만… 그냥 내 마음속 소망이다.

　동산이 나의 자랑이듯, 나도 동산의 자랑이고 싶다. 각자에게 맡겨진 달란트를 따라 이 땅을 천국으로 만들어 가는 청지기들이 더 많이, 더 멀리 쏟아져 나오길 기도한다.

동산의 저녁

임성호 / 8기

밤이 되면 3층짜리 은혜동에 일제히 불이 켜진다. 교실과 복도의 형광등 불빛이 창밖으로 뿜어져 나와 사위가 환해진다. 불빛은 운동장 끝 언저리까지 번진다. 기세를 누그러뜨린 불빛이 어둠과 뒤섞여 어슴푸레해진다. 야간 자습을 하다가 머릿속이 복잡할 때면 나는 이곳 스탠드에 나와 앉아 있곤 했다.

운동장엔 나처럼 혼자 앉아 있거나, 두셋씩 짝을 지어 산책하는 친구들이 있었다. 밤공기가 오감을 깨웠다. 학교 언덕 아래 도로에서 차들이 내는 노면 소음이 어렴풋이 들렸고, 고개를 돌리면 옛 수인선 철길 너머에 들어선 아파트 단지에 점점이 불이 켜져 있었다. 하늘을 올려다보면 광해(光害) 사이로도 별들이 희미하게 빛났다. 숨을 들이켜면 운동장의 마른 흙냄새가 났다. 내가 사랑한 동산의 저녁이었다.

금요일 저녁엔 다들 그레이스홀에 모였다. 우리는 찬양하고 기도했다. 각자 바라는 바를 놓고 기도했고, 서로를 위해서도 기도했다. 학업으로 팽팽했던 긴장이 풀어졌고, 개별적인 기도들이 하나가 될 수도 있겠다는 것을 나는 620을 통해 느꼈다. 내가 누렸던 동산의 일상이었다. 졸업한 뒤에도 이 두 이미지는 뚜렷하게 내 마음속에 남았고, 동산을 향한 향수로 뒤바뀌었다. 나는 오랫동안 그 향수에 시달렸다. 왜 그랬을까.

목표가 사라진 것이 일차 요인이었던 듯하다. 수험 생활은 어려웠지만, 대입이라는 목표가 분명했으니까. 지상 과제였던 수능이 끝난 뒤에는 뭔가 달랐다. 무엇을 추구할 것인지 얼른 설정할 수 없었다. 목표의 부재로 인한 상실감과 불확실성이 갑작스럽게 닥쳐왔다. 상실감을 증폭시킨 건 이런 속내를 털어놓을 또래나 어른이 당장 대학엔 없었다는 점이었다. 마음이 곤고한 상황에서 교우나 사제 관계를 원점에서 재시작해야 한다는 것이 큰 부담이었다고, 그래서 향수가 이어진다고 나는 생각했다.

그래서 졸업 이후 동산 주변을 맴돌았다. 기회가 있을 때마다 동산을 찾았다. 동산엔 은사들이 계셨고, 내가 드나들던 공간들도 그대로였다. 새로 친구를 사귀기보다는 동산의 동창들을 주로 만났다. 동산에 가고 동창들을 만나다 보면 시간이 거꾸로 가는 듯싶었다. 그런데 이상했다. 동산에 와도 동산을 향한 향수가 사라지지 않았다. 동산에 와서도 동산을 그리워하다니 이게 무슨 일인가. 잘 이해되지 않았다.

오랜 고민 끝에 겨우 내린 결론은 이러했다. 나는 동산의 공간을 그리워하지만, 그에 못지않게 '그 시절의 나'를 그리워한다는 것. 종교적 믿음과 정서적 유대감, 뚜렷한 목표 의식을 가졌던 내가 그리운 것이다. 하지만 그 시절은 지나갔다. 그때의 나는 없다. 동산에 갔을 때조차 향수에 시달렸던 건 마음 한편에서 이런 자각이 자라나고 있었기 때문이었다. 아, 이제는 한 발 떨어져야 할 때구나 싶었다.

우선 생활을 바꾸기로 했다. 동아리에 가입했다. 구멍 난 학점을 메우기 위해 아침부터 오후까지 수업을 꽉꽉 채웠다. 될 수 있는 한 바쁘게 지냈다. 군 복무는 동산으로부터 자연스레 물러설 수 있는 계기가 되었다. 전역한 뒤에는 일자리를 찾느라 바빴고, 취직한 뒤엔 밥벌이하느라 바빴다. 그사이 시간이 많이 흘렀다. 동산을 찾은 지 오래되었고, 은사들을 뵌 지도 오래되었다. 많은 친구와도 연락이 끊겼다. 날카로웠던 추억들도 시간 속에서 많이 풍화되었다.

이제는 괜찮다. 그때의 질감, 시공간, 친구들과 선생님들은 내 마음 한구석의 풍경으로 편안하게 자리 잡았다. 나는 이 편안함이 좋다. 오랜만에 동산에 가 보고 싶다.

망아지처럼 신나던 나의 봄날

김선애 / 9기

고등학교 시절, 나는 망아지였다. 사람을 좋아하고 이리저리 날뛰던, 천방지축 망아지. 하라는 공부는 뒷전이었고, 온통 내 관심사는 친구들이었다. 점심시간, 야간 자율 학습 시간이 되면 시계의 초침처럼 운동장을 돌고 또 돌았다. 친구와 팔짱을 끼고 걷다 보면 할 이야기가 어찌나 많은지, 시간이 참 짧게 느껴졌다.

그 시절 우리는 고민이 참 많았다. 나는 친구들의 이야기를 들어 주는 '상담사'였다. 연애 한 번 안 해 본 내가 연애 상담을 하고, 공부도 안 하면서 친구 성적 걱정을 하고, 서로의 속마음을 꺼내 놓고, 내면에 끓어오르던 감정과 고뇌를 나누며, 그렇게 우리는 다시없을 청춘의 페이지를 함께했다. 지금 생각해도 참 아름답고 철없는 봄날이었다.

날씨가 좋고 햇살이 따스한 날에는 운동장 벤치에 앉아 삼삼오오 모여 공부도 했고, 장대비가 퍼붓는 날엔 우산도 없이 초록빛 농구 코트로 뛰어 들어가 비를 맞으며 소리를 지르며 놀았다. 창밖으로 벚꽃이 흩날리는 날이면, 마음이 괜스레 몽글몽글해져서 벚꽃나무 밑에 한참을 앉아 있기도 했다.

몰래 담을 넘어 간식을 사 먹다가 선생님께 걸려 남자 반으로 끌려가 엎드려뻗쳐 벌을 서기도 하고, 점심시간 종이 울리면 경주마처럼 급식실로 전력 질주를 하고, 쉬는 시간이면 매점으로 전력 질주하던 기억 또한 생생하다. 금요일마다 오후 6시 20분에 시작되던 620 기도회, 매일 야간 자율 학습이 끝난 뒤 늦은 밤 기도회. 조명이 꺼진 어두운 지하 예배당에서 내 속에 있는 것을 다 토해 내듯 기도하고 찬양하던 그 뜨거운 분위기를 떠올리면 아직도 저릿하다.

그때 나는 한창 사춘기를 앓고 있던, 자유롭고 감성적인 말괄량이 여고생이었다. 과학 선생님이셨던 남○준 선생님을 아버지처럼 따르며 발명반 활동에 열심히 참여했던 기억도 난다. 로봇을 만들고, 코딩을 하고, 대회에 나가 상도 받았다. 선생님은 "이제 너는 공부만 하면 된다."고 하셨지만, 그 시절 나는 정작 공부는 하지 않았다. 그래도 카이스트에서 주최한 실험 대회에 참가해 친구와 함께 아로마에 대한 연구를 기획하고, 햄스터를 이용한 실험으로 전국 과학고들이 휩쓴 대회에서 당당히 3등을 하여 신문에도 이름이 났다.

고3 시절, 우리 반에 '삼총사'가 있었다. 김구, 콩솔, 그리고 나. 출석을 부를 때도 "너희 셋만 출석을 불러서 있으면, 우리 반 아이들 다 있는 거다."라고 안○헌 선생님이 늘 웃으며 말씀하셨다. 선생님은 공부보다는 다른 곳에 관심이 많고 방황하는 우리를 다그치기보다는 짜장면을 사 주시면서 격려해 주셨다. 그 순간들이 지금도 마치 한 장면 한 장면 사진처럼 선명하게 남아 있다. 아주 부드럽고 따뜻하게.

나는 고등학교 내내 후회가 없을 정도로 신나게 놀았고, 다양한 사람들과 함께 고민하고 나누고 사색하며, 끊임없이 이야기하며 탐구하고 성장했다. 공부 외적으로는 풍부한 학창 시절을 보냈지만, 원하는 대학 진학에는 실패했다. 함께 놀던 친구들도 대부분 그랬다. 우리는 동산고를 졸업하고 성인이 되었고, 사춘기의 열병이 끝난 뒤 각자의 미래를 그리고 꿈꾸며 서로를 격려하고 응원하며, 다시 미래를 준비해 나가기 시작했다.

고등학교 시절부터 20년이 넘게 흘렀고, 나는 사랑하는 사람과 결혼하여 두 아이의 엄마이자 환자들을 치유하는 한의사가 되었다. 그토록 감성적이고 치열한 사춘기를 보냈던 내가, 치열하게 공부하여 우수한 성적으로 한의대에 입학했고, 한의학이라는 학문에 매력을 느껴 대학생 시절부터 지금까지 한의학적 공부와 임상을 꾸준히 이어 가고 있다.

지금 나는 수원에서 '보조개한의원'의 대표 원장으로 진료하고 있고, 2024년에는 배우 안○현 씨를 진료하는 장면으로 '나 혼자 산다' 방송에도 출연하게 되었다. 친구들의 상담사였던 내가, 이제는 환자들의 몸과 마음을 치료하기 위해 진료실에서 상담하고 있으니 참 신기하다. 그 시절 함께 말썽꾸러기였던 친구들도 각자의 자리에서 노력하며, 그때는 상상조차 하지 못했던 모습으로 살아가고 있다. 앞으로 우리는 또 어떤 꿈을 꾸게 될까? 우리의 찬란한 미래와 지금 학교에서 청춘의 봄날을 보내고 있을 후배들 모두 마음 깊이 응원한다.

사람을 배운 곳, 안산동산고

우민지 / 10기

나는 동산고를 졸업한 뒤, 단국대학교 의과대학에 진학했다. 이후 고려대학교 병원에서 수련을 거쳐 현재는 안과 전문의로 일하고 있다. 지금의 나를 아는 사람들은 놀라겠지만, 나는 상당히 냉소적이고 내향적인 아이였다. 중학생 시절까지 가장 친한 친구는 책이었고, 굳이 다른 사람들과 친밀하게 교류해야 할 이유를 느끼지 못하는 독특한 성격이었다. 친구가 전혀 없었던 건 아니지만, 마음을 열고 사람을 대하는 법이나 인간관계에서 오는 즐거움 혹은 행복을 전혀 몰랐다고 해도 과언이 아니다. 고등학교에 입학한 이후에도 성격은 쉽게 바뀌지 않았다. 유학 후 복귀로 학업에 공백이 있었고, 모든 어려움을 혼자 감당하려다 보니 학교생활에 쉽게 적응하지 못했다.

그렇게 심적 여유 없이 어영부영 1~2년을 보내고 3학년으로 올라갔다. 나는 모두가 입을 모아 말하듯, 고3은 당연히 인생에서 가장 어두운 시기가 될 것이라고 생각했다. 실제로 체력적으로도 부족했고, 스트레스도 심했으며, 입시 역시 이후에 다시 한번 치르게 되는 등 전혀 순탄하지 않은 한 해였다. 그렇지만 가장 힘들어야 했던 그 시간이, 내게는 학창 시절 중 가장 즐거운 기억으로 남았다. 왜였을까?

동산고 생활 3년째, 나는 드디어 사람을 알게 되었기 때문이었다. 본인들도 분명 힘들었을 텐데 압박감에 짓눌려 있던 내게 먼저 다가와 운동장을 몇 바퀴나 함께 걸으며 이야기를 들어 주던 반 친구들. 우울해하면 매점에 간식 사러 가자며 꼬드겨 주고, 즐거워하면 같이 말갛게 웃어 주던 얼굴들. 창밖에 흐드러지게 핀 벚꽃이 너무 예쁘다며 벚나무 아래에서 공부하자고 했던 짝꿍을 따라 무거운 몸을 일으켜 나갔던 날, 어둑하고 서늘한 저녁 하늘 아래 흩날리는 벚꽃잎을 맞으며 나란히 야간 자율 학습을 했던 기억은 지금도 선명하게 남아 있다.

여전히 유별났던 나는 급식이 싫다고 칭얼거리며 도시락을 싸 오고, 교실

의자가 불편하다고 굳이 내 의자를 따로 사서 좁은 자리에 밀어 넣어도 친구들은 유난스럽다 타박하기보다 오히려 다른 불편한 것은 없냐며 걱정해 주었다. 수시 모집 합격 소식이 전해지자 반 전체가 자기 일처럼 함성을 지르며 기뻐해 주는 모습에, 내 마음은 활짝 열릴 수밖에 없었다.

언제나 사랑을 가득 담아 격려해 주시고, 한 명 한 명을 따뜻하게 지도해 주셨던 아버지 같던 담임 선생님, 그리고 우리를 위해 열과 성을 다해 가르쳐 주셨던 모든 선생님들까지 정말 많이 부족하고 유별났던 내게 동산고 사람들은 '사람이', '사랑이', 그리고 '우정이' 삶에서 그 무엇보다도 중요한 것임을 알려 주었다.

학업량이나 체력적인 부담은 오히려 대학에 입학하고 나서가 훨씬 더 많았다. 일을 하면서 어려운 시간도 많았다. 하지만 동산고 시절의 추억과 사람들이 있었기에 나는 웃으며 버텨 낼 수 있었고, 지금의 자리까지 올 수 있었다. 동산고는 내게 '사람'이 무엇인지, '사랑'이 어떻게 마음을 여는지, 그리고 함께 나눈 '우정'이 얼마나 큰 힘이 되는지를 가르쳐 준 곳이었다. 그 배움은 지금도 내 삶의 바탕이 되고 있으며, 나는 만나는 이들에게 그 마음을 전하려 노력하며 살아가고 있다.

내게 '사람이 되어 가는 법'을 알려 준 동산고, 그리고 여전히 따뜻한 동산고 사람들. 진심으로 사랑하고, 감사드린다.

하나님을 만난 학교

좌행운 / 10기

내 인생을 돌이켜 보면, 가장 깊고 진실하게 하나님을 만난 순간은 동산고 시절이었다. 나는 중학교 때 사춘기가 와서 하나님을 부정하는 안티크리스천이었다. 그러다 고등학교 입학 후, 장○기 지구과학 선생님을 통해 시선이 바뀌기 시작했다. 서울대를 나온 이과 출신 선생님이 "하나님은 과학의 법칙을 만드신 분"이라고 말씀하셨고, 나는 오기로 진화론을 파고들며 반박하려 했다.

그러나 공부할수록 진화론이 과학적으로 허점이 많다는 걸 알게 되었고, 교과서의 내용이 진리가 아닐 수도 있다는 사실을 처음 깨달았다. 창조론까지는 어려웠지만 '지적 설계론'을 알게 되며 하나님이 존재할 수도 있겠다는 이성이 생겼고, 마음이 서서히 열리기 시작했다.

고3 때는 눈을 크게 다친 후유증으로 마음까지 지쳐 있던 어느 날, 밤 10시 기도회에서 울며 하나님께 부르짖던 중 혀가 이상하게 움직이며 방언이 터져 나왔다. 무서워 멈췄지만 다시 기도할 때 같은 현상이 반복되었고, 주위를 돌아보고 나서 친구들이 하고 있던 기도가 바로 그것이라는 걸 깨달았다. 나는 그날 상한 마음을 하나님께 쏟아 내며, 방언이라는 선물로 위로를 받았다. 하나님은 감정이 아니라 경험으로 살아 계심을 증명하셨다.

졸업 후 재수 끝에 하나님의 은혜로 고려대에 입학했고, 동문회를 통해 동산고 선후배들과 따뜻한 관계를 이어 갔다. 캠퍼스 안에서 받은 선배들의 도움은 사회생활을 준비하는 데 큰 힘이 되어 주었다. 안산동산교회 대학부에서 김인중 목사님의 말씀을 들으며 신앙이 더욱 깊어졌고, 지금도 살아 계신 하나님과 동행하며 기쁨으로 살아가고 있다.

나에게 안산동산고는 '하나님 사랑'이다. 선생님과 친구들을 통해 배운 그 사랑은 지금도 내 삶의 중심이다. 지금 나는 평범한 사람들도 비즈니스를 잘할 수 있도록 돕는 일을 하고 있다. 하지만 마음 깊은 곳에는 언제나 하나님 나라를 가르치는 사람이 되고 싶은 소망이 있다.

여섯 살 딸을 키우며, 다음 세대에게 꼭 전해 주고 싶은 가치들도 생겼다. 세상에서 말하지 않는 기독교적 재정 교육, 성(性)교육, 리더십 교육을 학교도, 교회도, 가정도 아닌 새로운 방식으로 아이들에게 전해 주고 싶다. 그래서 나는 언젠가 이 시대의 도구인 비즈니스를 통해 복음을 자연스럽게 전하는 선교사적인 삶을 살고 싶다는 생각을 한다.

동산고에서 시작된 믿음의 씨앗은 이제 내 가정과 자녀, 그리고 다음 세대의 삶 속으로 이어지고 있다. 지금 내가 하는 일은 단순히 창업을 돕는 것이 아니라, 사람들의 숨겨진 가능성을 믿어 주고 끌어올리는 일이다. 많은 사람이 스스로를 부족하다고 느끼지만, 그 안에는 하나님이 주신 소명이 숨어 있다. 나는 그 가능성을 발견하게 돕고, 삶의 방향을 찾는 여정에 함께하고 있다.

나의 딸도 세상의 기준이 아닌 하나님의 관점으로 세상을 보고, 자신과 이웃을 사랑하는 사람이 되길 바란다. 그리고 언젠가 신앙과 교육, 삶과 비즈니스가 하나로 연결되는 플랫폼을 만들어 더 많은 이들에게 하나님 나라의 가치를 전하고 싶다. 이렇게 나를 살아 움직이게 만드는 모든 꿈과 비전은 안산동산고에서 만난 하나님 덕분이다. 모든 영광을 하나님께 돌린다.

쓰임 받는 삶을 향한 첫걸음

김윤호 / 11기

"여기는 너희들이 아무리 공부해도 누구도 뭐라고 하지 않는 곳이다. 원 없이 열심히 해도 된다."

입학식 날, 1학년 담임이셨던 김○ 선생님께서 학생들과의 첫 만남에서 하신 말씀이다. 나는 이 말이 인상 깊게 남았고, 이후 학교에 맨 먼저 나와서 가장 늦게 나가는 학생이 되었다. 그 덕분에 매일 밤 순찰을 돌던 '후집사님'께서 항상 나를 기특하게 여기며 격려해 주셨던 기억이 아직도 감사한 마음으로 남아 있다.

안산동산고등학교에서 훌륭한 친구들과 선생님들로부터 받은 좋은 자극과 영향은 내 인생에 서 소중한 자산이 되었다. 그 시기는 내 지적 성장과 인격 형성에 있어 매우 중요한 시기였고, 무엇보다도 하나님을 인격적으로 처음 만나고 경험할 수 있었던 시간이었기에 내게는 그 무엇과도 바꿀 수 없는 값진 3년이었다.

'쓰임 받는 삶'을 살고 싶다는 소망이 내게 생겼고, 그 뜻을 이루기 위해 실력 있는 사람이 되어야 한다는 목표를 품었다. 그 목표를 향해 나 자신과의 싸움에서 지지 않으려 치열하게 노력했던 3년의 시간은, 20년이 지난 지금 돌이켜 보아도 내 삶의 가장 중요한 가치관을 세우는 밑거름이 되었다.

그렇다면 '쓰임 받는 삶'이란 무엇일까? 여러 해석이 가능하겠지만, 나는 '필요한 곳에서 사회를 더 나은 방향으로 변화시키고 사람들에게 유익을 주는 선한 영향력'이라고 생각한다. 시간이 많이 흘렀지만, 고등학교 시절 세웠던 이 목표는 여전히 내 삶에서 현재진행형이다.

물리학을 좋아했던 나는 서울대학교 기계항공공학부를 졸업한 뒤, 미국 MIT 기계공학과에서 석·박사 과정을 마쳤고, 현재는 Magnendo라는 회사를 창립해 CEO로 일하고 있다. 박사 과정 동안 뇌졸중과 같은 뇌혈관 질환을 더 빠르고 안전하게 치료할 수 있는 기술을 개발했고, 이 기술을 더욱 발전시키고 상용화하기 위해 회사를 창업하게 되었다.

안산동산고 재학 시절, 김인중 이사장님께서 강조하셨던 "배워서 남 주자."는 가르침은 내게 '사람을 살리고 이롭게 하는 기술'을 개발함으로써 그 기술이 필요한 곳에 쓰임 받는 사람이 되고 싶다는 마음을 갖게 했다. 이후 대학에 진학해서 로봇 공학에 대한 내 관심을 이러한 가치관에 접목시키다 보니, 지금까지 의료 로봇을 연구하고 개발하는 길을 걷고 있다.

지난 20년을 돌아보면, 스티브 잡스가 말했던 'Connecting the dots'처럼 인생의 점들이 하나둘 이어지며 내 삶의 궤적을 그려 가는 것을 느낀다. 앞으로도 더 구체적인 모습으로 쓰임 받게 될 것을 기대하고, 기도하는 마음으로 하루하루를 살아가고 있다.

이제 20년 전 나처럼 인생의 시작점에 서 있을 후배들에게 한마디를 남기며 이 글을 마무리하고자 한다. 내 고등학교 시절은 대학 입시에 초점이 맞춰져 있었고, 모든 학생이 빠르고 정확하게 문제를 풀고 정답을 맞히는 데 집중했던 기억이 난다. 하지만 정해진 정답을 맞히는 데에만 익숙해지면 생각을 정답에 끼워 맞추게 되고, 창의적으로 사고하는 힘을 기르기 어려워진다.

내가 대학과 대학원을 거치며 깨달은 공부의 본질은 '생각하는 힘'을 키우는 데 있다. '정해진 문제의 정답을 맞히는 능력'이 아니라, '문제를 정의하고 해결책을 찾아 나가는 능력'을 키우는 것이 진정한 공부라고 생각한다.

그래서 나는 나의 후배들이 공부를 단기적인 입시의 수단으로만 보지 않고, 인생 전체를 바라보는 긴 호흡 속에서 스스로의 사고력을 기르고, 정답이 정해지지 않은 문제에도 주저 없이 도전하는 태도를 키워 가길 바란다.

나를 비롯한 수많은 안산동산고 졸업생들이 한국 사회뿐 아니라 세계 곳곳에서 각자의 자리에서 귀하게 쓰임 받고 있듯이, 여러분도 그렇게 성장하여 필요한 곳에서 선한 영향력을 발휘하는 자랑스러운 동산인이 되길 진심으로 기도한다.

나에게 동산고는

윤유진 / 11기

　　　　동산고가 개교 30주년이라는 연락을 받고 나의 졸업 연수를 헤아려 봤다. 2008년이니까 벌써 17년이란 세월이 흘렀다. 지금 동산고를 다니고 있는 누군가의 평생과 맞먹는 시간이다. (물론 실감이 나진 않는다.) 아무튼 내 인생의 딱 절반 지점에 동산고 시절이 자리 잡고 있다. 지금이야 삼십 대 후반에 접어들어 사회화될 대로 되었지만, 그 시절의 나는 얼마나 모나고 미숙했던가.

　당시 고교 비평준화 지역이었던 안산에서 동산고는 '안산에서 가장 대학을 잘 보내는' 사립 명문고로 명성이 오르고 있었다. 고입 선발 고사에서 성적을 아주 잘 받아야만 동산고에 갈 수 있었다. 하지만 1지망을 지원했다 떨어지면 지역에서 가장 인기 없는 학교에 가야 하는 상황에서, 공부깨나 했던 중3 학생들에게 동산고 진학 도전은 '인생을 건 모험'이었다. 그 당시의 나도 머리를 싸매고 고민했다. 나의 능력치를 믿을 것인가, 안전한 선택을 할 것인가?

　좋은 대학에 가서 가세를 일으켜 보고자 하는 출세욕에 사로잡혀 있던 열다섯의 나는 고교 입시를 뚫고 입시 명문 안산동산고에 진학을 하고 만다. 나의 앞날에는 이제 꽃길만 펼쳐져 있을 줄 알았건만, 동산고에서의 생활은 뜻밖에도 충격의 연속이었다. 중학교 시절 내내 전교 석차 10위권을 벗어난 적이 없었건만, 동산고에 와서는 첫 시험에서부터 세 자릿수(3xx등)의 충격적인 등수를 받았던 것이다. 그렇다. 동산고 전교생 오백여 명은 다들 나처럼 중학교에서 날고 긴다는 아이들만 모였던 것이다. 그래도 그렇지 삼백 몇 등이라니 너무하지 않은가. 우등생이라는 것으로 구축되어 있던 나의 얄팍한 자존감은 입학과 동시에 지하 삼백 미터 아래로 꺼져 버렸다.

　그런 데다 학교는 아침 8시에 시작해서 밤 10시까지 야자가 이어졌다. 오후 서너 시면 학교가 끝나던 중학교 때와는 비교도 되지 않는 장시간 학업에 매일 파김치가 되었다. 여기에다가 예배와 종교 수업, 큐티 같은 기독교 학교 시스템과 급우들의 독실한 신앙 속에서 무신론자였던 나는 혼자 이상한 나라의 앨리스가 된 느낌이었다. 입학 몇 달 만에 자퇴까지 고민했다.

이 모든 힘듦을 버티게 해 준 한 가닥 동아줄이 덕질이었던 것 같다. 나는 선생님을 덕질했다. 그땐 선생님들도 아직 청춘의 바운더리에 계셨던 시절이었다. 암튼, 선생님을 좋아하자 수업 시간이 기다려졌다. 여우가 어린 왕자를 기다리듯, 다음 주를 손꼽아 기다렸다. 수업을 듣고 수업 시간 에피소드로 만화를 그리고, 편지도 써서 선생님에게 보냈다. 고민되거나 힘든 일이 있으면 선생님을 찾아가 털어놓았다. 귀찮을 법도 하건만 선생님은 내 팬레터를 재밌게 읽어 주시고, 고민 얘기를 귀 기울여 듣고 위로와 응원을 해 주셨다. 이상한 나라에서 친구도 없이 혼자 버티던 나에게 이야기를 들어 주는 사람이 생긴 것이었다.

덕질과 더불어 동아리도 내게 숨 쉴 구멍을 마련해 주었다. 신실한 아이들 사이에서 도통 소속감을 느끼지 못하던 나는 조금 별난 아이들이 모여 있던 애니부에서 소속감을 느꼈다. 서브컬처인 만화 덕후의 세계에서는 각자의 취향이 존중받는다. 만화를 보고 만화를 그리는 선후배들 사이에서는 내가 별난 존재가 아니었다. 이렇게 학교에 동아줄과 숨구멍을 만들어 두고 나니 동산고는 버틸 만한 곳이 되었다.

우여곡절 끝에 무사히 졸업한 지 17년, 동산고가 내게 남겨 준 것들에 대해 생각해 본다. 동산고는 이질적인 문화 속에서 지내 본 경험, 소속감을 잃어버리고 다시 찾은 경험, 그리고 누군가의 이야기를 귀 기울여 들어 주는 사람의 의미에 대해 알게 해 준 곳이다.

나는 대학을 졸업하고 그때의 나를 닮은 청소년, 청년들 곁에서 이야기를 들어 주고 공동체를 꾸리며 대안학교와 시민단체에서 9년 동안 일해 왔다. 동산고 시절을 열병처럼 힘들었던 시절로만 생각했는데, 돌이켜 보면 내가 어떤 사람인지 알게 하는 성장통의 시기가 아니었을까.

P.S. 당시 선생님들의 나이에 가까워진 지금에서야, 그때 9교시 수업과 야자를 꾸려 가느라 선생님들께서 얼마나 애쓰셨을지 짐작해 본다. 장시간 노동에 더해 사춘기 아이들의 멘탈까지 보살펴 주셨던 동산고 선생님들의 열정과 헌신에 진심으로 감사드린다.

봄날의 벚꽃, 그리고 동산

장보규 / 12기

현재 벚꽃으로 유명한 한 대학교의 신소재공학과에서 학생들을 가르치고 있다. 박사 과정까지 10년 넘게 지냈던 대학 캠퍼스도 벚꽃이 참 아름다웠다. 동산고도 봄날의 벚꽃이 아름다워, 벚꽃이 피면 교정은 사진 찍는 학생들로 북적였던 기억이 난다. 그래서인지 닮은 점 하나 없는 세 학교지만, 벚꽃이 피면 자연스럽게 동산고를 떠올리곤 한다. 올해도 아름답게 만개했던 벚꽃이 시들어 갈 무렵, 반가운 연락을 받고 내 인생의 따뜻한 봄날과 같았던 동산을 다시 떠올려 본다.

안타깝게도 우리나라에서 고등학교 생활은 대학 입시와 떼려야 뗄 수 없다. 졸업식 전날, 원하던 대학에서 추가 합격 연락을 받고 얼떨떨한 기분으로 졸업식장으로 향했던 기억이 아직도 생생하다. 유별나게 그 대학만 원했던 것을 아셨던 건지, 졸업장을 받으러 단상으로 올라갈 때 진학부장이셨던 문○용 선생님께서 축하한다고 해 주셨던 장면도 선명하게 기억난다. 그 덕분인지 내 고등학교 생활은 다행히 긍정적인 기억으로 남아 있다. (물론 고3 시절도 나름 즐거웠다고 하면, 그 모습을 옆에서 지켜보셨던 부모님께서는 "웃기지 말라."고 하시긴 한다.)

하지만 지금 와서 보면, 대학 입시는 끝이 아니었다. 원하는 대학에 가지 못했던 친구들도 마찬가지다. 동산고 친구들에게는 무언가 말로 설명하기 어려운 힘이 있다. 졸업하고 15년이 조금 넘은 지금, 조금은 돌아갔을지라도 동산고 친구들은 다들 각자의 자리에서 여전히 목표를 향해 열심히 달리고 있다. 그런 친구들을 보면 나 역시 여전히 동기부여를 받는다. 원하는 대학에 가긴 했지만, 오히려 부딪쳐 볼 힘과 자신감이 부족했고, 지칠 때마다 동산고를 다시 찾았다.

5월이면 학교를 찾아오는 졸업생들로 북적였다. 고3 때 영어 수업을 맡으셨던 진○태 선생님께서는 "저 사회 부적응아들 또 돌아왔네."라며 농담을 하시곤 했다. 당시엔 웃어넘겼지만, 막상 졸업하고 나니 내가 그 사회 부적응아가 되어 학교를 찾게 됐다. 대학에 가고 나니 품었던 목표는 흐릿해졌고, 이리저리 치이다 학교를 찾았던 어느 날, 한 선생님께서 물으셨다. "그렇게 원하던 곳에 가서 열심히 하고 있니?" 왜 그랬을까. 쉽게 답하지 못하고 있던 내 옆에서 고3 담임이셨던 박○식 선생님께서 대신 답해 주셨다. "안 물어보셔도 열심히 할 거예요." 30초 남짓한 짧은 순간이었지만 수많은 생각이 오갔고, 돌아와 다시 마음을 다잡는 계기가 되었다.

　티를 내진 않았지만 박사 학위를 마치고, 두렵고 막막한 마음으로 박사 후 과정을 시작하기 전에도 학교를 찾았다. 선생님들께 "선생님, 저 이제 이런 길을 가 보려고요."라고 말씀드리면, 믿어 주시는 분들을 위해서라도 그 말을 지켜야 할 것 같았기 때문이다. 그 덕분에 쉽지는 않았지만, 끝이 보이지 않았던 박사 후 과정도 잘 지나올 수 있었다.

　자리를 잡고 대학에서 학생들을 가르치다 보니, 요즘엔 선생님들 생각이 더 난다. 학생들을 대하는 일이 이렇게 어려운 줄, 그때는 알지 못했다. 한 학기가 지나고 어떻게 해야 할지 몰라 항상 응원을 보내 주시는 박○식 선생님과 김○진 선생님께 연락을 드려 조언을 구했다. 이렇듯 여전히 내게 동산고는 기댈 수 있는 따뜻한 온실 같은 곳이다.

　혹자는 세상 물정 모르는 온실 속 화초라 할 수도 있겠다. 하지만 그렇게 선생님들께서 귀하게 길러 주신 덕분에, 동산고 친구들에게는 말로 설명할 수 없는 '뿌리 깊은 깡(드라마 폭싹 속았수다 중)'이 있는 것 같다. 그리고 그것이 지금까지 동산을 지탱해 온 힘이라고 믿는다.

　그래서 나는 바란다. 뒤돌아보았을 때, 따뜻한 기억과 좋은 선생님, 그리고 친구들이 먼저 떠오르기를. 입시라는 결과가 아니라, 함께 웃고 울었던 순간들과 서로를 응원했던 마음이 더 오래 기억되기를. 그러한 따뜻한 기억이 인생을 헤쳐 나가는 데 힘이 되기를. 여력이 된다면, 그 따뜻한 힘을 바탕으로 좀 더 나은 세상을 만드는 동산인이 되기를. 여러분에게도 동산이 인생의 소중한 봄날로 기억되었으면 좋겠다.

엄마의 운전

류승민 / 13기

　　　　스물세 살에 운전면허를 따고 10년 동안 장롱면허로 지내다가, 만으로 서른세 살이 되던 작년이 되어서야 나는 운전을 시작했다. 초보 운전자로 도로에 나서 보니 운전은 여간 어려운 일이 아니었다. 사고 날 뻔한 위기를 여러 번 겪으며, 이제야 한두 시간 정도 거리는 혼자서 다닐 수 있게 되었다. 그런데 운전을 하다 보니 왜인지 모르게 자연스럽게 엄마의 그 시절이 떠올랐다.

　김포에서 초등학교, 중학교를 다닌 나는 공부를 곧잘 해서 외고에 진학할 생각이었다. 그러던 중, 엄마는 한 고등학교 설명회를 갔다가 어떤 책을 읽고 나서는 무조건 그 고등학교에 가야 한다고 했다. 엄마는 학창 시절 단 한 번도 나에게 공부하라고 한 적이 없었고, 무엇 하나 큰소리 낸 적도 없었지만, 이번에는 달랐다. 나는 내심 집에서 가까운 외고에 가고 싶었지만, 엄마의 단호함에 그 뜻을 따를 수밖에 없었다. 그렇게 엄마의 김포에서 안산을 오가는 3년간의 주말은 시작되었다.

　그 시절, 전교생의 절반 정도는 경기도 각 지역에서 유학을 왔었다. 나도 김포에서 안산으로 유학 온 고등학생이 되었고, 학교 앞 작은 원룸을 하나 얻어 아침, 점심, 저녁을 다 학교에서 먹으며 하루 종일 공부에 집중하는 생활을 시작했다. 각지에서 공부 잘한다고 소문난 친구들이 모였기에 처음엔 승부욕에 불타 공부라는 고등학생의 과업에 몰두했다. 1학년 때에는 한국사 수업이 너무 좋아서 아주 잠깐 역사 선생님을 꿈꾸기도 했고, 물리에 흥미를 느끼고 이과를 선택한 후에는 로봇공학자를 꿈꾸기도 했다. 수업이 없는 날이면 하루 순 공부 시간 14시간을 채우기 위해 미친 듯이 집중했다.

　그러던 중, 2학년에서 3학년으로 넘어가는 겨울방학. 엄마의 열렬한 기도 결과였을까. 나는 교회만 오가는 크리스천이 아니라, 예수 그리스도를 진심으로 믿는 사람이 되었다. 가장 중요한 고등학교 3학년 시기에 나는 매일 경건회를 이끄는 선교부 반장을 맡기로 결정했고, 우리 반 친구들에게 매일 말씀을 전했다.

    수능을 평소 실력대로 보지 못해 원하던 서울대학교에 진학하지는 못했지만, 담담히 받아들였고, 졸업하는 날 친구들에게 손편지를 써서 앞으로의 날들에 대한 축복과 믿음을 전했다. 이후 나는 반수 끝에 서울대학교에 진학했고, 하고 싶었던 국사학과를 복수 전공했다. 드라마 PD를 꿈꾸며 20대의 열정을 바쳤고, 몇 년의 세월을 돌고 돌아 지금은 교정과 전문의로 살아가고 있다.

    졸업 후, 나에게 고등학교 시절은 '집을 떠나 홀로 고군분투하다가 믿음을 갖게 된 시기'로 남았다. 내심 매일 집에서 등교하고, 집밥을 먹으며 부모님과 함께 지내는 친구들이 부러웠던 것 같다. 그래서인지 주말마다 엄마의 돌봄을 받는 것은 당연하다고 여겼다. 엄마가 오기로 한 시간보다 조금이라도 늦으면 온갖 짜증을 다 부렸고, 엄마는 자정까지 내 옆을 지키다가 내가 잠들 때가 되어서야 김포로 돌아갔다. 매일 홀로 등교하는 나를 위해 녹즙과 산삼 농축액을 배달시키기도 했다. 그 모든 것이 엄마의 사랑이었다는 걸, 운전을 시작한 요즘에서야 깨닫게 되었다.

    15년이 지난 지금, 엄마에게 물었다. 어떻게 그렇게 매주 왕복 4시간이 걸리는 길을 오갈 수 있었냐고. 엄마는 매번 졸음과 씨름하며 운전했다고 말하며, 오로지 나에게 믿음 하나를 심어주고 싶었다고 했다. 그러고는 조심스럽게 물었다. "너에게는 그 시간이 어떤 의미로 남아 있니? 후회하지는 않니?" 나는 "좋았고, 의미 있었어."라고 얼버무렸다. 그러고는 곰곰이 생각했다. 그때 그렇게 온 힘 다해 하나님을 경외하고, 말씀에 따라 살아가려 했던 시절이 있었기에 지금도 믿음을 나눌 수 있는 친구들을 곁에 두고 있고, 20대에 세상이 무너지는 듯한 실패를 경험했을 때도 버틸 수 있었다고. 그리고 그 시절이 가능했던 건, 졸음과 씨름하며 도로 위를 달렸던 엄마의 운전 덕분이었다는 걸 이제야 비로소 이해하게 되었다. 안산동산고는 나에게도, 엄마에게도 치열했던 시절이며, 앞으로도 변하지 않을 버팀목으로 오래 남아 있을 것이다.

동산의 운동장은 나의 홈그라운드

양동혁 / 13기

열일곱 살 1학년. 의정부에서 안산까지 고향을 떠나 타지로 온 나에게 안산동산고는 낯선 곳이자 새롭게 적응해야 할 공간이었다. 두려움이 가득했던 내게 용기와 힘을 주고, 친구들과 친해질 수 있게 만들어 준 건 다름 아닌 축구였다. 리버풀 유니폼을 맞춰 입고, 리버풀의 상징인 캡틴 제라드의 이름을 마킹하면서 자칭 '축구반장'이 되기 시작한 것이 아마 1학년 때부터였던 것으로 기억한다.

반장, 부반장, 선교부반장처럼 세 개의 직책(?)이 있었는데, 우리 반만 유일하게 내가 임의로 축구반장을 만들어 운영했다. 공부로 스트레스를 받는 친구들에게 점심시간, 저녁 시간에 웃음과 재미를 주는 역할을 했다고 나름 생각하지만, 1학년 13반 친구들은 과연 어떻게 생각했을지 모르겠다.

2학년이 되면서 자칭 축구반장이 아닌, 진짜 반장이 되었다. 2학년 10반 우리 담임 선생님께서는 아마도 나를 참 많이 싫어하셨을 것이다. 공부하는 분위기가 아닌, 그야말로 '축구반'을 만든 셈이었으니까. 공부를 잘하느냐 못하느냐 중요한 게 아니라, 축구를 잘하는 '주전'이냐, 축구를 못하는 '후보'냐가 우리 반에서 더 중요한 기준이 되어 버렸던 시절이었다. 당연히 담임 선생님께 수없이 혼났다. 새벽마다 자취방에 친구들이 모여, 박지성 선수의 맨체스터 유나이티드 챔피언스리그 경기를 보며, 반장으로서 반을 하나로 묶었던 기억이 난다.

그 기세를 몰아 전교회장이었던 드○이, 부회장이었던 영○이와 함께 '동산리그'도 만들었다. 매주 축제 같은 분위기가 연출되었고, 그래서였는지 학교에서는 면학 분위기를 해친다는 이유로 리그가 중단되기도 했다. 학교 입장에서는 내가 '공공의 적'처럼 느껴졌을지도 모르겠다.

그리고 제일 중요한 3학년. 모든 학교 행사와 활동에서 제외되고 건물도 따로 떨어져 있었지만, 축구에 대한 사랑만은 멈추지 않았다. 수능을 앞둔 시기임에도 쉬는 시간마다 풋살장을 차지하려고 공을 던졌고, 주말이면 자율학습 대신 PC방에서 축구 게임을 하고, 밤엔 풋살을 했다. 정말 많이 혼나기도 했고, 벌로 운동장을 돌았던 기억도 생생하다.

축구와 함께 보낸 고등학교 시절은 나를 창업으로 이끌었다. 대학 시절 '청춘 스포츠'라는 대학생 기자단을 만들어 전국에서 가장 유명한 스포츠 대외 활동으로 키워 냈고, 축구 콘텐츠를 제작하고 축구 인플루언서와 유튜버를 발굴하고 키우는 일을 하며 창업까지 하게 되었다. 그리고 지금은 어엿한 창업 11년 차가 되었다.

나는 손흥민, 이강인, 김민재 선수와 함께 콘텐츠를 만들고 있으며, 감스트, 슛포러브 등 유명 축구 유튜버들과 함께 협업하고 있다. 올해 1월에는 내가 고등학생 시절 가장 존경했던 박지성 선수를 단장으로 모시고, 나는 대한민국 대표팀의 부단장으로서 이탈리아에서 열린 '킹스월드컵'이라는 7 대 7 세계 축구 대회에 참여하기도 했다. 이러한 경험들을 통해 나는 '축구'라는 주제로 매주 강의를 다니고, 교육 프로그램을 운영하며, 자신이 좋아하는 것을 가지고 어디까지 성공할 수 있을지, 어떤 일을 할 수 있을지에 대해 용기를 주는 사람이 되었다.

지금 서른다섯 살이 된 나에게 '안산동산고'는 '꿈의 시작'이었다. 부모님과 떨어져 타지로 와서 힘들었던 나에게 축구는 전부나 다름없었고, 소중한 친구들과 함께 보낸 추억이 지금까지 나를 버틸 수 있게 하는 힘이 되었다. "동산이 여러분의 자랑이듯 여러분은 동산의 자랑입니다." 이 문장처럼 동산고에 조금이라도 도움이 되는 사람이 되기 위해 학교에 강의를 하러 가고, 후배들에게 나의 이야기를 들려주기도 한다. 이번엔 영광스럽게도 30주년 기념 도서에 참여하게 되어 정말 감사하다.

나는 아직 누군가에게 조언할 위치에 있다고 생각하지 않는다. 그래서 이 글의 마지막은 다짐으로 마무리하고 싶다. 내 꿈의 시작이었던 동산에게 조금이라도 자랑이 될 수 있는 사람이 되기 위해 앞으로도 동산을 항상 기억하며 그 꿈을 향해 계속 나아가는 사람이 되겠다.

나의 기원(起源), 나의 동산고

이건주 / 13기

　　　벌써 15년 가까이 흘렀다. 돌이켜보면 나의 고등학교 시절은 평범하기 그지없었다. 소위 말하는 명문대에 가기 위해, 선한 친구들과 좋은 선생님들 사이에서 열심히 공부했던 기억이 대부분이다.

　지금 나는 좀 뜬금없게도 화가로 활동하고 있다. 화가가 되기로 결심한 계기는 스스로 무엇을 원하는지 고민해 본 적이 없었다는 사실을 깨달았을 때였다. 원래 그림 그리기를 좋아했지만, 화가를 직업으로 삼기엔 현실적인 제약이 많았다. 또 화가가 된 뒤의 내 모습이 어떻게 변할지 두렵기도 했다. 나름대로 이름 있는 대학에 진학하며 얻은 이점들을 포기하기도 쉽지 않았다.

　그러나 군 복무가 거의 끝나 갈 즈음, 전역 후의 삶에 대한 압박이 커지면서 비로소 나 자신을 진지하게 돌아보게 되었다. 대학에서는 전공이 전혀 맞지 않았고, 무엇보다 고등학교와는 전혀 다른 분위기와 인간관계 속에서 지쳐 있었다. 그때마다 나를 위로해 준 건 그림 그리기였다. 마지막 휴가 때, 군대 가기 전 취미 삼아 그렸던 그림들을 다시 들춰보면서, 나는 생각 이상으로 간절히 그림을 그리고 싶었다는 걸 깨달았다. 그리고 마음을 정했다. 이제부터는 내가 정말 하고 싶은 일을 하자고. 복학하자마자 화실에 등록해 미술 공부를 시작했다. 평생 단 한 번도 해 보지 않았던 모험이었다.

　나름대로 각오는 했지만, 화가로서의 현실은 상상 이상으로 가혹하고 처절했다. 기본기가 부족해서 남들은 3개월이면 배우는 걸 1년 넘게 걸려 익히기도 했고, 그림을 그린 10년 중 8년은 무엇을 그려야 할지도 몰라 갈팡질팡했다. 작업 스타일은 1년, 아니 3개월마다 바뀌기 일쑤였다. 그렇게 방황과 방랑으로 점철된 10년이 흘렀지만, 나는 여전히 무명 화가다. 재료비와 생활비가 부족해 많이 울기도 했고, 생계를 위해 학원과 과외를 병행하며 말로 다 못 할 굴곡들을 겪기도 했다. 언제까지 이런 생활이 계속될지 아직도 잘 모르겠다.

그럼에도 나는 아직도 그림을 그리고 있다. 이제는 단순히 좋아서가 아니라, 미술을 애증에 가까운 존재로 느끼며 살아간다. 하지만 그 과정 속에서 오히려 알게 된 것이 있다. 이 일만큼은 평생 반드시 해야 한다는 것. 어떻게든, 그림만큼은 그려야 한다는 것이다.

돌아보면 학교에서 배운 건 공부 잘하는 법, 좋은 대학 가는 법, 안정된 직업 얻는 법이 아니었다. 담임 선생님들과 방송반 지도 선생님께 여전히 매년 연락을 드리는 건, 선생님들께서 내게 그런 '방법들'을 가르쳐 주신 대신 더 소중한 명제인 '무엇이 중요한가'를 알려 주셨기 때문이다. 그리고 그것이 무엇인지 알게 되었다면, 삶 속에 실제로 들여놓아 보라고도 하셨다. 나는 그 믿음을 따라 매일 그림을 그렸고, 결국 미술이 내게 사명이라는 사실도 깨닫게 되었다. 그런 의미에서, 나에게 안산동산고는 '기원(起源)'이다. 지금의 나로 살아가게 된 최초의 시간인 것이다.

누군가는 자신의 사명을 이미 깨달았을 테고, 어떤 사람은 나처럼 다소 늦게 알아차릴 수도 있다. 또 알지만 용기가 나지 않아 시도하지 못하는 경우도 있을 것이다. 어느 쪽이든 괜찮다. 삶에는 여러 방향이 있고, 그런 삶도 저런 삶도 있는 법이니까.

다만 자신이 진정 가치 있다고 여기는 방향이 있다면 한번 걸어가 보라고 말하고 싶다. 중간에 포기해도, 방향이 바뀌어도 괜찮다. 허무함을 느끼고, 분노하고, 후회해도 좋다. 삶의 의미는 반드시 일직선 위에 있는 것은 아니니까. 내가 그랬듯, 제자리에서 빙빙 돌다가 어지러워 쓰러진 김에 조금씩 앞으로 걸어가는 삶도 충분히 의미 있다. 꽃길이든 가시밭길이든, 그저 걷고 있다면 그걸로 충분하다. 다만, 그 길이 조금은 평안하길 바랄 뿐이다.

영향력 있는 공연기획자를 꿈꾸다

김성령 / 14기

　　희미하지만 또렷하게 기억나는 장면이 있다. 입학식 날, 동산고 오케스트라 선배들의 환영 연주를 관람하며 학교에 대한 첫인상이 강렬하게 각인되었다. 당시 나는 안산동산교회 중·고등부 오케스트라에서 바이올린 단원으로 활동하고 있었기에, 그 순간 자연스럽게 동산고 오케스트라에 지원해야겠다고 마음먹었다. 오디션에 합격해 제2바이올린 파트에 배정받으며, 나의 동산고 생활은 막을 올렸다.

　　중학교 시절엔 성적이 괜찮은 편이었지만, 동산고에 입학하고 나니 주위의 모든 친구가 너무도 뛰어나 보였다. 나 같은 사람이 과연 이런 대단한 친구들과 경쟁하며 공부를 계속할 수 있을까 의문이 들었고, 결국 공부는 손에서 놓게 되었다. 학교생활은 즐거웠지만, 성적은 불과 몇 달 사이에 눈에 띄게 하락했고, 그 불안감은 날로 깊어졌다. 대학 진학과 진로에 대해 진지하게 고민하지 않을 수 없었다.

　　그러던 어느 날, 평소처럼 오케스트라 동아리실에서 바이올린을 연습하던 중 문득 깨달았다. '아, 지금 이 순간이 내가 학교에서 가장 편안하고 행복한 순간이구나.' 그날 이후로 나는 바이올린과 관련된 직업을 찾아보기 시작했고, 그러던 중 '공연기획자'라는 직업을 처음 알게 되었다. 그리고 그 길을 걷기 위해서는 '예술경영(Arts Management)'이라는 전공이 필요하다는 것도 함께 알게 되었다.

　　당시에는 예술경영을 학부 과정으로 운영하는 국내 대학이 거의 없었기에, 가장 선도적인 학교로 꼽히던 한국예술종합학교 예술경영과 진학을 목표로 정하고 다시 마음을 다잡았다. 학업에 매진하는 동시에, 교내 다양한 예배에 참여하면서 하나님 앞에 새로운 비전과 꿈을 놓고 간절히 기도하는 시간을 가졌다. 쉽지 않은 여정이었지만, 2~3학년 담임 선생님과 친구들의 진심 어린 응원과 격려가 큰 힘이 되어 마침내 원하는 대학에 진학할 수 있었다.

동산고에는 특별한 졸업식 전통이 있다. 전교생 모두에게 개별로 졸업장이 수여되며, 그 순간 각자의 어린 시절 사진과 함께 앞으로의 꿈을 선포하는 시간이 주어진다. 나는 그 자리에서 내 꿈을 '영향력 있는 공연기획자'라고 선언했다. 이후 대학에 진학하여 성실하게 예술경영을 공부했고, 졸업 후 현재까지 10년째 문화예술기획자로 활동하고 있다.

첫 직장은 공연장이었고, 이후 지역문화재단으로 이직해 문화재 활용사업을 맡으며 지역 축제와 행사를 기획했다. 문화 인프라가 부족한 지역 주민들에게 문화 향유의 기회를 제공하는 일은 보람과 책임이 함께하는 일이었다. 현재는 전북특별자치도 군산시로 이주해, 오래된 공연장을 거점으로 문화예술기획 활동을 이어 가고 있다. 그렇게 나는 영향력 있는 공연기획자를 꿈꾸며 문화예술 소외 지역에서 '선한 영향력'을 실현해 가는 중이다.

언젠가는 나에게 공연기획자의 꿈을 심어 준 고향, 안산으로 돌아가고 싶다. 그리고 동산고의 한 학생으로 시작된 이 길을 따라, 안산 시민들에게도 문화로 감동을 전하는 공연기획자로 살아가길 고대한다. 반드시 그렇게 되리라 믿는다.

나의 만능 줄기세포 시절

김인기 / 14기

　　　　고등학교를 졸업한 지 어느덧 14년이 흘렀다. 가끔 낮잠을 청해 선잠에 들 때나 산책 중 계절의 냄새를 맡게 될 때, 내가 살아온 시간들 중 행복했던 순간들이 필름처럼 머릿속에 펼쳐지곤 한다. 동산고에서의 추억도 이따금 그런 장면으로 스쳐 간다. 실력 있는 신앙인으로 성장하고 싶어 치열하게 몸부림쳤던 시간들, 투박하고 엉성했지만 여전히 순수했던 어린 시절의 마음가짐을 떠올리면 괜스레 미소가 지어진다.

　동산고 시절 가장 기억에 남는 것은, 부족한 나를 믿어 주고 응원해 주셨던 선생님들이다. 그중에서도 1학년 담임이셨던 이○국 선생님과 3학년 담임이셨던 노○우 선생님은 내 기억에 오래도록 남아 있다.

　나는 동산고 입학과 동시에 학교 근처에서 자취를 했다. 어린 나이에 혼자 타지 생활을 한다는 것이 결코 쉽지 않았지만, 이○국 선생님의 따뜻한 배려 덕분에 학교생활에 빠르게 적응할 수 있었다. 학생들의 생일마다 과자 한 박스와 진심 어린 손편지를 준비해 주셨던 날들, 학기 말이면 모든 학생에게 꼭 맞는 책 한 권을 선물해 주셨던 기억은 지금도 잊히지 않는다. 특히 학급 내 자취생들의 집을 일일이 방문해 한 사람 한 사람을 위해 기도해 주셨던 선생님의 모습은 지금 떠올려도 눈시울이 붉어진다.

　3학년 때 담임이셨던 노○우 선생님은 내 전공, 대학, 나아가 진로 선택에까지 지대한 영향을 주신 분이다. 동산고에서 가장 인상 깊었던 수업을 고르라고 한다면 나는 단연코 노○우 선생님의 생물 수업을 꼽는다. 평소 점잖고 차분하셨던 선생님은 수업만 시작하면 학생들을 몰입하게 만드는 탁월한 강의력을 보여 주셨다. 나는 고3 때 수능 과목을 화학Ⅱ에서 생물Ⅱ로 바꿨을 만큼 생물 수업을 좋아했고, 수능에서도 좋은 성과를 거두었다. 물리, 화학, 생물Ⅱ 전 과목에서 모두 1등급을 받았고, 한때는 생물 교과를 가르치는 교사가 되고 싶다는 진지한 고민도 했었다.

정시에서 여러 대학을 고민하던 중, 선생님께서 추천해 주신 신생 학교인 울산과학기술원(UNIST, 3기)에 입학했고, 즐겁게 공부한 결과 학과 수석으로 졸업하는 기쁨도 누릴 수 있었다. 이후 포항공과대학교(POSTECH) 기계공학과 대학원에 진학하여 나노공학, 응용물리학 분야를 심도 있게 연구했고, 박사 학위 졸업 당시에는 공학 분야 최우수 논문상(장근수 논문상)을 수상하는 영예도 안았다.

현재는 성균관대학교 생명물리학과 교수로 재직하며 '바이오나노 - 포토닉스'라는 새로운 융합 학문 분야를 개척하고 있다. 이 분야는 기계공학, 물리학, 생명공학이 융합된 첨단 분야로, 내가 동산고 시절부터 품어 온 과학과 공학에 대한 흥미와 호기심이 지금의 나를 있게 한 원동력이 되었다. 현재는 16명의 대학원생 및 박사들과 함께 연구 그룹을 운영하며 지도 교수로서의 책임과 보람을 느끼고 있다. 선생님들께서 그랬듯 나도 제자들에게 인성과 실력을 겸비한 인재로 성장할 수 있도록 기도하고 이끌어 주는 선생님이 되고 싶다.

그래서 나에게 '안산동산고'는 마치 '만능 줄기세포(pluripotent stem cell)'와 같다고 말할 수 있다. 만능 줄기세포는 무한히 분열할 수 있고, 신체의 거의 모든 조직과 기관으로 분화할 수 있는 가능성을 지닌 미분화 세포다. 외부의 신호나 성장인자에 따라 특정 유전자가 발현되면, 그에 맞게 성장 방향을 결정짓는다.

내 동산고 시절도 그러했다. 그 당시 나는 앞으로 어떤 길로 성장할지 알 수 없었지만, 꿈과 열정, 가능성을 품은 존재였고, 좋은 선생님들과 친구들, 다양한 신앙 교육은 지금의 나로 성장하는 데 결정적인 밑거름이 되어 주었다.

만약 중학교 3학년 시절로 돌아가 고등학교를 다시 선택할 수 있다면, 나는 주저 없이 몇 번이고 다시 안산동산고를 선택할 것이다. 안산동산고는 나의 자랑이자 자부심이다. 그리고 나 역시 동산고의 자랑이 되기 위해 오늘도 최선을 다해 살아가고 있다.

동산으로 가는 언덕길을
삼 년 동안 오를 수 있었던 이유

장요한 / 14기

화창한 햇살이 아스팔트를 비추던 어느 한여름 날, 나는 처음으로 동산고를 만났다. 그때 동산고로 가는 길은 가파른 언덕길이었다. 우리는 삼 년 내내 그 길을 걸었다. 언덕길 끝에 자리한 동산고는 내게 마치 '가나안 땅' 같았다.

나는 훌륭한 실력과 믿음을 갖춘 선생님들이 계시는 미션스쿨, 동산고에 진학하길 꿈꿨지만, 중학교를 서울에서 다녔기에 바로 진학할 수 없었다. 결국 1학년 2학기에 전학이라는 결단을 내렸고, 동산고에 입학하기 위해 가족이 안산으로 이사를 감행했다. 마치 하란을 떠나 가나안 땅을 향해 나아갔던 아브람처럼 말이다. 그래서 나에게 동산고는 그 자체로 약속의 땅이었다.

하지만 '가나안 땅'을 향한 나의 여정이 언제나 평탄했던 것은 아니다. 그 길은 이름처럼 '동산'으로 향하는 언덕길이었다.

14기라면 누구나 기억할 만한 사건이 몇 가지 있겠지만, 나는 2학년 때 유행했던 볼거리(유행성 이하선염)를 잊을 수 없다. 나도 그 볼거리에 걸렸기 때문이다. 다른 친구들은 비교적 가볍게 지나갔지만, 나는 고열과 합병증으로 응급차에 실려 안산 고대병원에 입원해야 했다. 오랜 기간 학교에 가지 못했고, 기말고사도 치르지 못했다. 그래서 참 웃프게도 내게 동산고 생활 중 가장 기억에 남는 사건을 하나 꼽으라면 바로 그 볼거리를 꼽게 된다. 그것은 내 고등학교 시절을 상징하는 언덕의 또 다른 이름이었다.

그러나 그 언덕길 같았던 동산고 생활이 결코 외롭지 않았던 건, 내 곁에 있었던 이들의 사랑과 헌신 덕분이었다. 돌이켜 보면 공부하며 힘든 시기를 어떻게 극복했는지에 대한 '비법' 같은 건 따로 없었다. 분명 나의 노력도 무익하지는 않았겠지만, 지금의 나를 만든 것은 단연코 하나님의 사랑과 무엇보다 어머니의 희생이었다.

동산고에 전학할 수 있었던 것도, 집을 안산으로 이사하신 어머니의 결단 덕분이었다. 볼거리로 고열에 시달릴 때, 얼음물에 적신 수건을 손에 들고 밤새 내 몸을 간호해 주신 것도 어머니였다. 고3 때 모든 시간이 소중했던 그 새벽마다 교통사고 후유증에도 불구하고 어머니는 차를 몰고 나를 학교에 데려다주셨다. 이 외에도 곁에서 힘이 되어 준 친구들, 끝까지 애정을 가지고 지도해 주신 선생님들의 관심과 응원이 있었기에, 나는 동산고에서의 삼 년을 무사히, 감사함으로 마무리할 수 있었다.

앞으로도 동산고를 졸업한 수많은 이들이 사회 곳곳에서 인정받으며 우뚝 설 것이다. 실제로 동산고 졸업생 중엔 국회의원도 있다. 그러나 우리 모두 잊지 말아야 할 한 가지가 있다. 지금의 우리가 된 것은 결코 우리 자신만의 공로가 아니란 사실이다. 어쩌면 세상에서 '엘리트'로 불리는 사람들 중에 이 사실을 잊는 이들이 많은 것 같다. 나는 간절히 바란다. 동산고의 졸업생과 재학생들만큼은 그 진실을 오래 기억하길 말이다.

동산고의 졸업생들이여, 그대가 걸어온 삼 년의 여정은 결코 혼자의 길이 아니었다. 누군가의 피, 땀, 눈물로 포장된 그 길을 잊지 말라.

동산고의 재학생들이여, 그대가 앞으로 걸어갈 길 또한 그대 혼자만의 여정이 아니다. 누군가의 기도와 사랑이 함께하는 길이니, 감사와 기쁨으로 담대히 걸어가라.

우당탕탕 동산고 3년, 그리고 그 후

설수진 / 15기

동산고 기숙사 면접 날, "혹시 기숙사에 떨어지면 지낼 곳이 있나요?"라는 질문에 "엄마가 보증금도 없다고 하셨어요."라고 말하며 창피하게 울고 말았다. 사실 그땐 '보증금'이 뭔지도 잘 몰랐지만, 그동안 쌓인 설움이 복받쳐서 눈물이 났던 것 같다.

기숙사에 입소하던 날, 새내기들이 웅성거리며 들뜬 분위기를 즐기고 있을 때였다. "조용히 안 해?"라는 날카로운 외침과 함께 사생단 언니들이 등장했고, 그날 이후 우리는 엄격한 교육을 받기 시작했다. '이럴 줄 알았으면 기숙사 들어오지 말걸….' 하는 생각도 들었다. 그땐 몰랐다. 몇 년 뒤 내가 그 자리에 서게 될 줄은.

1학년 당시 열 명이 한방을 쓰던 기숙사 생활은 우당탕탕, 그러나 즐거웠다. 음식 하나 물고 방에 들어가면 순식간에 여기저기서 한 입씩 날아들어 곧 사라졌다. 정말 먹고 싶은 건 기숙사 밖에서 다 먹고 들어와야 했다. 그 덕분에 볼거리와 인플루엔자 같은 전염병은 무섭게 퍼졌지만. 배달 음식이 금지되어 있었지만 사정을 아는 기사님들과의 '뒷마당 접선'을 통해 몰래 먹는 김피탕(김치피자탕수육)은 세상에서 제일 맛있었다.

1학년이 끝나 갈 무렵, 사생단을 뽑는다는 소식이 들렸다. 누구 하나 하겠다고 나서지 않고 모두가 한 발씩 물러난 사이, 나는 어느새 사생장이 되어 있었다. 우리 기수의 사생단 다섯 명은 모두 순한 성격이었는데, 우리가 후배들에게 그 무서운 인사 교육을 시켜야 한다니! "고개 숙여! 인사 똑바로 안 해?"라고 외치는 내 목소리는 컸지만, 다리는 덜덜 떨리고 있었다.

나중에 듣자니, 앞줄에 앉았던 후배들은 내 다리가 떨리는 걸 봤다고 했다. 그만큼 힘들고 혼란스러웠다. 악역을 맡는 것이 맞는 일인가 하는 의문도 많았다. 그래서 밤마다 기도회에서, 기숙사 꼭대기 창고방에서 눈물로 기도했다. 하지만 그 시간은 하나님을 깊게 만나는 은혜의 시간이었고,

나중에는 후배들이 나의 진심을 알아주어 정말 감사했다.

　기숙사에서 곱등이나 돈벌레 같은 벌레가 나오면 다들 나를 부르러 달려왔다. 나는 슬리퍼 하나 들고 씩씩하게 뛰어가곤 했는데, 유 집사님은 그런 나를 '설장군'이라 부르시며 늘 격려해 주셨다. 또 마음에 있던 어떤 친구에게 기타를 조금 배운 일도 있다. 그 덕분에 지금은 기타 소모임에 들어가 재밌게 기타를 치고 있어 고맙게 생각한다.

　3학년 은혜동에서는 반장을 맡아 운동, 성경 읽기, 숙면으로 건강하게 고3을 보냈지만 결국 재수를 했다. 어릴 때부터 품어 온 의료 선교사의 꿈을 따라 재수 끝에 한의대에 입학했고, 대학 시절 북한 선교에 대한 비전을 품게 되었다. 졸업 후 단기 선교 훈련으로 2년간 레바논에 다녀왔다. 힘든 일들도 있었지만 아랍의 언어와 문화를 익히고 하나님을 가장 가까이 부르며 공동체로 살아가는 법을 배우는 귀중한 시간이었다.

　지금은 한국에서 한의사로 일하고 있다. 아토피, 사마귀, 비염, 두드러기, 다한증, 건선, 습진, 근골격계 통증 환자들과 마주하며 배우고 성장하고 있다. 치료가 잘되는 환자에게는 보람을 느끼고, 잘 낫지 않는 환자 앞에서는 좌절도 느낀다. 인생은 정말 끝없는 공부의 연속이지만, 그 과정 속에 있음에 감사한다. 더 배워서, 가장 잘 맞는 방법으로 환자들의 회복을 도울 수 있기를 바란다.

　마음 한편에는 여전히 북한 선교와 아랍을 향한 비전이 있고, 다른 한편으로는 결혼과 육아, 개원 같은 현실적인 삶도 함께 고민하게 된다. 바라는 것은 하나님 한 분만으로 만족하고 온전히 하나님만 의지하며 인도하심을 받는 삶에 더욱 가까워졌으면 좋겠다는 것이다.

　나에게 동산고는 어느 봄날의 벚꽃 같다. 밝고, 따뜻하고, 아름답고, 찬란해서 떠올리면 미소가 피어나는 시절이다. 어쩌면 내 기억이 모든 장면을 미화했을지도 모른다. 매년 피고 지는 벚꽃처럼, 기쁜 일도 슬픈 일도 항상 함께였던 시간. 다시는 돌아갈 수 없지만, 한때 분명히 존재했고, 충분히 누렸던 그 시간. 그래서 이 모든 시절이 저문 뒤, "아, 진짜 재밌었지!"라고 웃으며 말할 수 있기를. 이 글을 읽는 모든 분도, 그리고 나 자신도.

조금은 쉬어 가도 괜찮아!

유홍주 / 15기

얼마 전에도 동산고 친구가 결혼을 하면서 학교 얘기로 몇 시간 동안 수다를 떨었는데, 이렇게 글을 쓰게 되니 옛 추억이 더 또렷이 떠오른다. 대한민국 고등학교 3학년이라면 수능을 위해 사는 것이라고 해도 과언이 아닐 정도로, 그 1년은 매우 힘들고 공부하는 것이 곧 벼슬처럼 여겨지는 시기다.

나 역시 고등학교 3학년 때 반장을 맡게 되었고, 당시 부반장과 선교부반장 친구와 함께 고민했다. "이렇게 힘든 시기를 어떻게 하면 한순간이라도 즐겁게 만들 수 있을까?" 그렇게 우리는 반 친구들을 위한 다양한 행사를 기획했다.

점심시간과 저녁 시간이 되면 농구 코트 한쪽에서 친구들과 배구를 하며, 배구 스코어로 아이스크림 내기를 하기도 했다. 쉬는 시간에 뛰어가서 아이스크림을 산 뒤, 다시 달려 들어오기도 했다. 그 덕분에 엄지손가락엔 다들 시퍼렇게 멍 하나쯤은 달고 다녔다. 저녁 쉬는 시간에도 배구를 하겠다고 배구공에 야광 스티커를 붙여 보았지만 결과는 실패. 야광 효과는 없고, 떼어 내느라 더 고생한 기억이 남아 있다.

또 수능 D-day 이벤트로는 선풍기 사이사이에 사탕 줄을 달아 두어, 공부하다가 단것이 당길 때면 반 친구들이 자유롭게 뜯어 먹을 수 있도록 했다. 고3이어서 축제에도 참여하지 못하는 시기였기에, 우리끼리 자체 축제 시간을 마련해 소녀시대와 빅뱅 노래에 맞춰 춤을 추며 스트레스를 풀었던 기억도 생생하다. 담임 선생님 생일 땐 반 친구 모두가 함께 준비했다. 책을 좋아하시는 선생님을 위해 책 표지를 예쁘게 꾸미고, 48명이 함께 롤링페이퍼를 작성해 깜짝 생일 파티를 열었던 기억도 소중히 남아 있다.

고3 반장이었던 만큼, 학교에서 가장 많은 시간을 보냈던 친구들에게 특별한 선물을 해 주고 싶었다. 1년간의 추억을 모은 사진들을 인화해, 부반장, 선교부반장 친구와 함께 48명 전원에게 줄 달력을 직접 손으로 만들었다. 자취방을 정리하기 전, 바닥에 앉아 하루 종일 날짜를 쓰면서, 사실 살짝 후회도 했지만 결국 완성한 달력에는 각자의 별명을 적어 나눠 주었고, "수작업 달력이니 날짜를 근거로 약속 잡지는 말 것!"이라는 주의사항과 함께 졸업을 맞이했다. 10여 년이 흐른 지금도 친구들과 이야기를 나눌 때 이 기억을 떠올려 주니, 기획자로서 참 뿌듯하다.

지금 이 순간에도 책상 앞에서 고군분투하고 있을 후배들에게 말하고 싶다. 가끔은 친한 친구들과 수다 떠는 시간, 운동장에서 마음껏 뛰노는 시간, 반 전체가 함께 웃을 수 있는 시간을 꼭 가져 보라고. 지식을 배우는 것도 중요하지만, 소중한 친구들과 평생 떠올릴 수 있는 추억을 만드는 것도 그에 못지않게 중요하니까 말이다.

멋이라는 것이 폭발했다!

이경은 / 16기

본관에서 생활하던 나에게 은혜동은 늘 미지의 공간이었다. 그곳의 선배들은 항상 피곤한 얼굴로 급식을 맨 먼저 먹었고, 모든 학교 행사에서 언제나 첫 순서를 차지했다. 그들은 우리 사회에서 가장 연약하면서도 가장 강한 존재, '고3'이었기 때문이다. 쉬는 시간이나 점심시간이면 은혜동 창틀에는 바깥을 바라보는 그들의 모습이 빼곡히 들어차 있었고, 그들의 목소리는 늘 컸으며, 어딘가 은은한 광기마저 느껴졌다. 그들은 여전히 아득하고 멀게만 느껴지는 존재였다. 내가 직접 은혜동에 들어가기 전까지는.

은혜동에서의 생활은 이전과는 전혀 달랐다. 매일매일 수능을 준비하며 문제집을 푸는 하루는 지루하고 단조로웠다. 수업과 자습이 반복되었고, 늦은 밤이나 주말에도 빠짐없이 학교에 나와 공부를 이어 갔다.

하지만 아이러니하게도 쉬는 시간만큼은 어느 때보다 즐거웠다. 한 건물을 온전히 한 학년이 쓰다 보니, 한 층에 한 계열의 학생들이 모여 있었고, 그들은 모두 오랜 시간 함께한 친구들이었다. 3년의 시간을 함께한 우리는 반을 넘어서 서로를 잘 알고 있었다. 특히 3학년 8반, 우리 반은 건물의 맨 끝에 있어 여건은 다소 열악했지만, 오히려 그 덕분에 더욱 단단히 뭉칠 수 있었고, 고3이라는 무거운 시기를 유쾌하게 이겨 낼 수 있었다.

어느 따뜻한 봄날, 학급 게시판을 꾸미는 대회 공지가 내려왔다. 잘 꾸민 반에는 상이 주어진다는 내용이었다. 대부분의 학생이었다면 적당히 꾸미고 다시 공부에 집중했겠지만, 당시 우리는 공부로부터 잠시 시선을 돌릴 수 있는 새로운 자극을 간절히 원하고 있었다.

일반적인 학교라면 새 학기 초, 아직 어색한 분위기일 시기였지만, 우리는 이미 1월부터 함께 생활하며 너무나 친해져 있었다. 우리는 무언가 특별한 것을 보여 주자고 결심했고, 그 결과 당시 유행하던 웹툰 패션왕을

패러디하기로 했다. 작중 주인공인 우기명이 자켓을 입자마자 '멋이라는 것이 폭발해' 학교가 날아가는 그 명장면이었다. 당연히 주인공은 우리 담임 선생님, 진○태 선생님이셨다. 모두가 함께 모여 스케치를 하고, 종이를 오려 붙이며 그 장면을 재현했다. 선생님의 입에는 당시 EBS 수능 교재 표지의 꼬치를 오려 붙여, '황제 포스'를 완성했다.

정확히 우리가 그 대회에서 1등을 했는지는 기억나지 않는다. 하지만 반 친구 중 한 명이 이 일을 네이트판에 올려 많은 조회 수와 추천을 받으며 소소한 화제가 되었던 일은 아직도 생생히 기억난다. 서른이 넘은 지금도 문득문득 고등학교 3학년 시절이 떠오른다. 쉬는 시간마다 함께 배드민턴을 치고 장난을 주고받던 마흔 명의 친구들, 그리고 그 누구보다 순수하게 열정을 불태웠던 동산고의 하루하루가 그립다.

매번 "공장 가!"라고 외치시던 황제 포스 진○태 선생님, 잘 지내고 계신가요? 당시엔 왜 그 말씀이 그렇게 서운하게 들렸는지 모르겠습니다. 결국 저는 지금 멋진 '공돌이'가 되어 박사과정을 밟고 있습니다. 동산고에서 보냈던 시간 덕분에 저는 더 인간적이고, 더 단단한 사람이 될 수 있었습니다. 감사합니다.

겨자씨의 기도

최하영 / 16기

　　　　주말에 가족들과 인사하고 기숙사로, 자취방으로 돌아오는 길은 참 멀고 길다 느껴집니다. 주어진 숙제와 시험의 일정 속에서 친구와 오해를 풀 시간이 부족합니다. 마음과 달리 자꾸 표정 없는 얼굴이 됩니다. 꼭 10분만 자고 개운히 일어나고 싶었는데 자율 학습의 끝을 알리는 종소리에 눈이 떠지면 이러라고 보낸 학교가 아닌데, 자책하게 됩니다.

　하나님, 우리가 동산이라는 울타리 안에서 이렇게 부대끼며 살아가고 있습니다. 이렇게 소중한 것을 지키려 애쓰며 하루를 살아가는 당신의 자녀들을 위로해 주시고 평안을 허락하여 주십시오. 경쟁과 성취의 사회에서 우리가 많이 불안하고, 더러 슬프기도 합니다. 그런 우리에게 더 낮게 살아도, 지금보다 더 느리게 살아도, 더 작게 살아가게 된다 할지라도 괜찮다고, 괜찮다고 말씀해 주십시오. 하나님 나라는 성적표와는 상관없고 높아지지 않아도 된다고 속삭여 주십시오. 주님, 우리는 사랑을 받기에 너무 평범합니다. 우리 학생들이 오늘을 값지게 살아가고 그 여정에서 만나는 친구들을 소중하게 여기게 해 주십시오.

　주님, 우리 친구들에게 오해를 받더라도 묵묵할 수 있는 용기를, 부모님과 형제에게도 친절하며, 어린아이와 노인들에게도 좋은 말벗이 될 수 있는 사람으로 성장하기를 원합니다. 샤프심 하나 빌려 달라면 꼭 두 개 주는, 그렇게 사소하게 친절한 사람이기를 기도합니다. 부모님의 불화로 어두워진 친구의 표정을 읽을 줄 알며 그 주변을 맴도는, 차라리 그런 인간적인 꼴찌를 원합니다. 무엇보다 나라서 행복한 사람, 나라서 행복한 사람으로 그렇게 이들이 이 동산에서 배우고 떠나게 해 주십시오.

　주님, 소소한 꿈들이 만드는 공동체를 우리가 함께 꿈꾸면서 당신의 나라를 위해 치열하게 노력하게 해 주십시오. 이들의 공부가 입신양명의 이기심과 허위의식을 만들어 내는 욕망을 넘어서기를 기도합니다. 세계 곳곳의 가난과 그에 따른 질병이 있는 곳에, 모든 곳에서의 불평등을 해소시키기 위하여, 인간으로서의 존엄이 위협받는 여러 곳에서 이들의 평범하고 작은, 그러나 쉼 없는 노력들이 살아 숨 쉬길 기도합니다. 당신이 보여 주셨던 더 값지고 큰 꿈을 닮아 가고자 원하는 이들이 당장에는 기말고사를 앞두고 있습니다. 당신만큼은 "지금부터라도 괜찮다."고 속삭여 주십시오. 멋지게 사셨던 예수님의 이름으로 기도드립니다. 아멘.
— [2012년 6월의 어느 채플 시간 대표기도 선생님의 기도문 중 일부 발췌] —

가끔 이 기도문을 꺼내 볼 때면 나는 과연 주변인들에게 오해를 받아도 묵묵할 수 있는 용기를 가지며 살아가는가, 직장 때문에 힘들다고 가장 소중한 가족들과 형제들에게 불친절하지는 않은가 돌아보게 된다. 이러한 선생님들의 그늘에서 고등학교 학창 시절을 보낸 덕분인지, 현재 교단에서 아이들을 가르치는 나는 자꾸 아이들을 애틋한 시선으로 보게 된다. 하지만 단 한 번도 내가 동산의 선생님께 받은 애정과 관심만큼 아이들에게 흘려보내 주고 있는가에 대한 물음에 자신 있게 "그렇다."라고 말할 수 있었던 적은 없다.

나는 동산고 시절 오○훈 선생님께서 만드신 겨자씨반에서 자습을 진행했다. 게시판에 붙은 오○훈 선생님의 겨자씨반 모집 글은, 학습 부진으로 인해 항상 자신감이 없던 나와 내 친구들의 마음 한구석에 고질적으로 자리 잡은 불안을, 기적과 같은 일이 일어날 수도 있지 않을까 하는 희망으로 바꾸기에 충분했다. 저녁이 있는 삶을 포기하시면서까지 어떠한 이유로, 어떠한 마음으로 겨자씨반을 운영하셨는지 이해할 수는 없지만, 동산의 선생님들께 이러한 궁금증을 갖는 것조차 그들의 진심을 몰라주는 것 같아 그저 내가 이러한 어른(?) 교사가 되기 위한 주님의 계획이었을 거라 믿고 감사하게 생각한다.

여전히도 어떻게 살아가야 하는지 고민하는 여러 동산인들에게, 마음에 품고 살 문장들과 기억들을 심어 주신 동산의 선생님들께 감사한 마음을 전한다. 선생님들께서 보여 주셨던 사랑과 헌신으로 우리는 한순간 한순간 그 온기를 품고 잘 이겨 내며 살고 있다고 이야기하고 싶다.

기도와 배움이 만났던 동산

오수암 / 17기

안산동산고에 처음 발을 디뎠을 때, 나는 아주 평범한 중학생이었다. 뚜렷한 꿈도 없고, 입학시험 성적도 평범하고, 무엇 하나 특별할 것 없는 보통의 학생 그 이상도 이하도 아니었다. 하지만 3년 뒤 나는 '자랑스러운 동산인' 상을 안고 졸업하게 되었다. 그 시간의 중심엔 신앙과 배움, 그리고 사람과 기도가 있었다.

동산고는 흔한 학교가 아니었다. 매일 아침 반에서 드리는 경건회, 수요일마다 전교생이 모여 찬양하는 채플 — 말 그대로 하루의 시작과 한 주의 중심에 하나님이 계셨다. 나는 채플을 싱어로 보조하는 선교중창반의 리더였고, 내 목소리로 믿음을 나눴다. 1학년과 3학년 때는 선교부반장 활동으로, 2학년 때는 동아리 활동으로 많은 시간을 쏟아부었다. 하지만 솔직히 말하자면, 이런 길을 처음부터 쉽게 선택한 것은 아니었다. '기도하면 성적이 오르나요?' 신앙과 학업의 균형 문제는 모든 동산고 학생들의 마음속에 있는 고민이었을 것이고, 당연히 나에게도 있었다.

나는 크리스천이지만, 기복신앙을 가지고 있지는 않았다. 내 생각에 기도는 조금도 성적에 기여할 수 없다. 그래서 나는 성적을 올려 달라고 기도하지 않았다. 그 대신 왜 공부를 하는지 잊지 않게 해 달라고, 어떤 결과가 나오든 그 자리에서 열심히 하는 사람이 되게 해 달라고 간절히 기도했던 기억이 난다. 그러나 분명한 것은 신앙과 학업은 양자택일의 문제가 아니라는 점이다. 하나님을 바라보며 공부할 수 있었기에, 나는 '왜 공부하는가'에 대한 방향을 잃지 않을 수 있었다.

고등학교 시절 아버지의 암 투병은 내 인생을 바꿔 놓았다. 병원 복도에서 기다리던 날들, 기도하며 바라본 흰 가운의 뒷모습은 어느 순간 내 미래가 되었다. 그렇게 의사의 길을 꿈꾸게 되었고, 공부에 더 몰입하게 되었다. 평범하게 입학했던 나는 성적을 끌어올려 원하던 길을 걸을 수 있게 되었으니 참 감사한 일이다.

나는 상록학사에서 고등학교 시절을 보냈다. 하루의 시작과 끝을 친구들과 함께하며, 예배도, 공부도, 고민도, 즐거움도 함께 나눴다. 밤늦은 자습실, 서로의 책상에 놓인 작은 쪽지들, 힘들 때 함께 올렸던 기도는 지금도 선명하다. 당시 함께했던 몇몇 친구들과는 지금도 주기적으로 연락하며, 같이 책을 읽고 독서 토론을 할 정도로 깊은 관계를 이어 가고 있다. 그건 아마 서로의 꿈과 믿음을 응원해 주던 고등학교 시절의 추억 때문일 것이다.

졸업식 날, 나는 '자랑스러운 동산인'으로 호명되었다. 1학년 입학 첫날부터 가슴속으로 간절히 바라던 상이었지만, 그날의 벅참은 단순히 상 이상의 것이었다. 그저 좋은 성적을 받았기 때문이 아니라, 신앙과 배움, 그리고 사람 사이에서 중심을 잃지 않으려 했던 모든 시간을 인정받은 듯한 느낌을 받았다. 지금 나는 사회인으로 살아가고 있다. 그러나 동산고에서 나는 먼저 한 사람을 존중하는 법을 배웠고, 하나님의 시선으로 세상을 바라보는 연습을 했다. 그래서 동산은 내게 단순한 학교가 아닌, 기도하고 배우고 사랑하는 삶을 알려 준 소중한 '이정표'라 믿는다.

학생회장 형제에게 안산동산고란

최근원 / 17기, 최신원 / 22기

17기 학생회장 최근원이 기억하는 동산고

좋은 선생님들, 면학 분위기, 채플, 620 기도회, 오대산 수련회, 야야자 등 동산고에서의 다양한 기억들이 있지만, 그중에서도 내가 안산동산고를 통해 가장 크게 얻은 보물은 바로 소중한 친구들이었다.

가장 기억에 남는 일화를 하나 소개하자면, 고등학교 2학년 시절 한 달 정도 건강이 좋지 않아 치료를 받느라 학교에 나오지 못했던 적이 있었다. 그때 내 짝꿍과 앞자리에 앉아 있던 두 명의 친구가 내 모든 교과서에 수업 내용을 꼼꼼히 필기해 주었고, 학습지와 부교재까지 정성스럽게 정리해 주었다. 또한 전교의 많은 친구가 "빨리 나으라."는 마음을 담아 기도해 주고, 응원의 편지를 보내 주었는데, 그때 받았던 따뜻한 마음은 지금도 내 가슴 깊이 남아 있다.

안산동산고가 자랑해 온, 그리고 지금도 자랑하고 있는 점은 바로 왕따 없는 학교, 서로를 도우며 함께 성장하는 학교라는 점이다. '섬기고, 나누고, 돌보고, 베푸는' 동산고의 교육 이념 아래 함께했던 동기들, 선배들, 후배들은 내 인생에서 고등학교 시절 가장 좋은 기억을 안겨 준 사람들이다. 지역에서 공부 잘하던 중학생들이 한자리에 모여 좋은 내신을 받기란 쉽지 않았고, 학교의 규율도 엄격했지만, 다시 고등학생 시절로 돌아간다면 나는 그 친구들을 만나기 위해 주저 없이 안산동산고를 선택할 것이다. 그래서 내 동생에게도 안산동산고 진학을 강력히 추천했을 정도로, 나에게는 자부심이자 사랑이 가득한 학교다.

22기 학생회장 최신원이 기억하는 동산고

"하나님을 경외하고 이웃을 사랑하자. 정직, 근면, 친절"은 안산동산고등학교의 교훈이다. 매일 아침 경건회로 하루를 시작하고, 수요 채플과 620 기도회, 야간 자율 학습 후의 10시 기도회로 하루를 마무리하던 일상은 하나님과의 관계를 자연스럽게 삶 속에 녹여 내는 시간이었다.

선교부 반장이었던 친구와 함께 하나님을 아직 알지 못하는 반 친구들을 예배의 자리로 데려가려고 애썼던 기억이 난다. 그 시간들을 통해 내 신앙은 더욱 단단해졌고, 내가 더 크게 자라날 수 있었던 것 같다. 동산고에는 '수능 촛불 응원'이라는 전통이 있다. 고3 선배들을 위해 1·2학년 후배들이 운동장에서 촛불로 문구를 만들고, 함께 기도하며 응원의 마음을 나누는 이 시간은 안산동산고등학교의 따뜻함을 상징하는 특별한 행사다.

내가 학생회장으로 있던 해, 행사를 준비하던 날은 바람이 정말 많이 불었다. 운동장에 놓은 촛불이 모두 꺼지고 종이컵이 날아가는 상황이 반복되었고, 행사를 연기할지 고민했다. 하지만 수능을 앞둔 선배들에게 일정 변경은 오히려 부담이 될 수 있다고 판단해, 조금은 다른 방식으로의 진행을 결정했다. 1·2학년 후배들이 손에 종이컵 초를 들고 서서 직접 문구의 형태를 만들었다. 비록 바닥에 놓은 촛불만큼 완벽하거나 예쁘진 않았지만, 함께 만들어 낸 진심 어린 촛불 응원이었다. 부족한 리더였지만, 그 시간 속에서 우리는 함께하는 '코이노니아(KOINONIA)'를 경험할 수 있었다. 완벽하게 준비된 결과도 중요하지만, 때로는 공동체와 함께 고민하고 문제를 해결하며 진심을 나누는 그 과정이야말로 더욱 깊은 추억이자 소중한 가치가 될 수 있다는 것을 배웠다.

안산동산고등학교는 나에게 신앙의 뿌리를 심어 주었고, 삶의 중요한 가치들을 가르쳐 준 공간이다. 특히 학생회장이라는 자리를 통해 단순한 역할 수행을 넘어, 공동체와 함께하는 것이 어떤 의미인지를 조금이나마 깨달을 수 있었다. 지금도 나는 그 시절을 떠올릴 때면, 사람과의 관계 속에서 하나님께서 허락하신 축복과 은혜를 발견한다. 앞으로도 동산고의 후배들이 이 공동체 안에서 신앙과 코이노니아, 그리고 도전을 향한 용기를 배워 가며 삶의 방향성을 세워 나가길 진심으로 기도한다. 그리고 졸업 이후에도 세상 속에서 하나님을 경외하고 이웃을 사랑하며, 정직하게, 근면하게, 친절하게 살아가는 삶을 이어 가기를 소망한다.

(예)수님의 (성)품을 닮아
(준)비되어 쓰임 받는 사(람)이 되자

박예성 / 18기, 박예준 / 19기, 박예람 / 20기

우리 삼 형제가 어릴 때(첫째 7세, 둘째 6세, 셋째 5세)의 일이다. 가족이 다 같이 차로 이동하고 있었는데, 부모님께서 우리에게 중요한 이야기를 해 주셨다.

"안산에 교훈이 우리 집 가훈과 같은 학교가 있는데, 기독교 정신으로 세워졌고 너무 훌륭하신 선생님들이 계신다고 한다. 그래서 우리 삼 형제가 그곳을 다니면 좋겠다."

그때 우리는 처음 동산고를 알게 되었고, 그때부터 안산동산고를 꿈꾸며 살아갔던 것 같다. 첫째 예성이의 초등학교 졸업부터 우리는 9년 동안 매년 졸업식과 입학식이 번갈아 가며 이어졌다. 첫째 예성이가 먼저 모든 길을 잘 걸어가 주어서 동생들은 그 뒤를 잘 따라갈 수 있었다.

우리 형제는 2교시가 끝나고 3층과 4층 사이 복도 계단에서 매일 만났다. 위치를 그렇게 정한 이유는 1학년 교실이 4층에 있었기 때문에, 학교에 적응이 필요한 1학년을 배려하고 싶었기 때문이다. 처음 첫째와 둘째가 학교를 같이 다닌 순간부터 각 반에 중요한 행사가 없으면(시험, 학년 소풍 등) 거의 매일 만났다. 나중에는 2교시가 끝나고 교실에 있으면, "오늘은 왜 안 가?"라고 먼저 물어봐 주는 친구들도 생겼고, 함께 교실로 돌아가다 "잘 만나고 와."라고 인사해 주고 먼저 들어가는 친구들도 생겼다.

우리가 이 만남을 가지게 된 이유는 말씀대로 잘 살아가고 싶었기 때문이다. 첫째와 셋째는 기숙사에서 지내고 둘째는 통학을 했는데, 기숙사에 있다고 하더라도 시간 내서 만나지 않으면 만날 수 없었기에 우리는 더욱더 모이기에 힘썼다. 10분이라는 짧은 시간 동안 만나서 서로 잘 지내고 있는지 묻고, 혹시 기도가 필요한 상황이 있으면 함께 기도했고, 때로는 둘째가 집에서 가져온 간식을 나눠 먹기도 하고, 매점도 함께 다니며 서로를 격려하고 위로하는 시간을 만들었다.

　우리 삼 형제는 가훈인 '하나님을 경외하고 이웃을 사랑하자'를 머리로만 알고 있었던 것 같다. 하지만 동산고에서 생활하면서, 말씀을 듣는 것만이 아닌 직접 말씀대로 살아내고 주님 닮은 모습을 실천하는 것을 배우고 훈련할 수 있었다.

　우리 삼 형제가 동산고를 함께 다닐 수 있어서 좋았던 것은, 각자의 세계관이 확립되는 중요한 시기에 성경 속 진리의 기준으로 같은 말씀을 들을 수 있었고, 같은 가르침을 받을 수 있었고, 같은 것을 보고 생각할 수 있었다는 점이다. 그래서 지금도 우리 형제들은 서로를 사랑하고, 가족 간의 사랑이 흘러넘쳐, 우리의 가훈이자 동산고의 교훈이었던 '하나님을 경외하고 이웃을 사랑하자'의 삶을 살아내기 위해 함께 노력하고 있다. 우리는 아직도 동산고가 우리의 큰 자랑이다. 아마 평생 자랑일 것이다.

　너무나도 훌륭한 선후배님들이 계시기에, 우리가 어떤 이야기를 들려드려야 하나 고민이 많이 되었다. 우리가 많이 부족함에도 불구하고 동산고에서 꾸었던 꿈은 각 파트를 하나씩 맡아 하나님께 영광 돌리는 삶을 살아내자는 것이었다. 감사하게도 첫째는 목회 현장(신앙)에서, 둘째는 엔터테이너(예능)로, 셋째는 간호사(의료)로 각자의 삶에서 말씀대로 최선을 다해 살아가는 중이다.

　2교시가 끝나고 매일 만났던 것처럼, 지금도 각자의 삶에서 열심히 살아가다 가끔 모여 함께 식사하며 서로를 응원하고 격려해 주고 있다. 그렇게 한 걸음 한 걸음, 하나님이 맡겨 주신 삶을 살아가다 보면 어느 날 각자의 삶이 모여질 때, 모든 것을 선으로 이루시는 하나님께서 우리를 더 크게, 더 아름답게 사용해 주실 것이라 믿는다.

　어디를 가도 계시는 우리 동산고 선배님, 후배님들(정말 신기하게 거의 모든 현장에 계신다.)을 보면 자랑스럽고 기대가 된다. 각자의 삶에서 열심히 살아내는 선후배님들이, 동산고라는 우리의 모교에서 하나로 모였을 때 하나님이 기뻐하시고 원하시는 뜻을 이루어 가시리라 믿고 소망한다. 예수님의 성품을 닮아, 준비되어 쓰임 받는 사람이 되겠다.

동산고에서 배운 것들

이규진 / 18기

안산동산고는 학업 성취만을 목표로 하는 일반적인 학교들과는 확실히 다른 방향성을 가지고 있었다. 학교는 늘 '무엇을 알고 있느냐'보다 '어떤 사람이 될 것인가'를 더 중요하게 여겼고, 학생이 사회에 나가서도 중심을 잃지 않도록 신앙과 인성 교육에 많은 시간을 들였다. 학업과 별개로, 매일 일과 속에서 신앙과 삶의 태도를 교육한 경험은 돌이켜 보면 단순한 학교생활의 일부가 아니라 인생 전반에 영향을 주는 본질적인 훈련이었다.

입학 초기부터 교내에서 강조된 가치 중 하나는 '인사'였다. 학교 복도를 지나가며 선생님이나 선배를 만나면 반드시 멈춰 서서 인사하는 것이 당연한 문화였고, 같은 반 친구나 후배에게도 예의 있게 인사를 건네는 것이 일상이었다. 처음에는 어색하고 형식적으로 느껴졌던 인사가 점차 몸에 배게 되었고, 상대방을 대할 때의 태도, 관계 맺음의 기본 자세를 자연스럽게 익히게 되었다. 단순한 예절 교육을 넘어, 공동체 내에서 서로를 인정하고 존중하는 방식으로 인사를 가르쳤다는 점이 아직까지도 인상 깊이 남아 있다. 지금도 누군가를 처음 만났을 때, 또는 조직 내에서 관계를 형성할 때, 이 습관이 나도 모르게 나오는 것을 보며 동산고의 교육이 몸에 얼마나 깊게 자리 잡았는지를 실감하게 된다.

또한 동산고는 매일매일의 학교생활 속에서 신앙을 실천하고 돌아보게 하는 시간을 마련해 주었다. 가장 기억에 남는 것은 매일 밤 자율 학습이 끝난 뒤 자발적으로 모여 드렸던 10시 기도회다. 공부로 지치고 불안했던 시기에 친구들과 함께 기도 제목을 나누고 열심히 하나님께 기도하며 하루를 마무리하던 그 시간은 단순한 종교 활동 이상의 의미를 가졌다.

시험 결과나 입시 준비에서 오는 불안, 비교 속에서의 자책감 가운데서도 '진짜 중요한 것이 무엇인가'라는 질문을 스스로 던질 수 있게 되었고, 그 안에서 중심을 다잡을 수 있었다. 세상이 말하는 기준과 속도에서 벗어나 내 삶의 방향을 스스로 설정할 수 있는 기초 체력이 길러진 셈이다.

이러한 경험들은 내가 법조인이 된 이후에도 큰 영향을 미치고 있다. 법조계는 본질적으로 '문제 해결'의 직역이고, 실력과 성과에 대한 요구가 강한 분야다. 하지만 그 안에서도 '어떤 방식으로 일할 것인가', '어떤 태도로 사람을 대할 것인가'에 대한 기준은 쉽게 흔들려서는 안 된다. 클라이언트, 동료, 상대방 누구와도 정중하게 소통하려는 태도, 나의 유리함보다는 공동체적 정의를 한 번 더 고민해 보려는 마음은 동산고 시절 배운 인성 교육의 연장선상에 있다.

신앙 역시 마찬가지다. 때로는 명확한 정답이 없는 현실 속에서 선택을 내려야 할 때, 과거의 기도회에서처럼 '잠시 멈춰 서서 하나님 앞에 서는 연습'은 지금도 내 삶의 중요한 기준점이 된다. 현실에서 무언가를 이루지 못했을 때 그것이 곧 실패는 아니라는 점, 삶의 가치는 보다 본질적인 것에 있다는 점을 계속해서 상기시키는 힘도 동산고에서의 시간 덕분이다.

동산고는 단지 공부만 했던 학교가 아니다. 힘들었던 대입 과정 속에서도 중요한 가치를 일깨워 주었고, 지금의 나라는 사람을 만들어 준 학교다. 동산고에서 배운 가치들은 지금도 내 삶의 기준이 되고 있다. 그리고 그 기준은 앞으로의 삶에서도 흔들림 없는 나침반이 되어 줄 것이라 믿는다.

아, 너가 걔야?

오한결 / 19기

"아, 너가 걔야?" 입학한 지 얼마 되지 않아, 한 선생님께 들었던 말이다. 한 명의 친구에게 물건을 전달하려고 여자 반에 갔던 나는, 당시 한 선생님에게 여러 의미가 담긴 강력한 한마디를 들었다. 마치 나의 앞으로의 동산고 생활을 예고하는 '티저 문구' 같은 느낌이었다.

하나 더 있다. 고등학교 1학년, 열일곱 살. 나와 내 친구들의 넥타이는 늘 풀어져 있기 일쑤였다. 그날도 여느 날과 다르지 않았다. 그래도 나는 조금 나았다. 넥타이는 단정히 맸고, 바지통도 친구들보다 넓었다. 단지 하나, 흰색 와이셔츠만 밖으로 빠져나와 있었다. 복장이 엉망인 친구들과 나는 2층 복도를 걷고 있었고, 한 선생님을 마주쳤다.

"너, 일로 와봐." 여기서의 '너'는 나였다. 지금 생각해도 재밌고 어이가 없다. 넥타이가 없는 친구도, 바지통을 줄인 친구도 아닌, 왜 하필 나일까? 나는 곧장 사랑방으로 들어가 약 20분 동안 선생님의 사랑 가득한 설교를 들었다. 요점은 하나였다. "넌 그러고 다니면 안 된다." 왜? 나는 오○훈 선생님의 아들이기 때문이다.

특별하고도 조금은 비정상적인 시간들이었다. 아버지와 나, 내 동생은 2년간 같은 학교를 다녔다. 이런 배경을 알게 되면 다들 부담스럽지 않았느냐고 묻곤 한다. 그러나 위 이야기들은 빙산의 일각일 뿐이고, 아빠와 동생과 함께했던 시간은 나에게 기쁨이고, 행복이었다.

고등학교 3학년 여름방학 어느 날, 아빠의 수업을 한 번도 들어보지 못했다는 아쉬움이 밀려왔다. 어쩌면 졸업하기 전까지도 듣지 못할 수 있다는 생각에, 나는 재미있는 도전을 하게 된다. 후배들을 통해 아빠의 보충 수업이 언제 어디서 진행되는지 알아냈다. 수업 시작 전, 후배들과 작전을 짜고, 제일 뒷자리에 엎드린 후 체육복으로 덮어 2학년 학생처럼 위장했다. 아빠는 원래 학생들에게 관심이 많은 분이라 그런 나를 그냥 둘 리 없었다.

"저 친구 좀 깨워라, 애들아. 저 친구는 왜 아직 엎드려 있니?"

고개를 들자, 아빠의 당황한 기색이 역력했다. 짜릿하고 즐거웠다. 그렇게 당황한 아빠의 표정을 다시는 볼 수 없을 것이라는 확신이 들 정도로 짜릿했다. 내 생애 처음이자 마지막이었던 오○훈 선생님의 수업 청강은 내게 가장 즐거운 추억 중 하나로 남았다.

나에게 안산동산고는 '집'이다. 나는 실제로 이곳에서 자랐다. 갓난아이 때는 선생님들의 품에 안겨 있었고, 독일 월드컵 때는 형, 누나들과 함께 비전홀에서 대한민국을 외쳤다. 그렇게 유년 시절을 보내며 자라왔다. 자라기도 했지만, 동산고는 나에게 집, 그리고 부모님에게서 경험한 '용납'을 다시 경험하게 해준 곳이었다. 나는 정말 교만한 사람이었고, 많은 이에게 상처와 아픔을 주었던 것 같다.

"나는 반장한테 혼나본 건 네가 처음이야 ㅋㅋㅋ"

고등학교 1학년이 끝나갈 무렵, 친구가 했던 말이다. 친한 친구였고, 고맙게도 칭찬의 의미로 이야기해준 말이지만, 나에겐 큰 울림이 있었다. 당연하지 않은 일인데도 나를 이해해주고, 용납해주었다는 의미였다. 동산고는 나에게 그런 곳이었다.

이곳에서의 겨울을 떠올리면 두 장면이 생각난다. 하나는 몇 년인지 기억조차 나지 않는 어린 시절의 내 모습이다. 어린 시절 사랑하는 아빠와 하얀 눈밭 위에서 즐겁게 뛰놀던 그날, 모든 것이 완벽했던 기억이 있다. 그리고 또 하나는 작년의 일이다. 개교 이래 한 번도 자리를 비우지 않았던 아빠가 육신의 아픔으로 인해 자리에 없었던 지난 1년, 그 시간은 나에게 동산고의 겨울이었다. 차디차고 아픈, 끝이 보이지 않는 것 같은 겨울이었지만, 아빠를 위해 기도해주던 수많은 학생들과 선생님들을 보며 느꼈다. 함께하면 강해진다는 것을. 그리고 또 느꼈다. 누군가, 언젠가 겪을 그 겨울에 온기가 되어 주고 싶다는 것을. 이렇게 나를 키워주고, 용납해주고, 위로해준 동산고를 진심으로 사랑한다. 그리고 언젠가는 받은 사랑을 갚을 수 있는 그날을 꿈꾼다.

우리 결혼했어요!

이가빈 / 19기, 김석영 / 19기

D-4361: 2013년 3월, 만나서 반가워 - 이가빈의 이야기

버스 타고 가던 중학교는, 10분이면 걸어가는 고등학교가 되었고, 줄여 입던 체크무늬 교복 치마는 무릎선에 맞춘 단정한 회색 교복 치마가 되었다. 등굣길도 교복도 익숙해질 때쯤 동아리 모집이 시작되었고, 찬양 연주반에 들어가게 되었다. 여러 가지 어려움도 있었지만, 마음 맞는 친구들을 만나는 것이 행복했고, 그때 만난 예수님이 참 좋았다에서 끝났다면 이 글은 시작되지 않았겠지? 그 마음 맞는 6명 중 1명이 계속 눈에 밟히고 머리에 떠올랐다. 동두천에서 온 까만 시골 친구인데, 바보 같다가도 기타 치는 걸 보면 그렇게 멋있어 보였다. 왜 멋있어 보이지? '저런 시골 사람 캐릭터를 처음 봐서 그런가 보다.' 생각했다.

D-4209: 2013년 8월, 이래도 되는 걸까? - 김석영의 이야기

당시 기숙사는 휴대폰 사용 금지였고, 매일 취침 전 컴퓨터 앞은 사생들의 소리 없는 전쟁터였다. 한 방에 14명씩, 총 8방. 120명의 사생들이 6대의 컴퓨터 앞으로 옹기종기 모이는 모습이란! 그 속에서 자리를 사수한 나의 페이스북은 매일이 초록 동그라미였고, 공부 말고는 할 게 없었던 하루도 어쩐지 가빈이와 이야기할 때는 재밌는 이야깃거리로 가득해졌다.

D-4096: 2013년 11월, 진짜 딱 마음만 알아보기로 했어요
- 이가빈의 이야기

단순히 '저런 사람을 처음 봐서 그런가 보다.' 하기엔 변화 적응기가 너무 길어졌다. 어쩌다 만나면 너무 반갑고, 눈알이 빠질 것 같은데도 페이스북 메시지를 붙잡고 있는 게 재미있었다. 이때쯤 생각해 봤다. '이런 마음을 느껴 본 적이 있었나?', '이게 왜 재미있지?' 인정하기로 했다. '내가 이 친구를 좋아하는구나!' 막상 마음을 인정하고 나니 여러 생각이 꼬리를 물기 시작했다. '나만 좋아하는 거 아냐? 쟤 모든 여자애한테 저러는 거 아님?', '우리 학교 이성 교제 금지인데…. 나 선교단인데…. 이러면 안 되는데.' 이때 이가빈 초미의 관심사는 '과연 김석영도 나를 좋아하느냐'였다. 복장 터지기 직전, 2013년 11월 22일 석영이가 나에게 "진짜 딱, 마음만 말해 볼까?" 하고 물었다. 게임 끝났다. '묻는 거 보니, 쟤도 나 좋아하는구먼?'

D-3935: 2014년 5월, 마음이 마음대로 되냐? – 다시 또 이가빈의 이야기

진짜 딱, 마음만 말하긴 했다. 서로 마음 잘 알았으니 잘 지내 보자 했다. 근데 단방향 마음이 양방향 마음이 되자, 마음이 마음대로 되지 않았다. 이러지 말아야지 하다가도 마주치면 나오는 함박웃음은 막을 수 없었다. 다 할 수 없는 대화는 종이 편지로 이어졌다. 할 말이 어찌나 많은지, 공부하랴 편지 쓰랴 손목이 고생 좀 했다. 아파 보여서 걱정되더라는 이야기, 사실 나는 이런 사람이라는 이야기 등 눈을 보며 묻고 싶던 많은 마음이 꼬깃하게 접은 편지 속에 오고 갔다. 한 박스짜리 편지들은 지금 우리 신혼집 한 자리를 잘 지키고 있다.

D-3387: 2014년 11월 ~ 2015년 11월, 정리되지 못한 – 김석영의 이야기

우리의 연애 아닌 연애를 전교생이 알게 되었다. 그 과정에서 속해 있던 이곳저곳이 무너지고, 누군가를 상처 입히고 상처 입는 일이 많아졌다. 마땅히 받아야 할 지적과 감당하기 어려운 비난이 섞여서 많이 아팠다. 그리고 나는 매듭짓지 못한 마음을 방치한 채 고3이 되었다. 아픈 시간도 시간이라 흘렀고, 뿌연 흙먼지 같던 상황들이 가라앉을 때쯤 나는 우리의 지금이 아깝다는 생각이 들었다. 흔한 연인처럼 영화관도 가 보고, 셀카도 찍고, 사소한 이유로 싸우고 울어도 본 뒤에, 그렇게 우리가 지금을 충분히 경험하고 마음을 확인한 뒤에 관계를 매듭짓고 싶었던 것 같다. 2015년 11월 수능 후 어느 날, 콩나물국밥집 건너편 공원에서 이런 나의 심경을 가빈이에게 전했다.

D-3295 ~ D-DAY: 2016년 2월 ~ 2025년 2월, 지금도 계속되는
– 이가빈, 김석영의 이야기

그 후에도 우리의 관계는 매듭지어지지 못했다. 매듭짓기 위해 시작한 대화는 끝나지 않았고, 사라진 듯했으나 여전하던 우리의 바람대로 우리는 수많은 시간을 함께했고, 지금도 함께하고 있다. 석영이 소원대로 싸워 보기도 했고, 밤새 전화를 하기도 했다. 재수로 고생하는 가빈이를 격려하고 응원한 때도 있었고, 군대에 가 있는 석영이를 위해 파주까지 면회를 가기도 했다. 그리고 2025년 2월 우리는 하나가 되었다. 때로는 멀어질 듯 아득했던 마음도 다시 손 닿을 곳으로 돌아왔고, 편지로 시작된 대화는 어느새 서로의 하루가 되었으며, 이제 서로를 지탱하는 뿌리가 되었다. 그래서 2013년에 시작된 우리의 이야기는 현재진행형이다. 끝나지 않았고, 계속되고 있다. 그리고 앞으로도 오래도록 그러하길 바란다.

동산에서 피어난 카메라 너머의 꿈

최하영 / 19기

2016년 2월, 안산동산고등학교를 졸업했다. 3년 동안 참 많은 일이 있었지만, 그중에서도 가장 생생한 기억은 만우절 장난이다. 선생님이 우리의 유쾌한 장난에 웃으며 반응해 주었고, 그 모습을 담은 영상이 SNS에서 예상 외의 인기를 끌기도 했다. 또 한번은 친구들과 함께 '카트라이더' 캐릭터로 코스프레를 하고 운동장을 달리다가, 촬영 중이던 카메라를 뺏기고 혼난 기억도 있다. 돌이켜 보면, 그때의 장난기와 영상에 대한 호기심이 지금의 내 일과 자연스럽게 이어졌다.

지금의 동산고는 내 기억 속 모습보다 훨씬 자유로운 분위기인 것 같다. 후배들과 이야기를 나눠 보면, 학업에 대한 압박감이 예전보다 줄었고, 더 다양한 꿈과 목표를 가진 친구들이 많다는 걸 느낀다. 시대에 맞게 교칙도 유연해졌고, 그 덕에 학생들의 불만도 훨씬 줄었다고 한다. 내가 다닐 때는 상상도 못 했던 활동들을 후배들이 마음껏 누리는 걸 보면, 솔직히 부럽기도 하고, 조금은 억울한 마음도 든다.(웃음)

현재 '주둥이방송'을 운영하는 유튜버로 활동하고 있다. 고등학교 시절, 영상 제작 동아리에 가입한 것이 시작이었는데, 계기는 솔직히 예쁜 선배 때문이었다. 하지만 의외로 그 선택이 내 진로를 바꾸는 계기가 되었다. 공부보다 동아리 활동에 더 몰입한 덕분에 카메라와 편집 툴을 자연스럽게 익힐 수 있었고, 결국 그것이 내 직업이 되었다. 특히 동아리에서 진행했던 영상 프로젝트나 행사 촬영, 축제 스케치 영상 제작 등은 '일'을 배우는 것이 아니라 '재미'를 통해 배운다는 감각을 처음 느끼게 해 주었다. 그때는 몰랐지만, 지금 돌아보면 즐겁게 한 모든 경험이 다 내 자산이 되어 있다.

무엇보다 감사한 건, 당시 선생님들께서 완벽하게 이해해 주시진 않아도 내가 무언가에 몰두하는 모습을 끝까지 지켜봐 주셨다는 점이다. 말로는 야단을 치셨지만, 내 진심을 알고 계셨다는 걸 나중에서야 깨달았다. 유튜브를 하며 사람들과 이야기를 나누고, 공감의 댓글을 받을 때면 동산고 시절 '내가 좋아하는 일을 해도 괜찮다.'는 마음을 처음 품었던 순간들이 떠오르곤 한다.

　후배들에게 전하고 싶은 말이 있다. 선생님들께서 가장 싫어하실 말이긴 하지만, 나는 공부가 전부는 아니라고 생각한다. 물론 미래를 준비하는 데 있어 성실한 노력은 필요하다. 하지만 당장 원하는 결과가 나오지 않았다고 해서 자신을 너무 탓하거나 불행하게 느끼지 않았으면 한다. 나 역시 동산고 시절엔 늘 학업 스트레스에 시달렸고, 지금도 가끔은 '고3으로 돌아가 대학 못 갈까 봐' 고민하는 악몽을 꾸기도 한다. 하지만 꿈에서 깨어나면 언제나 안도의 숨을 쉰다. 왜냐하면 지금은 공부 외에도 세상에는 내가 기여할 수 있는 방식이 무척 많다는 것을 알게 되었기 때문이다. 그래서 살아남아 있고, 먹고살고 있다.

　그러니 너무 조급해하지 말고, 자신만의 속도로 걸어가길 바란다. (물론 공부를 안 해도 된다는 뜻은 절대 아니다.) 안산동산고등학교의 30주년을 진심으로 축하한다. 내게 이곳은 단지 공부만 한 공간이 아니라, 진짜 '나'라는 사람을 조금씩 발견하게 해 준 곳이다. 앞으로도 많은 학생들에게 특별한 추억과 용기를 선물해 주는 학교가 되길 바라며, 계속해서 응원의 마음을 보낸다.

심리학도의 성찰기,
10년 전의 너로부터 10년 후의 너에게

백주훈 / 20기

"동산고에 입학한다면 어떤 학생으로 기억되고 싶은가요?"
입학 면접 당시 들었던 짧은 질문이 10년이 지난 지금도 생생하다. 잠깐 고민하다가 나는 해맑은 목소리로 "선생님들께 칭찬받는 학생이 되고 싶어요."라고 순수하게 대답했었다. 그런 학생이 어느새 수많은 학교를 돌며, 학생들을 만나고 그들의 이야기를 들어 주는 전문상담교사가 되었다.

상담을 해 가면서 가끔 상상한다. '지금의 내가 동산고 시절의 나를 너로 만난다면 무슨 이야기를 할까? 그 시절의 너는 지금의 나에게 어떤 이야기를 하는 내담자일까?'

지금까지의 인생 전체를 돌이켜 보아도 동산에서의 시간들은 나에게 있어서 가장 의미 있던 시간이라고 당돌히 말할 수 있다. 그 자체로 꽃피우는 시기이기도 했으며, 동시에 앞으로의 성장과 열매를 맺기 위해 더 단단히 뿌리내리는 시기였다. 크리스천으로서 하나님과 더 친밀해졌고, 학업적으로는 '진짜 공부하는 법'을 알게 되는 시기였으며, 인간적으로는 이웃을 사랑하려고 아등바등하며 '선한 영향력'을 품기 시작한 때였다. 지금 내가 무언가를 달성한 후 되돌아보며 스스로 피드백할 때마다, 그 기반은 대개 동산고 시절부터 다듬어진 역량들이라는 걸 깨닫는다. 지금의 나를 만든 많은 것이, 어쩌면 10년 전의 너로부터 받은 귀한 선물인 셈이다.

하지만 그 시절의 나, 너를 차근차근 떠올려 보면, 행복하고 즐거운 기억들로만 가득하진 않았다. 너는 스스로의 부족함을 한탄하며 돌이킬 수 없는 시간을 후회하거나, 아직 오지 않은 내일을 걱정했었다. 사랑하려고 했으나, 누군가로부터 이유 없는 상처도 받았었다. 이 땅에서 더 이상 볼 수 없는 가장 소중한 사람을 그리워하며 눈물을 흘렸었다.

다행히 너의 주변에는 너를 지지해 주는 친구들과 가야 할 길을 알려 주는 신앙의 동역자들이 있었고, 배울 점이 많은 훌륭한 선생님들이 있었다. 그 안에서 너는, 오늘을 힘겹게 살아내면서 지금 겪는 고통이 인생에 있어서 필연적이라는 것을 배웠고, [1]고통이 괴로움으로 이어지지 않는 방법을 배웠다.

오히려 고통과 함께 춤추는 법도 알게 되었고, 후회와 불안은 오늘에 집중하게 하는 연료가 되었으며, 받은 상처는 또 다른 누군가가 머무를 수 있는 휴식이 되었다. 또한 그리움이 담긴 눈물은 지금 옆에 있는 누군가를 무조건적으로 사랑하려는 마음에 뿌려지는 소중한 거름이 되었다.

10년 후의 너, 나는 생각만큼 엄청난 삶을 살고 있진 않지만, 우려했던 것보다는 멋진 삶을 살아가고 있다. 여전히 실수하고 지금도 조금씩 성장하고 있다. 아직도 꿈을 꾸는 청춘이다. 늘 그렇듯, 삶 속에서 고통과 함께 춤추고 있으며, 누군가에게 무조건적인 사랑을 알려 주기 위해 최선을 다하고 있다.

10년 전의 너에게 마지막으로 하고 싶은 말은 아마 지금으로부터 10년 후의 너가 나에게 하는 말과 크게 다르지 않을 것이다. 또한 10년 전의 너로부터 나에게, 나로부터 10년 후에 너에게 하는 말도 비슷할 것이다. "지금을 버텨 주어서, 눈이 부시게 멋진 삶을 너로부터 받게 해 줘서 고마워."

---

[1] 상담이론 중 수용전념치료(ACT)에서는 고통(Pain)과 괴로움(Suffering)을 구분한다. 고통은 필연적이고 피할 수 없는 어려움이라면, 괴로움은 고통에서 벗어나고자 했던 것들이 결국은 더 큰 아픔으로 이어지는 이차적인 고통이라고 이해하면 된다.

엉덩이의 힘으로 버텨 온 시간

심기열 / 20기

나는 뇌병변 장애를 가지고 있다. 선천적인 뇌 손상으로 인해 뇌 기능의 일부를 상실했고, 그로 인해 학습에 있어서 남들보다 몇 배의 노력이 필요했다. 책을 읽을 때 눈으로 정보를 받아들이는 속도가 느리고, 내용을 빠르게 이해하거나 요약하지 못해 늘 고역을 치르곤 했다. 처리해야 할 과정이 많다 보니 금세 지치기 마련이었다.

그래서 수험생활 동안은 수업 시간과 인터넷 강의에 많이 의존했다. 대학 시절에는 교수님들께 음성 녹음을 허락받아, 매 수업이 끝난 후 반복해서 들으며 복습했다. 배속 기능을 활용해 여러 번 청취하며 내용을 익혔다. 물론 녹음 파일은 원하는 부분을 다시 들을 수 있다는 장점이 있지만, 책은 언제든 같은 페이지를 반복해서 찾아볼 수 있다는 점에서 내용을 더 깊게 파고들 수 있게 해 주었다. 처음에는 힘들기만 했던 책 읽기가 점차 익숙해졌고, 마침내 책을 좋아하게 되었다. 지금 생각해 보면, 이 모든 변화의 시작점은 동산고 시절이었다고 생각한다. 부족한 글솜씨지만, 내 이야기를 조금 적어 보려 한다.

동산고 생활 중 가장 잊고 싶지 않은 순간을 꼽으라면, 나는 망설임 없이 3년간의 수험 생활을 말한다. 누군가는 '왜 그렇게 힘들었던 시간을 기억하고 싶어 하느냐?'고 의아해할지도 모른다. 중학교 시절, 특수학교에서의 다양한 경험을 하느라 중학교 공부에 소홀했던 나는 고등학교 과정이 매우 벅찼고, 늘 성적표 뒷자리에 내 이름이 있었다. 남들은 술술 읽어 나가는 문장도 나에겐 수십, 수백 번을 되뇌어야만 이해되는 외국어처럼 느껴졌다. 수업 시간의 판서를 따라가는 것도, 교과서를 끝까지 읽는 것도 나에겐 쉽지 않은 일이었다. '공부를 못하더라도, 공부하는 척은 하자.', '실력이 부족하다면, 적어도 가장 오래 앉아 있자.'는 다짐으로 하루하루를 버텼다. 그렇게 보낸 3년이 짧게 느껴졌다. 그러나 그 시간 동안 쌓인 '엉덩이의 힘', 곧 공부의 지구력은 내 삶에 깊이 뿌리내렸다.

대학 학부를 넘어 대학원 학위 과정까지, 긴 여정을 이어 가는 데 있어 동산고 시절의 경험은 내 인생의 든든한 토대가 되어 주었다. 성적표에서 내 이름이 늘 아래쪽에 있는 건 익숙한 일이었지만, 그 숫자는 단지 숫자일 뿐이었다. 그 대신에 조급해하지 않고, 내 속도대로 묵묵히 걸어가는 법을 배웠다. 책을 이해하기조차 어려워했던 내가, 이제는 책의 내용을 요약하고, 발제문과 논문을 통해 생각을 표현할 수 있는 사람으로 성장했다. 동산에서 '공부하는 척'을 하던 나는 어느새 진짜 '공부하는 사람'이 되어 있었다.

돌이켜 보면, 나에게 동산고 시절은 '공부' 자체보다 '공부하는 자세'를 배운 시간이었다고 생각한다. 사람들은 공부는 머리로 하는 것이라고 하지만, 나는 엉덩이로 배웠다. 긴 시간 자리를 지키며 앉아 있었던 그 힘이 결국 나를 여기까지 데려다주었다.

이제 공부는 더 이상 두려운 대상이 아니다. 오히려 내 인생에서 가장 좋아하는 일이 되었다. '엉덩이의 힘'은 삶 전체의 자산이 되었고, 주어진 상황을 내 속도로 마주하는 용기를 갖게 해 주었다. 여전히 느린 걸음이지만, 나는 동산에서 배운 이 '엉덩이의 힘'으로 앞으로의 삶도 꿋꿋이 살아가려 한다. 천천히, 그러나 멈추지 않고.

새벽이 지나고 비로소 깨닫는 것들

전보은 / 21기

"동산 위에 올라서서~ 파란 하늘 바라보며~" 어린 시절, 엄마 손을 잡고 작은 동산 같은 언덕을 올라 유치원 버스를 기다리며, 버스가 올 때까지 매일같이 이 노래를 부르던 기억이 난다. 1년 동안 준비하던 외고 입시를 원서 접수 일주일을 앞두고 갑자기 동산고로 틀어 버린 나에게, 가끔 엄마는 신기하다는 듯이 "너, 동산고는 절대 안 간다더니, 어릴 때 그렇게 노래 부르던 동산에 다니네."라며 웃으시곤 했다.

부푼 기대와 활활 타는 열정으로 입학했지만 동시에 마주친 동산의 수많은 규율과 아침 6시 40분에 집에서 나와 저녁 11시가 되어야 집에 도착하는 일상에 생기를 잃어버렸고, 집에 가서 쓰러지듯이 자기 바빴다. 게다가 여자 분반이 처음인지라 묘한 분위기를 견디기도 힘들었는데, 나를 제외하고는 다들 재미있게 잘 지내는 것 같은 괴리감도 들어 입학하자마자 무려 한 달 동안 위염에 시달렸다. 특히, 석식을 먹으면 계속 속이 쓰려 야간 자율 학습 때는 공부를 제대로 할 수 없었고, 배를 움켜잡고 시간이 지나기만을 기다릴 수밖에 없었다.

그래도 새로운 친구들을 만나고 점차 학교생활에 익숙해질 때쯤, 다시 고비가 찾아왔다. 바로 시험 성적이었다. "세상에, 내 성적표에 이런 숫자가 적혀 있다고?" 아무리 열심히 해도 벽에 꽉 가로막혀 있는 듯한 그 기분은 10년이 지난 지금도 잊을 수 없는 기억이다. 그동안 긍정적이고 자신감으로 가득했던 열일곱 살의 나는 그렇게 인생에서 첫 번째 고난을 마주하며, 결국 전학을 결심했다.

"저 전학 갈래요, 선생님." 그렇게 1학년 1학기를 충격적인 성적으로 마무리한 나는 부모님과 많은 대화를 나눈 끝에 전학을 결심했다. 여기선 더 이상 버티지 못하겠다는 생각이 들었고, 고민을 거듭한 끝에 결국 담임 선생님께 의사를 전달하고 전학 원서를 받아 작성을 마쳤다. 그렇게 담임 선생님의 결재까지 받았는데, 갑자기 교감 선생님이 날 부르시는 게 아닌가? '망했다. 나, 더 이상 마음 약해지기 싫은데?'라는 생각과 동시에, 이미 나는 교감실에 도착해버렸다.

당시 조○철 교감 선생님은 수많은 학생 중 한 명인 나의 전학을 위해 한 시간 넘게 말씀을 나눠 주셨다. 사실 그때의 이야기들은 죄송하지만, 이미 힘들었던 나에게 크게 와닿진 않았다. 하지만 긴 시간 동안 학생 한 명을 위해 열정적으로 이곳 동산의 가치를 알려 주셨던 그 따뜻한 마음은 또렷하게 기억난다. 그때를 기점으로 나는 전학을 머뭇거리게 되었고, 전학하려는 이유도 다시 생각해 보게 되었다. 그렇게 나는 동산에 남아 스스로를 증명하기 위해, 여기서만 경험할 수 있는 새로운 활동들을 찾아 나갔고, 학급 및 동아리 임원, 각종 행사 기획과 수많은 교내 대회에 참가하며 누구보다 성실하고 즐겁게 3년을 보냈다.

학교에 놀러 오는 선배들은 우리에게 꼭 이렇게 말씀하셨다. "지금이 참 좋을 때야." 후배들에게 같은 말을 하려는 나도 이젠 정말 어른이 되긴 했나 보다. 당시의 나는 여느 고등학생이 그렇듯 대학이 전부라고 생각했던 학생이었기에, 성적이 오르지 않아 답답해하고, 깨진 장독에 물만 쏟아붓는 것 같다는 생각에 쉽게 좌절하곤 했다. 하지만 시간이 지나고 보니, 그 순간엔 당장 보이지 않아도 피땀 흘려 노력한 시간은 언젠가 어떤 방법으로든 내게 남는다는 걸 깨달았다. 가끔 동산고 친구들과 만나면 "동산고 애들은 결국 다 어디선가 빛을 보는 것 같아."라는 공감을 나눴는데, 실제로도 대학을 떠나 멋진 모습으로 변해 있는 친구들이 참 많다!

2015년에 입학했으니, 내 삶에 동산이 들어온 지도 벌써 10년이다. 10년이 지난 지금 나는 어느새 대학을 졸업하고, 아이스 아메리카노 없이는 살 수 없는 어른이 되었다. 입시만 끝나면 평생 행복할 줄 알았던 나는 10년 전과는 또 다른, 새롭게 펼쳐진 터널 속에 있지만, 동산은 내게 무엇이든 성실히 꾸준하게 달려가면 언젠가 그 노력이 내게 돌아올 거라는 확신을 줬다.

그렇게 나는 오늘도 아아 한 잔으로 하루를 열며 최선을 다해 살아내려고 한다. 이걸 읽고 있는 후배들도 분명 터널의 끝이 보이는 날이 올 거라고, 이곳 동산에서만 누릴 수 있는 시간을 즐긴다면 스스로 해낸 노력의 시간이 반드시 빛을 볼 거라고 전하고 싶다.

자유를 향한 문

김현빈 / 22기

　　　　　동산고가 어떤 학교인지 잘 모르고 대입을 위해 진학을 결정했던 나에게 동산고가 어떤 학교인지에 대한 인상을 처음으로 남긴 것은 학교 설명회에서의 김인중 목사님의 말씀이었다. 김인중 목사님은 인문학의 중요성에 대해 강조하시며 방학 동안 같이 합숙을 하며 낮에는 책을 읽고 토론하고, 밤에는 바비큐를 구워 먹는 식으로 방학을 보낼 학생들을 모집하셨다. 워낙 책을 좋아하기도 했고, 원래라면 고등학교 입학 전에 수학 공부를 해야 했을 운명의 나는 바로 지원하기로 결심했다. 이것이 '동빈아카데미'의 시작이었다.

　『논어』, 『국가론』 등 수준 높은 책을 매주 읽게 되었고, 정말 뛰어난 선생님들과 함께 내 생각을 가다듬을 수 있었고, 친구들과 내 의견을 공유할 수 있었다. 나 혼자 책을 읽을 때는 작가의 생각을 그대로 받아들이고 끝이었지만, 독후감을 작성하고 다른 사람들에게 내 의견을 이야기하기 위해서는 비판적인 사고가 필수적이었고, 책의 일부에만 잠깐 나오는 주제도 깊게 생각해 보게 되었다. 동빈아카데미 덕분에 내 사고와 세계는 더욱 넓어졌다.

　독일에서 국제정치사를 배우신 이○욱 선생님이 특히 나랑 잘 맞았는데 『독일 국민에게 고함』과 같은 책을 읽고 빈 체제부터 제2차 세계 대전 사이 기간의 국제정치사를 배우면서 외교나 역사가 단편적인 면만 있는 것이 아닌 모든 분야를 아우르는 매우 복잡한 과정임을 알게 되었고, 사건을 다각적으로 바라보는 시선을 키우게 되었다.

　동산고에는 동빈아카데미처럼 창의적이고 혁신적인 수업이 많았다. 조○만 선생님과 함께한 로봇영재학급에서는 EV3 차량과 다양한 센서를 이용해 차선을 감지해 차선에 따라 주행하기, 주차하기 등의 흥미로운 활동을 할 수 있었다. 당시에는 자율주행이 뜨기도 전이었던 것을 감안하면 정말 혁신적인 교육이었다. 그리고 임○철 선생님의 경제 수업은 대학교 미시경제학 전공

수업과 견주어도 손색없을 만큼 수준이 높았다. 세계지리를 가르치신 김○선생님은 왜 인강 업계로 안 가셨는지 의문일 정도로 재미있고 이해가 잘 되게 가르쳐 주셨고, 그러한 가르침 덕분에 지리 올림피아드 경기도 예선에서 수상하는 성과도 거둘 수 있었다.

  2학년 담임 선생님이던 이○섭 선생님은 내 학창 시절에서 가장 기억에 남는 선생님이다. 사실 학교 선생님이 교과목만 잘 가르친다면 학원이나 인강을 듣지 뭐 하러 학교를 다니겠는가? 진정한 선생님은 인생의 스승이 될 수 있어야 하고, 그런 의미에서 이○섭 선생님은 정말로 인생을 가르쳐 주는 참된 스승이었다. 사회 이슈에 관심이 많았던 나에게 그런 이슈에 대해 더 깊게 생각을 해 볼 수 있는 기회를 주셨고, 다양한 시각을 가질 수 있게 되었다.

  이○섭 선생님과 함께 교과서에 실려 있던 『그리스인 조르바』라는 책을 읽었을 때 자유의 개념에 대해 다시 생각하는 기회를 가졌고 내 가치관이 크게 바뀌었다. 내가 자유롭게 투표할 수 있고, 직업 선택의 자유가 있고, 자유로운 표현을 할 수 있고, 어디든 갈 수 있다고 내가 정말 자유로운 것인가? 대입을 위한 공부, 취업을 위한 준비, 돈을 위한 직장 생활 등 틀에 매인 생활을 하면서 정말 자유롭다고 말할 수 있는가? 자유에 대한 내 생각은 송두리째 뽑혔다.

  동산고에서의 모든 시간이 나에게는 문이었다. 동산고가 아니었다면 이 넓은 세상을 살아가면서도 그 세상에 대해 관심을 가지지 않고, 이렇게 세상이 넓은 줄도 모르고 있었을 것이다. 비록 중간에 유학을 가게 되어 동산고를 졸업하지는 못했지만, 동산고에 가지 않았다면 유학을 통해 더 넓은 세상에 도전할 생각조차 하지 못했을 것이다. 나는 지금도 계속 생각하곤 한다. 내가 지금 좁은 방 안에 스스로 갇혀 있는 게 아닌가? 편안함과 안정을 위해 자유를 포기하고 있지는 않은가?

헤맨 만큼 내 땅이다

서예원 / 22기

동산고를 졸업한 지 꽤 시간이 지났다. 나는 지금은 포항공과대학교에서 대학원 생활을 하고 있다. 동산고 30주년 책 이야기를 듣고, 많고 많은 학생들 중에 내가 언급되었다는 사실이 감사하면서도, 벌써 졸업한 지 6년이 흘렀다는 게 새삼스레 실감 났다. 자연스럽게 그 시절이 떠올랐고, 연락이 끊긴 친구들이 문득 그리워지기도 했다.

아직도 '벚꽃 사진 문화'가 남아 있는지는 모르겠지만, 벚꽃이 만개하던 날이면 반 친구들과 담임 선생님과 함께 사진을 찍었던 기억이 생생하다. 춘추복을 입고도 이마에 땀이 송골송골 맺히던 따뜻한 날씨, 분홍빛 필터가 낀 듯한 교정의 풍경, 조금은 서먹했던 친구들과 급식을 싹싹 비우고 운동장을 돌며 나누던 수다까지…. 그 모든 순간이 여전히 소중한 추억으로 남아 있다. 지금도 가장 기억에 남는 1학년 5반 친구들, 그리고 담임이셨던 박○식 선생님과 함께 찍은 사진을 떠올리며 이 글을 쓴다. (애들아, 잘 지내고 있지?)

내게 동산고는 '나무' 같은 존재였다. 매미는 땅속에서 길게는 10년을 기다렸다가 나무로 올라온다. 내가 동산고에서 방황하고, 가치관을 형성하며 내적으로 성장했던 시간들이 마치 그 매미처럼, 언젠가 세상 위로 올라가기 위한 준비였다는 생각이 든다. 그리고 수많은 학생이 스쳐 가는 동안 30년이라는 시간을 묵묵히 자리를 지켜 온 동산고의 모습은 마치 한 자리를 꿋꿋이 지키는 고목나무처럼 느껴지기도 한다.

솔직히 말해, 나는 공부를 잘하거나 모범적인 학생은 아니었다. 내신도 좋지 않았고, 그저 등교해서 밥 먹고 간식 먹고 친구들 웃기는 게 취미였던 학생이었다. 흔히 말하는 '명문대'에 가지 못했다고 인생이 망한 것 같은 기분이 들기도 했지만, 그저 주어진 순간순간에 최선을 다하다 보니 어느새 내가 꿈꾸던 연구자의 길에 한 걸음씩 가까워지고 있었다. 지금은 하고 싶은 공부와 연구를 하며 바쁘지만, 마음은 그 어느 때보다 평안하고 행복하게 지내고 있다.

고등학교 3년은 내 인생에서 손꼽히게 힘든 시기였다. 중학교 때는 '공부 잘한다.'는 말을 자주 들었지만, 고등학교에 올라오니 비교조차 되지 않을 만큼 똑똑한 친구들 사이에서 자존감이 낮아지고 우울해지기도 했다. 지금 돌아보면, 그건 '대학'이라는 하나의 기준에만 나를 가두고 있었기 때문이었던 것 같다.

하지만 그 시절을 함께했던 친구들, 진심으로 학생들을 위하셨던 선생님들과의 시간은 내 인생에서 정말 소중한 자양분이 되었다. 대학에서도, 대학원에서도 내가 열심히 하는 태도를 인정받을 수 있었던 건, 동산고 시절 각자의 방식으로 최선을 다하던 친구들에게서 받은 영향이 컸다고 생각한다.

신기하게도 정말 힘든 순간이 올 때면 고등학교 시절 담임 선생님 얼굴이 문득 떠오르곤 한다. 나는 기독교 신자는 아니지만, 무너질 것만 같은 순간마다 임○호 목사님과 박○식 선생님, 곽○경 선생님, 김○하 선생님의 얼굴이 떠오른다. 졸업한 지 시간이 꽤 흘렀어도 여전히 같은 자리에 계신 선생님들을 찾아뵐 수 있다는 사실은 참 감사한 일이라고 생각한다.

바쁜 일상 속에서 과거를 잊고 지낼 때도 많지만, 이 책을 계기로 앞으로는 매년 벚꽃이 지는 시기가 오면 맨 먼저 동산고가 떠오를 것 같다. 미성숙하고 방황하던 시절 곁에 있어 준 친구들, 그리고 언제나 따뜻하게 맞아 주시는 목사님과 선생님들께 진심으로 감사드린다.

지금 이 글을 읽고 있는 분들 중에는 행복한 시간을 보내고 있는 분도, 힘든 시기를 지나고 있는 분도 있을 것이다. 하지만 "헤맨 만큼 내 땅이다."라는 말처럼, 우리의 모든 순간은 분명 의미 있는 밑거름이 될 거라 믿는다. 동산고라는 이름 아래 연결된 모든 분들, 언제나 건강하고 행복하시길 바란다.

닮은 얼굴로, 같은 언덕을 올랐던 3년

이강현 / 22기

"강현이 아빠, 동산고 선생님이시잖아?", "역시, 동산고 선생님 자녀라 그런가 봐. 애가 똑똑하고 예의도 바르네." 어릴 때부터 성인이 되기 전까지 수없이 들어온 말이다. 동산고는 안산 지역에서 많은 학부모가 자녀를 보내고 싶어 하는 명문 학교다. 그런 학교 선생님의 자녀라는 이유만으로도 나는 종종 관심과 평가의 대상이 되었다. 어린 내가 그 시선들을 얼마나 의식하며 살았는지는 정확히 기억나지 않는다. 다만, 짧게 방황하던 중학교 1학년 시절 "동산고 선생님 자식이 왜 그래?"라는 말 한마디에 반발심이 들었고, 오히려 더 삐뚤어졌던 기억은 생생하다. 지금은 부모가 있는 학교에 자녀가 같이 있을 수 없는 것 같다. 그 당시에도 어쩌면 내게 추억만큼 불편함이 생길 거라는 예상도 있지 않았을까 한다.

나는 원래 동산고에 진학할 생각이 없었다. 특별한 이유가 있었던 건 아니고, 그저 당시 드라마 상속자들의 배경이 되었던 동탄국제고의 멋진 시설이 부러웠고, 그곳에 다니고 싶었다. 그에 비해 어릴 때부터 익숙했던 동산고는 교복도 어딘가 촌스러워 보였고, 아빠를 통해 듣는 형, 누나들의 치열한 학업 이야기는 나에게 부담으로 다가왔다.

국제고에 가기 위해 중3 영어 시험을 정말 열심히 준비했다. 성적도 만점 가까이 끌어올렸고, 면접만 남겨 두고 있었다. 하지만 원서 접수 시기, 갑작스럽게 엄마의 건강이 나빠졌고, 타지에서의 기숙사 생활과 나의 학업을 지원하기에는 현실적으로 무리가 될 수 있다는 판단이 섰다. 가족끼리 의논한 후에 나는 아빠가 있는 동산고로 진학하게 되었다.

입학 후에는 굳이 밝히지 않았다. 내가 1학년일 때 아빠는 3학년 담임으로 은혜동에 계셔서 따로 마주칠 일도 드물었고, 괜히 불편한 상황을 만들고 싶지 않아 누구에게도 아빠가 이 학교 선생님이라는 얘기를 하지 않았다. 하지만 비밀은 오래가지 못했다. 나는 아빠를 너무 닮았고, 나를 갓난아기 때부터 봐

왔던 선생님들의 장난스러운 질문에 결국 정체(?)가 금방 들통났다.

　우리 부자는 평소 대화가 많은 편이다. 하지만 고등학교 3년 동안 아빠는 내 학업이나 생활에 대해 거의 묻지 않으셨다. 동료 교사들을 통해 들었을 나에 대한 평가나 이야기가 분명 있었을 텐데, 한마디도 전하지 않으셨다. 20년 넘게 이 학교에서 쌓아 온 경험과 통찰로 해 주고 싶은 말씀이 많으셨을 텐데도, 그저 묵묵히 거리를 두셨다. 동산고 선생님의 아들로 살아오며 늘 따라다녔던 부담감, 그리고 장남과 장녀 사이에 태어나 어디서든 받게 되는 기대와 관심, 아빠는 그 모든 걸 내가 조금이라도 덜 느끼게 하려 애쓰셨던 것 같다.

　이번 책에 들어갈 글에 대한 이야기를 꺼냈을 때도 아빠는 이렇게 말씀하셨다. "바쁜데, 글 쓰는 게 조금이라도 부담되면 안 써도 돼. 꼭 이 주제를 쓸 필요도 없어." 그런 아빠 덕분에, 결코 오르기 쉽지만은 않았던 동산의 언덕을 끝까지 오를 수 있었다. 감기라도 걸리면 전화 한 통에 학교 후문으로 차를 몰고 와 걸어서 15분이면 갈 수 있는 병원을 데려다주셨고, 주말엔 공부는 뒷전으로 하고 친구들과 운동하고 들어오면 집에서 씻고 친구들과 함께 먹을 수 있도록 짜장라면을 끓여 주셨다.

　아빠와 같은 학교를 다닌다는 건 누군가에겐 특별하게 들릴 수도 있지만, 우리 부자는 오히려 서로를 의식하지 않으려 애썼다. 그래서인지 떠올리면 웃음이 터질 만한 특별한 사건은 없다. 다만, 그런 평범한 일상들이 차곡차곡 쌓이면서 동산에서의 3년은 내 인생에서 가장 따뜻한 기억이 되었다. 말 한마디보다 학교 친구들과 먹었던, 선생님이 만들어 준 짜장라면 한 그릇, 조언 대신 병원까지 데려다주는 그 침묵의 배려 덕분에 나는 지금도 그 시절을 고맙게 떠올릴 수 있다. 아빠와 함께했기에, 나는 동산이라는 공간과 그 안에서 만난 사람들을 진심으로 사랑하게 되었으니 참 감사한 일이다.

기도와 인도

김도현 / 23기

　　　　어느새 우리 기수 친구들은 각자의 길을 걸어가고 있다. 누군가는 전공 과목과 씨름하고, 누군가는 대학원에서 연구 중이며, 또 누군가는 벌써 사회의 맛을 보고 있다. 내 소개를 하자면 나는 5년째 군대의 맛을 보고 있는 공군 장교다.

　　동산고의 어느 여름을 떠올리면 맨 먼저 생각나는 건 친구들과 함께 운동장을 누비던 기억이다. 축구, 농구, 풋살 등 점심시간, 쉬는 시간, 저녁 시간을 가리지 않고 운동장으로 달려 나가 공부로 묶여 있던 자아를 마음껏 털어 내던 순간들이 그립다. 함께 땀 흘리며 공과 마음을 주고받던 그 시간이 나에겐 참 소중했다. 또 한편으론 저녁 식사 후 벧엘관 창문에 기대어 하늘을 붉게 채운 노을을 바라보며, 운동장을 빙글빙글 도는 학생들을 지켜보던 장면도 생생히 떠오른다.

　　감사하게도 나는 동산고 생활을 참 즐겁게 했다. 공부도, 신앙생활도 잘하고 싶어 선택한 동산고였지만, '잘' 하고 싶다를 넘어 전인격적으로 많은 성장을 이루었다. 매일 카풀 타기 전, 아침을 차려 주시던 어머니, 마침 안산으로 발령을 받아 야야자가 끝나면 함께 귀가하던 아버지의 사랑과 응원 속에서 지냈고, 시기와 질투보다 서로를 밀어 주고 끌어 주는 분위기를 만들어 주신 선생님들과 친구들 덕분에 세상 어디서도 쉽게 찾을 수 없는 따뜻한 공동체 속에서 살아갈 수 있었다.

　　함께 등하교하던 친구들과의 추억도 많다. 대한민국 로봇봉사단에서 몽골을 다녀온 일, 본오복지관에서의 봉사 활동, 사이언스 컨퍼런스와 미래과학자대회를 밤샘 준비하던 기억, 전국 특목·자사고 축구 대회에서 우승하고 돌아온 일까지 모두 행복한 기억들이다. 하지만 무엇보다 가장 감사한 건 가장 좋으신 분-하나님-을 만난 것이다.

　　아침이면 엘리에셀과 함께 찬양하고, 오도/벧엘관에서 공부하며 경건회를 준비했다. 매주 수요일 수요채플, 금요일엔 620 기도회를 기대하며 일주일을 보냈다. 특히 3학년 때 처음으로 선교부 반장이라는 자리를 맡으며 '선교'를 처음 경험했다. 선교부 반장 수련회에서 뜨겁게 하나님을 만난 후, 선교부 반장 친구들과 함께 학교를 위해, 반 친구들을 위해 기도하며, 서로를 섬기고 사랑하는 공동체를 누렸다. 야자 후엔 로고스홀, 그레이스홀에서 반별 기도회를 하며 함께 기도했다. 3년간 아침 경건회 찬양 인도와 말씀 나눔을 통해 나 자신이 먼저 기도하고, 먼저 말씀을 읽으며 하나님과 더 가까워질 수 있었다.

이런 동산고에서의 시간들이 지나고 하나님은 나를 더 단련해 가셨다. 공군사관학교에 입교한 2020년 1월은 코로나가 창궐하기 직전이었다. 기초 군사훈련 중 받은 가족들의 인터넷 편지 속에 '우한 폐렴'이라는 단어가 처음 등장했을 때는 그저 지나가는 유행병 정도로 여겼다. 하지만 그것이 이후 2년이 넘도록 사람들의 일상, 특히 군인들의 일상을 뒤흔들 줄은 몰랐다.

기초 군사훈련과 입학식을 마치고, 나는 자원하여 기수의 기독 생도 대표가 되었다. 하나님이 부르신 길이라 생각했기에 꽃길일 줄 알았지만, 현실은 달랐다. 외박은 사실상 불가능했고, 예상보다 훨씬 힘든 군 문화 속에서 깊은 우울과 침체의 시기를 겪었다. 설상가상으로 2학년 초에는 축구를 하다 십자인대와 반월판 연골이 파열되어 수술까지 받았다.

군 병원에서 홀로 기도하며 하나님과 씨름하던 어느 날, 선교부 반장으로 함께했던 동역자들에게 도움을 청했다. 마침 22기 선배들이 온라인으로 기도회를 이어 가고 있었고. 우리도 함께 시작하게 되었다. 그렇게 줌과 디스코드로 모여 2년이 넘는 시간 동안 매주 삶과 말씀, 기도 제목을 나누었다. 지금은 매주 모이지는 않지만, 오프라인으로 만나 서로의 삶을 응원하고 있다.

지금 나는 사관학교를 졸업하고 비행 훈련을 받고 있다. 한 사람의 군인으로, 조종사로, 선교사로 살아가는 길은 결코 쉽지 않다. 그러나 넘치는 하나님의 은혜와 위로, 사랑과 축복을 경험하며, 하나님께서 앞으로도 인도해 가실 것을 신뢰하고 있다. 동산고 23기 모두, 그리고 모든 선후배님들께 전하고 싶다. 동산고에서의 추억과 친구들, 그리고 하나님을 기억하며 힘내자.

과거는 다시 돌아갈 수 없어서
아름다운 법이기에

이유진 / 23기

2020년, 코로나가 막 시작됐던 그해 각자의 교실에서 조촐하게 졸업식을 마치고 아쉬운 마음으로 동산고를 떠난 지 벌써 5년이 지났다. 그새 입학 기수의 앞자리가 '3'으로 바뀌고, 동산고는 30주년을 맞이했다. 사실 나는 그다지 눈에 띄는 학생이 아니었고, 남녀 분반 특성상 나를 모르는 동기들도 많을 텐데, 17년부터 19년까지 함께 시간을 보낸 친구들을 대표하는 몇 명 중 하나라 생각하니 어깨가 무겁기도 하다. 그래도 '가장 개인적인 것이 가장 보편적'이라는 말을 떠올리며 내 이야기를 해 보려 한다.

어디서부터 시작해야 할까. 내 기억의 시작은 자취방에서 첫 등교 전날, 잠이 오지 않아 뒤척이던 밤인 것 같다. 나는 학교 뒷문 쪽 CU 옆 옆 건물인 창○의빌(광고 아님!)에서 살았는데, 침대, 책상, 책장, 옷장으로 꽉 들어찬 그 단칸방이 왜 그리도 그리운지, 요즘도 종종 그곳에서 깨어나 등교하는 꿈을 꾸곤 한다. 졸업 후에도 학교 홍보를 겸해 매년 한 번씩 동산고를 찾아갔는데, 여전히 동산고 주변의 빌라들은 그대로 있었다.

친구들에게 고등학교 시절 자취했다고 하면 다들 놀라곤 하는데, 그러면 "자취방에서는 잠만 자고 삼시세끼는 학교에서 다 먹었다."고 변명하곤 했다. 정말 그랬다. 다들 그렇지 않았을까? 겨울이면 가로등도 켜지지 않은 어두컴컴한 길을 따라 등교해 잠긴 교실 문을 열고 불을 켜고, 일찍 도착한 친구들과 아침밥을 먹고, 오전 수업이 끝나면 점심을 먹고 운동장을 한 바퀴 돌고, 오후 수업과 방과 후 수업이 끝나면 저녁을 먹고, 마지막으로 샤프 소리가 사각거리는 오도에서의 야자가 끝나고 나면 또다시 가로등 불빛을 따라 방으로 돌아가 씻고 잠들었다. 사실 크게 다르지 않은 3년이었지만, 여전히 내게 동산고는 아름다운 추억으로 남아 있다.

그럴 수 있었던 이유가 한 가지 떠오른다. 사실 고등학교 생활이 대한민국에서 살아가는 수험생이라면 누구나 그렇듯이 행복하기만 할 수는 없다. 그래서 나는 가끔 생각이 너무 많고 힘들 땐 야자 시간에 운동장으로 나가 혼자 바람을 쐬곤 했다. 단순히 말하자면 야자를 '쨌다'는 거다. 그러던 2학년 어느 날, 인생 최악의 시기를 보내고 있던 나는 같이 힘들어하던 친구와 운동장으로 나갔다. 그리고 속 깊은 이야기를 터놓으며 산책하다가 잠시 농구 코드에 누워 밤하늘을 올려다보았다. 그날따라 맑은 밤하늘에는 별들이 쏟아질 듯 하늘을 수놓고 있었다. 한때 천문학자를 꿈꿨던 나는 친구에게 별자리를 설명해 주며 도란도란 이야기꽃을 피웠다. 분명 힘들었던 시기였지만, 지나고 나니 이제는 그리움만 남은 기억이다.

고등학교를 졸업하고 어디서든 동산고 선후배를 만나면 그렇게 반가울 수가 없다. 무엇이 우리를 하나로 만들까 묻는다면, 아마도 '공통된 경험'일 것이다. AOT, GOD가 버스킹을 했던 세계 지도, 교실을 가득 채운 짝선배의 수련회 과자 박스, 수요일 아침 채플과 경건회 시간에 부르던 찬양들, 지하 매점, 수영 수업이 끝나고 쉴물에서 먹던 컵라면과 와플, 야자 간식을 사러 갔던 동분마트, 수능 일주일 전 운동장을 밝혔던 촛불들….

지금의 세계 지도는 분수대였고, 이제 매점은 2층으로 바뀌었으며, 동분마트는 편의점이 되었고, 채플은 금요일로 옮겨졌지만, 그런 사소한 변화와는 상관없이 '하나님을 경외하고 이웃을 사랑하는 동산인'으로서의 정체성과 문화가 여전히 학교를 관통하고 있기에 우리는 계속해서 동산고를 추억하는 것이라고 생각한다.

이제 우리는 수험 생활을 이겨 내고 각자의 자리에서 열심히 살아가고 있다. 여러분도 그런 적이 있을지 모르겠지만, 나는 가끔 고등학생 시절이 그리울 때가 있다. 그러나 과거는 다시 돌아갈 수 없어서 아름다운 법이기에, 과거인 채로 남겨 두어야 한다. 오랜만에 옛날 이야기를 펼쳐 본 것으로 만족하고, 그리움을 가득 담아 다시 흘려보내야겠다.

그래서 이 자리를 빌려 후배들에게 꼭 말하고 싶다. 소중한 순간들을 기록하고 남겨 보라고. 어떤 추억은 떠올리는 것만으로도 평생의 힘이 되어 줄 수도 있으니까.

후집사님을 아세요?

이주원 / 24기

학창 시절 내 별명은 '오도의 망부석'이었다. 주말이든 방학이든, 5층 도서관, 일명 '오도'에서 살다시피 했기 때문이다. 그래서인지 지금도 가장 생생하게 떠오르는 기억은 '야야자' 시간이다. 야간자율학습이 끝난 밤 10시부터 11시 45분까지, 희망 학생들만 남아 자율적으로 공부하던 오도. 그 시간이 되면 어김없이 휘파람과 함께 등장하시던 후집사님이 떠오른다.

"툭! 툭!" 책상 위에 무심히 사탕을 놓고 가시거나, "졸림표~", "채○이~" 같은 유쾌한 별명으로 부르며 웃음을 터뜨리게 하셨던 분. 그저 학교 문만 닫고 가셔도 될 텐데, 굳이 오도에 들르셔서 학생 하나하나를 살피고 격려해 주시던 그 모습. 가끔은 야야자를 쉬고 일찍 집에 간 다음 날, "무슨 일 있었슈?" 하고 안부를 먼저 물어 주시던 그 다정함.

그땐 몰랐지만, 지금 돌아보면 나도 모르게 후집사님을 다시 뵙고 싶어 끝까지 남아 공부했던 것 같다. 지치고 힘든 날에도 후집사님의 말 한마디, 따뜻한 눈빛 덕분에 웃으며 책을 펼칠 수 있었으니까.

공부를 마친 늦은 밤, 엘리베이터 같이 타자며 부르시던 모습도 선명하다. 내려가며 재미있는 이야기를 들려주시고, 오도에서 함께 공부하던 친구도 소개해 주시곤 했다. 그렇게 새로운 친구도 사귀고, 낯선 순간 속에서도 따뜻함을 느낄 수 있었던 건, 전부 후집사님 덕분이었다. 정말, 참 많이 보고 싶다, 후집사님.

3년 동안 치열하게 공부하면서도 쉽게 지치거나 포기하지 않을 수 있었던 이유는, 나를 있는 그대로 사랑해 주고 응원해 준 친구들과 선생님들 덕분이었다. 중학교 시절에는 '다름'이 거리감이 되었지만, 동산고에서는 그 다름이 오히려 서로를 이해하고 사랑하게 했다.

특히 시험 기간 예민해진 나의 겉모습이 아닌 마음을 먼저 바라보며

"괜찮아."라고 말해 주던 친구들. 성적보다 사람을 먼저 보는 그들의 태도는 내 마음을 넓히는 데 큰 역할을 했고, 지금도 내 삶에 든든한 힘이 되어 준다.

고3 때는 아침 8시, 나 포함 다섯 명이 모여 함께 큐티를 했다. 성경을 읽고, 느낀 점을 나누고, 서로를 위해 기도하던 그 시간은 하루의 가장 큰 힘이 되었다. '스스로 성경을 읽는 모임', 줄여서 '오토바이블'. 지금도 단톡방은 그대로 있고, 친구들은 각자의 자리에서 전도사, 교회학교 교사, 셀 리더로 섬기고 있다. 다시 큐티 말씀을 나누기 시작했는데, 함께 자라 가고 서로를 격려하는 모습이 참 자랑스럽다.

지금 나는 성균관대학교 약학과 4학년에 재학 중이다. '오도' 대신 '디도(대학교 도서관)'에 앉아 시험공부를 하고 있다. 학창 시절 선교부 반장이었던 경험이 지금은 유치부 찬양인도자로 이어졌다는 것이, 나 자신에게도 참 놀랍고 감사한 일이다.

살다 보면 내가 원했던 것보다 해야 할 일이 더 많고, 열심히 해도 뜻대로 되지 않으며, 내가 선택한 길이 맞는지조차 헷갈릴 때가 있다. 나도 지금 그런 시기를 지나고 있다. 하지만 돌아보면, 그 모든 순간조차도 나에게 꼭 필요했던 훈련이었다는 걸 알게 된다. 결국 모든 시간은 다 쓰임 받는다는 걸 경험으로 알게 됐다.

우리는 하나님의 손안에 있다. 그러니 지금 맡겨진 자리에서 오늘 하루도 힘내자고 말하고 싶다. 늘 자랑스럽게 여기는 동산고와 선생님들, 그리고 함께 걸어 준 친구들에게 진심으로 감사를 전한다.

그 봄의 전우들

오세훈 / 25기

　　불과 한 달 전, 군 복무를 마치고 사회에 복귀했다. 경기도 연천에 위치한 제5사단 수색대대에서 복무하면서 매일같이 북한의 땅과 군인들을 마주 보며 긴장감 넘치는 나날을 보냈다. DMZ 안, 실탄과 수류탄을 지닌 채 무거운 군장을 짊어지고 목숨을 걸고 작전을 수행하다 보면, 자연스레 전우애라는 단어가 체화된다. 생사의 고비를 함께 넘기고, 극한의 상황을 버텨내며 다져진 관계이기에 가능한 감정이다. 하지만 내게는 군대에서 만난 전우들 외에도 또 하나의 전우들이 있다. 바로 어려운 시기를 함께 견뎌 낸 DS 전우들이다.

　　2020년, 전 세계를 뒤흔든 코로나19 팬데믹은 우리의 일상을 송두리째 바꾸어 놓았다. 천만 명이 넘는 생명이 사라졌고, 경제는 깊은 침체에 빠졌으며, 사회적 거리두기는 수많은 이들을 고립과 우울 속으로 몰아넣었다. '코로나 블루'라는 신조어가 생겨날 정도였다. 학교도 예외는 아니었다. 선생님과의 인사, 친구들과의 수다, 선후배들과의 농담이 오가던 활기찬 복도는 순식간에 정적만이 감도는 공간이 되었다. 수업은 대부분 온라인으로 대체되었고, 심각한 사회 분위기 속에서 학교를 나가는 것조차 어려운 시기였다.

　　그때 나는 안산동산고등학교 25기, 2학년 문과반 학생이었다. 우리 기수의 문과 남학생 수가 적어 단 한 반으로 구성되었고, 우리는 함께 2년을 보내야 할 친구들이었다. 담임이셨던 오○훈 선생님께서는 이런 상황이 안타까우셨는지, 매일 아침과 저녁에 줌을 통해 조례와 종례를 열어 주셨다. 학생들을 위한 기도와 따뜻한 말씀으로 하루를 시작하고 마무리해 주셨던 그 모습이 지금도 선명하다.

　　선생님의 진심이 전해졌던 걸까. 비록 함께 모일 수는 없었지만, 온라인이라는 공간 속에서 우리만의 추억을 쌓기 위한 시도가 이어졌다.

누군가의 아이디어로 시작된 '줌 아나바다'는 쓰지 않는 물건을 서로에게 경매 형식으로 나누는 행사였다. 그저 서로의 물건을 사고팔던 조그만 행사였지만, 줌 화면 너머에서 활기차게 웃는 친구들의 모습이 그렇게 좋을 수 없었다. 수업이 끝난 후엔 줌 링크를 공유하며 간식을 보여 주는 '온라인 먹방'도 진행했고, 시험 기간엔 서로를 독려하고 집중할 수 있도록 '줌 공부방'도 운영했다. 우리만의 방식으로 그 답답하고 고립된 시간을 견디고 이겨 내고 있었던 것이다.

시간이 지나 코로나가 잠잠해지고, 다시 교실로 돌아갔다. 모두가 마스크를 쓰고 있었고, 오랜만에 만난 친구들이었지만 낯설지 않았다. 오히려 선생님의 노력과 서로의 작은 실천들이 모여 그 고된 시기를 함께 견뎌 낸 사람들만이 느낄 수 있는 특별한 유대감이 피어 있었다. 다시 맞이한 첫 번째 봄, 함께 찍은 벚꽃 사진, 칸막이를 사이에 두고 함께 먹은 점심, 쉬는 시간마다 함께 달려가던 매점. 이제 막 연애를 시작한 연인에게 모든 것이 설레고 특별한 것처럼 그 모든 순간이 나에게도 찬란하게 다가왔다.

그리고 우리는 어느덧 수험생인 3학년이 되었다. 겉으로 보기엔 여느 고등학생들과 다를 바 없었지만, 그 속은 분명히 달랐다. 마스크 너머로 전해지는 웃음소리, 벚꽃 아래서 오간 정리되지 않은 대화들 속에서 우리는 이미 서로의 존재가 얼마나 큰 힘이 되는지를 알고 있었다. 밤새워 함께 공부하고, 때론 사소한 일로 다투기도 했지만, 그 모든 순간이 결국은 이해와 화해의 밑거름이 되었고, 우리의 이야기로 차곡차곡 쌓여 갔다.

그래서 나에게 안산동산고는 '극복' 그 자체다. 고립과 단절 속에서도 우리는 화면 너머로 서로를 응원했고, 오히려 오프라인보다 더 따뜻한 위로를 주고받았다. 군대에서의 전우애가 극한의 환경에서 피어난 생존의 동료애라면, 동산고에서의 전우애는 삶의 시련 속에서 피어난 회복과 성장의 동료애였다. 우리는 서로의 힘듦을 꺼내 놓고, 함께 웃으며, 함께 견디며 '진짜 친구'가 되어 갔다. 그 친구들은 지금도 여전히 내 삶에서 가장 큰 위로가 되는 존재들이다. 비록 각자의 길을 걷고 있지만, 마음 한쪽에 단단히 자리 잡은 그 봄의 기억은 내게 말해 준다. 앞으로 어떤 어려움이 닥치더라도, 우리가 함께라면 반드시 이겨 낼 수 있을 것이라고.

황량한 우듬지에도 새순은 돋고

김생수 / 26기

　봄비가 대지를 적시며 온도가 분갈이되는 계절, 동산에서의 시절을 회상한다. 우리가 입학했던 2020년은 COVID-19 팬데믹으로 전 세계가 신음하던 시기였다. 그해 우리는 6월이 되어서야 처음 얼굴을 마주했지만, 마스크를 착용한 탓에 서로의 얼굴조차 쉽게 분간할 수 없었다. 그럼에도 사람 사는 곳이라 그런지, 청소년 시절에만 느낄 수 있는 특유의 생기와 아름다움은 사라지지 않았다. 바람이 아무리 거세도, 심지가 곧은 나무들이 모이면 강인한 숲이 되듯이 말이다.

　첫 등교 주간은 무더운 여름이었지만 간간이 선선한 바람도 불었다. 팬데믹이라는 초유의 사태 속에서 시작된 고등학교 생활은 막막했다. 나만 그런 것은 아니었는지, 반 아이들이 야간자율학습 전에 함께 중국집에 가자고 제안했다. 낯설고 낭만 없는 풍경 속에서 서로에게 기댈 수 있는 존재는 같은 반 친구들뿐이었을 것이다. 짜장면과 짬뽕을 나눠 먹고 탕수육을 함께 곁들이며 어색하게 대화를 이어 가던 그 시간의 온기는 동산이라는 공동체가 가진 특별함의 한 조각이었다. 전 세계가 바이러스로 고립되고, 사회적으로 단절되던 시대에 동산 공동체는 따뜻한 저력으로 그 황량함을 돌파해 나갔다.

　당연했던 대면 수업은 더 이상 당연하지 않았다. 대면과 비대면 수업이 병행되면서 'ZOOM'이라는 화상 회의 프로그램이 일상화되었지만, 적응은 쉽지 않았다. 화면을 응시하며 수업을 듣는 방식은 집중력이 부족하면 곧장 딴짓으로 이어졌다. 음소거 상태가 아님을 모르고 배달 음식을 주문하다 선생님께 들킨 적도 있었고, 수업 중에 친구들과 게임을 하기도 했다. 당시엔 단순히 수업이 싫어 벌인 일탈처럼 보였지만, 돌아보면 서로 기대고 싶었던 마음이 묻어 있는 행동이기도 했다.

　동산은 내게 신앙을 지키는 보루였다. 재학 3년 내내 선교부회장을 맡았던 나는 신앙 활동을 통해 동산의 또 다른 힘을 발견했다. 2021년 2학기, 문○용 교장 선생님께서 취임하신 이후 시작된 'F730 기도회'는 매주 금요일(현재는 목요일) 오전 7시 30분, 믿음(faith)으로 모여 함께 기도하는 자리였다. 나는 초대 예배팀 리더로서 그 모임을 이끌게 되었고, 매 기도회 때마다 친구들이 기도하는 모습을 마주했다.

놀라웠던 것은, 바쁜 고3 시기에도 26기 친구들이 꾸준히 기도회에 참여했다는 사실이다. 고백하자면, 나는 26기에 대한 소망을 상실한 상태였으며 그냥 이대로 허무하게 졸업하겠다 싶은 체념이 있었다. 하지만 그런 체념을 뒤엎는 진심들이 있었다. 자신의 미래뿐 아니라 반 친구들, 선생님들, 학교 전체를 위해 눈물로 기도하는 친구들이 있었고, 그들은 기도한 대로 친구를 아끼고, 선생님을 존경하며, 학교의 보이지 않는 곳에서 묵묵히 헌신했다. 이름을 모두 언급하지 못해 아쉽지만, 그들의 모습은 내게 깊은 감동을 주었다. 이처럼 동산이라는 공동체의 잠재력은 아름다웠다. 26기라는 기수에 대해 회의적이었던 나 자신이 부끄러워질 만큼.

팬데믹이라는 생채기를 고스란히 겪으며 시작된 26기의 3년에도 결국 새순은 돋았다. 야자 시간 잠시 문제집을 덮고 전교생이 함께 축구 경기를 보던 시간, 국어 시간 운동장에 나가 가을 낙엽을 바라보며 책을 읽던 순간, 수능이 끝난 후 후문 담을 넘어 중국집으로 향하던 기억…. 수련회도, 축제도, 체육대회도 한 번 경험하지 못한 26기였지만, 그럼에도 각자 자신만의 추억을 품고 살아가고 있다.

어쩌면 그들에게는 장대한 삶의 연쇄에 주저하지 않고 첫발을 내딛는 힘이 있었는지도 모른다. 따스한 봄볕에 손차양을 하며 운동장을 걸어가던 그들을 기억한다. 황량한 우듬지에도 새순은 돋았다.

모든 발걸음이 동산인답게

조민의 / 27기

　　　　　동산고에 몸담은 3년 동안 얻은 것은 학업적 성과만이 아니었다. 그 과정에서 끊임없는 나 자신과의 투쟁을 겪으며 성장한 것, 관계의 소중함을 알게 된 것, 신앙적으로 단단해진 것 등 성과보다 더 값진 경험과 가치들을 깨닫게 되었다. 졸업 이후의 삶과 동산에서의 생활이 지금의 나에게 어떠한 영향을 주었는지 이야기하고자 한다.

　동산고 졸업 이후 스무 살로 보낸 한 해 동안의 다채로운 일들 중 가장 크게 기억에 남는 것은 '몽골 의료 선교'이다. 학업에 대부분의 시간을 보낸 고등학교 3년 이후, 자유와 책임감이 동시에 크게 주어진 20대의 첫 시작을 열며 이것저것 도전해 보고 싶은 것이 많았다. 그중 하나가 선교였다. 이전에는 시간이 없다는 이유로 해 보지 못했는데, 선교가 무엇인지, 어떤 과정을 거치는지 명확히 알지도 못한 채 한국누가회라는 기독의료인 공동체에서 주관하는 활동에 무작정 지원했다.

　의료 봉사를 계획하고 여러 도구와 약품을 준비한 채 떠나기 열흘 전쯤, 한국의 선교팀과 관계를 맺는 현지 병원에서 발생한 문제로 당국의 강도 높은 조사가 이루어지며 병원이 폐쇄되어 팀이 의료 활동을 하기가 힘들어진 상황이 닥쳤다. 결국 출국을 얼마 안 남기고 사역의 방향을 의료 사역에서 문화 사역으로 전환하게 되었다. 세부적으로 연극팀, 워십팀, 팔찌 만들기 팀, 비눗방울팀 등으로 나누어 빠르게 재구성하고 준비하기 시작했다. 갑작스러운 전환에 내가 기대했던 바를 경험하지 못한다는 실망이 컸으나, 결론적으로는 아직 의학 지식이 부족한 나에게 적합한 일을 맡기셨고, 예측할 수 없는 상황의 변화 속에서 주님의 손길을 바라볼 수밖에 없게 하신 하나님의 큰 그림이었음을 깨달았다.

　몽골 땅에 도착해서 병원장 선교사님과 현지 교회를 지탱하며 애쓰시는 여러 선교사님을 만나 그분들의 이야기를 들었는데, 척박하고 시린 현실

속에서 복음을 심고 계신 선교사님들의 온화한 눈빛을 지금까지도 잊을 수가 없다. "하나님이 다 하셨어요."라는 진솔한 고백을 안고 살아가시는 선교사님들의 기도 제목은 현재 당면한 상황이 해결되는 것보다 이 가운데 있는 하나님의 뜻과 계획이 무엇인지, 그리고 갈 곳 잃은 환자들을 위한 것이었다. 그 기도에 나는 더 마음이 쓰였고, 하나님이 주시는 메시지를 더 강하게 느낄 수 있었다. 상황을 바꾸는 것보다 그 상황을 허락하신 뜻에 순종하는 믿음을 바라는 기도를 원하신다는 것을.

이러한 신앙적 교훈을 주신 점도 놀라웠지만, 선교를 통해 동산고 선배를 알게 된 것도 의미 있는 일이었다. 나는 사람과 사람을 잇는 매개체와 서로의 교집합이 무엇인지가 중요하다고 생각하는데, '동산인이라는 정체성'과 '선교'라는 공통성을 지니고 관계를 맺으며 함께 예수님을 이야기할 수 있어 좋았다. '하나님을 경외하고 이웃을 사랑하자.'라는 동산고의 이념을 실제적으로 살아 내려 애쓰는 이들과의 만남이었던 것 같아 뜻깊었고, 각자의 자리에서 건실하게 살아가는 선배들이 많다는 것을 직접 체감할 수 있어 더 뿌듯했다. 선교를 통해 살아 계신 하나님의 일하심을 경험했을 뿐 아니라, 동산고를 다시금 떠올리며 그리스도인답게, 동산인답게 살아가야 함을 되새기게 하신 하나님의 계획이 모두 감동과 감사였음을 고백한다.

따스함이 미소 지으며 찾아오는 봄날이 될 때마다 고등학교에서 보낸 세 번의 봄이 영화처럼 머릿속에서 재생된다. 중간고사가 얼마 안 남았음에도 쉬는 시간, 점심시간 가리지 않고 나가 아직은 어색한 친구들과 웃으며 사진 찍던 1학년, 1년 후 다시 보는 벚꽃의 아름다움인데도 낯설고 새로웠던 2학년, 흩날리는 벚꽃잎을 잡겠다고 뛰어다니던, 화창한 날씨에 괜히 산책로 한 번 더 돌던 3학년까지 생생히 기억난다.

비록 지금은 새로운 환경에서 구체적인 진로의 길을 걷고 있지만, 어떤 상황이 와도 해내지 못할 이유가 없다는 자신감과 하나님을 향한 굳건한 의지로 담대히 살아가는 중이다. 이러한 긍정적인 삶의 태도를 가지게 된 데는 동산고의 영향이 크다. 그래서 삶의 곳곳에서 선한 영향력을 끼치고 있는 동산인들을 볼 때면 나 또한 그러한 사람이 되어야겠다고 다짐하곤 한다. 치열하고도 행복한 기억이 깃든 동산고를 오늘도 다시 추억해 본다.

평범하지만 비범한

조보민 / 27기

"여러분을 초대합니다." 수능 한 달 전, 학급 게시판에 종이 한 장이 붙어 있었다. 특강 안내문이었다. 총 4강으로 구성된 강의는 수능 과목에 대한 보충 수업 같은 강의가 아닌 '삶'에 대한 강의였다. 맨 밑에 글을 쓰신 선생님의 성함이 한문으로 적혀 있었는데, 한 번에 오○훈 선생님이란 것을 알았다.

존경하는 선생님의 강의이기도 하고, 수능 공부로부터 잠깐 벗어나고 싶기도 했다. 그래서 매사에 까불거리는 나지만 그 시간만큼은 진지하게, 그날 배울 것에 대한 기대감으로 준비했다. 강의를 4번만 하는 것이 정말 아쉬울 정도로 강의는 참 의미 있었다. 그중 가장 기억에 남는 두 문장이 있다. "평범함 속에 비범함이 있다." 그리고 "밝되 눈부시지 말 것." 이 말을 듣는 순간 '아, 나는 이런 사람이 되어야겠다.'라고 인생의 태도를 결정했다. 이 두 문장은 오늘날도 가끔 너무 들뜨는 나를 다시 겸손하게 해 주는 문장들이다.

학교생활에 대해 아무리 생각해도 좋은 기억만 떠오르는 건 하나님과 좋은 주변 사람들이 있었기 때문이다. 특히 1학년 때, 어떤 엽기적인 일을 제안해도 웬만하면 다 들어주는 착한 친구들 덕분에 진짜 재미있는 일이 많았다. 하루는 국어 시간 전에 내가 반 친구들에게 선생님이 들어오시면 다 같이 생일 축하 노래를 크게 부르고 이런 멘트를 외치자고 했다. "매일매일이 생일처럼 행복하시길!" 나도 정말 내가 왜 그랬는지 잘 모르겠다. 하지만 그것이 신입생의 패기 아닌가 하는 생각도 든다. 국어 선생님의 답은 아주 환한 미소였다. 조금 감동 받으신 것 같기도 했다. (아닐 수도 있다.)

바로 그거였다. 나는 항상 모두가 행복하길 원했던 것 같다. 삶이 우리에게 레몬을 줘도 한번 씨익 웃어 주고 레모네이드로 갈아 마셔 버리는 깡과 약간의 억지, 거기서 오는 재미. 결국 MBTI가 무조건 'I'임을 100% 확신하는 그 선생님께 우리는 사랑 얘기와 자작시도 들을 수 있었다.

하루는 어머니께서 직접 캐신 쑥으로 떡을 뽑아 주셔서 아침부터 학교에 따뜻한 떡 상자를 들고 등교한 적이 있다. 반 친구들도 먹고, 선생님들도 드셨다. 반응이 아주 뜨거웠다. 또 다른 날은 참치김치 삼각김밥을 싸 주셔서 아침을 안 먹은 친구들이 든든하게 먹을 수 있었다. 친구들이 기억하는 나의 좋은 모습들은 사실 어머니의 사랑에서 온 것이었다.

그림 감사하다고 우리 어머니 생신에 편지를 써 드리는 그 친구들은 어떤 친구들이냐 하면, 나에겐 친구이자 선생님이다. 3년 동안 치열함이 무엇인지, 꾸준함이 무엇인지 직접 옆에서 보고 배우게 해 줬다. 이때 만난 친구들은 현재 전국 팔도에 각각 흩어져 있지만 여전히 서로가 서로에게 존재 자체로 힘이 되고 있다.

마지막으로 좋은 '선생님'들을 만났다. 선생님보단 스승님이란 표현이 더 잘 어울리는 것 같기도 하다. 그분들에게 정말 많이 배웠다. 수업해 주시는 내용뿐만 아니라 그분들의 삶을 통해. 모든 분이 나의 멘토이자 롤모델이셨다. 이렇게 동산고에서 보낸 모든 날이 나 혼자서 이룬 것들이 아닌, 언제나 좋은 사람과 함께 이룬 거였다.

예수님을 믿지 않는 친구들도 동산고는 좋았다고 얘기한다. (진짜다.) 나는 갈수록 사람들은 이기적으로 변하고, 학생들은 입시에만 매몰된다고 문제 삼는 이 세상에서 아니라고, 이런 곳도 있다고, 그리고 어디든지 이런 동산고 같은 곳이 될 수 있다고 말하고 싶다.

동산고가 정말 엄청난 엘리트 학교에 늘 좋은 일만 있는 건 아니다. 하지만 학생들을 위해 '항상' 기도하시는 선생님들이 계시고, 똑같아 보이는 학생들 속에서도 무던히 노력하며 짠맛과 빛을 내는 학생들이 있다. 결국 그런 아무것도 아닌 것 같아 보이는 것들이 이 주변을 조금씩 바꾸며 학교를 지탱하고, 학교를 떠나더라도 있는 그 자리에서 빛을 내는 것 같다. 배운 대로, 평범함 속에 비범함이 있는 것처럼 말이다. 동산에서 배운 모든 것이 나의 좋은 도구, 무기가 되었다. 동산에 다닐 수 있어서 진심으로, 정말 감사했다.

이팔청춘

조은비 / 28기

제일 최근에 졸업한 졸업생으로서 지난 학교생활을 중점적으로 떠올려 보고자 한다. 처음으로 부모님의 곁을 떠나 기숙사 생활을 하며, 매주 입사일마다 울고, 방에 혼자 있을 때 친구 몰래 울고, 집에 와서도 힘들다고 울어 부모님께 차라리 학교 자퇴하라는 소리도 들었다.

그러다 친구의 손에 이끌려 F730 기도회에 가게 되었다. 찬양 리스트도 좋았고, 문○용 교장 선생님의 설교도 좋았지만, 인도하시던 26기 선배님의 간증과 기도가 마음을 열어 주어 주님 앞에 처음으로 눈물의 기도를 드렸다. 이후 기도회의 예배팀을 모집한다는 소리에 바로 지원해 합격했고, 제자훈련을 받은 뒤 예배팀으로 섬기며 하나님의 인도하심을 조금이나마 깨닫게 되었다.

이렇게 얻은 자신감을 통해 2학년이 되었을 때 기숙사의 사생단과 학생회에 지원했다. 신기하게도 합격해 사생단으로 활동하며 섬기고 헌신하는 법을 배웠고, 학생회로서 교내 행사마다 참여하며 협동하는 방법을 배우고 사회성을 기르게 되었다. 이 헌신의 마음과 협동심을 바탕으로 2학기 말부터 '라오스 비전 트립'에 지원해 단기선교를 준비했다. 28기 친구들과 29기 후배들이 함께 팀을 나눠 무언극 2개를 연습하고, 겨울 방학 전 채플에서 선교 홍보 겸 공연을 한 뒤 1월에 라오스로 출국했다.

매일 아침엔 묵상하고, 저녁엔 예배하며 하루의 선교를 준비했다. 여러 초등학교를 다니며 교육 사역을 하고, 현지 교회에서 아이들과 함께 놀고, 한인교회에서 주일 예배도 섬겼으며, 태국으로 넘어가 선교 센터에서 선교에 관해 배우고 태국 중학교에서 복음 팔찌 사역도 했다. 또한 가는 곳마다 준비한 무언극을 공연했다. 새로운 선교 센터가 세워질 자리에 모두가 손을 잡고 동그랗게 서서 찬양하고 기도했던 순간, 선선한 바람과 예쁜 노을, 좋은 사람들이 함께한 가운데 한마음으로 드린 그 기도는 평생 잊지 못할 기억이 되었다.

　라오스 사람 전부를 전도하겠다는 거창한 마음은 아니었지만, 내가 그 땅에 가서 베풀어 준다는 생각으로 떠났던 여정에서 정작 베풀거나 섬긴 것은 거의 없었다. 오히려 하나님의 사랑을 더 깊이 느끼고, 믿음의 공동체와 많은 것을 얻어 오는 경험이 되었다. 입국하는 날부터 '이런 하나님의 사랑을 나만 알고 있을 수 없다.'는 생각으로 고민하다가, 3학년에는 선교부 회장으로 섬기게 되었다.

　운이 좋은 건지 나쁜 건지, 1년 내내 단일 후보여서 3학년 내내 선교부 회장을 맡게 되었다. 말을 잘하지도 못하고 섬기는 방법도 몰라 미안한 마음을 담아 매주 반 친구들을 위해 기도했다. 경건회에 조금이라도 관심이 생기도록 유행과 접목도 시켜 보고, 간식 상자를 설치해 당 보충도 돕고, 모평을 비롯한 내신 시험과 기념일마다 작은 편지와 선물도 준비했다. 하지만 정작 나를 통해 도움을 받은 사람은 거의 없는 것 같았고, 오히려 내가 신앙의 선생님을 찾게 되어 결국 또 나만 얻어 가는 경험이 되었다.

　3년을 돌아보면 학교 등록금을 알차게 쓰겠다며 학교에 존재하는 모든 기도회와 집회에 참여했던 기억이 난다. 아무리 야자에 매일 남았어도, 정말 공부는 신경도 안 쓰는 듯한 성적으로 살았는데, 변수를 주고 싶으셨는지 나에게 '자랑스러운 동산인' 상을 주셨다. 아직도 그 이유는 모르겠지만, 그 덕분에 졸업식 날 같이 기도회를 했던 나를 알아보고 웃어 주시는 듯한 교장 선생님의 흐뭇한 미소와 교내 활동으로 맺은 소중한 인연들의 많은 축하 속에서 졸업할 수 있어 감사했다.

　내 청춘을 보낸 동산! '청춘'이란 '푸를 청에 봄 춘'으로 이루어진 단어라고 한다. 비록 눈물로 시작했지만, 그 눈물을 양분 삼아 과분하게도 여러 생명을 피워 낸 푸르른 봄이 되어 화사하게 졸업할 수 있어 감사하다. 앞으로도 나는 동산을 잊지 않고, 아름다웠던 봄으로서 그리워하며 오래 추억할 것 같다.

오늘도 주님이 맑게 하심

강지원 / 29기

일기 제목 : 봄의 동산

　　오늘은 유난히 벚꽃이 예쁘게 피고, 날씨도 따뜻하고 매우 밝았다. 꽃과 날씨가 조화를 이루는 아름다운 날이었다. 점심을 먹고 작년에 함께 동산고에서 선교를 갔던 라오스 1기 친구들과 선생님들과 함께 사진을 찍었다. 우리의 삶에 주님이 함께 계신다는 것을 선교를 다녀온 뒤 모두가 느끼고 있기에, 우리는 활짝 웃으며 사진을 찍었고, 그렇게 봄을 만끽했다. 졸업한 라오스 선교 1기 선배들도 생각나는, 그런 그리운 봄이었다.
　　7교시까지 수업이 모두 끝난 뒤, 일렉기타를 잘 치는 한 친구가 카메라를 가져와서 우리 29기 3학년 7반 단체 사진을 찍었다. 찍은 사진을 보니 다들 열정이 가득한 표정이었다. 봄이지만 고3 수험생인 그들의 열정으로, 이 봄은 마치 무더운 여름처럼 뜨거운 계절이었다. 열심히 야간 자율 학습을 마치고 집에 가려던 길에, 선교부회장 수련회에 강연을 하러 온 라오스 1기 선배들과 친구들을 잠깐 만났다. 오랜만의 만남이었고, 다들 졸업해서 학교에서 볼 수 없다는 걸 알기에 더욱 반가웠다. 짧았지만 소중한 시간이었고, 주님께서 내게 얼마나 많은 좋은 인연들을 허락하셨는지를 다시금 깨닫게 되었다.
　　고등학교 1학년 때, 진정한 행복은 가까이에 있다는 걸 알려 주신 담임 선생님. 고등학교 2학년 때, 따뜻한 마음으로 언제나 우리 반을 위해 애써 주셨던 담임 선생님. 고등학교 3학년인 지금, 수험 생활로 힘든 가운데서도 주님을 찬양하는 것이 즐거운 일임을 알려 주시며, 일상 속에서 주님의 동행을 느끼게 해 주신 담임 선생님. 수업이 끝난 후 기숙사에서 함께 앉아 이야기를 나누며, 소소하지만 확실한 행복을 함께 느낄 수 있게 해 준 남자 기숙사 29기 친구들. 1학년 때, 주님의 사랑을 말씀을 통해 전해 주시고, 평소에는 깊이 생각해 보지 않았던 부모님의 사랑을 돌아보게 해 주셨던 임 목사님. 2024년 겨울방학 때, 라오스와 태국으로 선교를 떠나 주님의 사랑이 무엇인지 함께 깨달았고, 지금도 공동체의 힘과 지속을 보여 주고 있는 라오스 1기(28기, 29기) 공동체. 우리가 사회에서 주님의 말씀을 적용하며 살아가는 방법과, 삶과 죽음에 대해 다시금 생각하게 해 주신 엄 전도사님. 730 예배를 통해 매주 목요일 아침마다 말씀으로 하루를 시작하게 해 주시는 교장 선생님. 항상 따뜻하게 대해 주고 밝게 인사해 주는 나의 짝 후배까지, 내 곁에 늘 따뜻하게 함께해 주시는 분들이 있었기에, 내가 동산고에서 열심히 생활할 수 있었다.

사랑하는 가족들과 친구들, 선배들과 후배들의 따뜻한 마음과 말들이 모여 '나'라는 사람이 외적으로도, 내적으로도 성장하게 되었다. 이처럼 동산고는 나에게 '성장판' 같은 존재다. 나도 졸업을 하고 사회로 나가서도, 동산고에서 만든 행복한 기억들과 소중한 예배의 추억들을 간직하고 살아가고 싶다.

동산고가 30주년을 맞이한 올해를 넘어서, 40주년, 50주년, 60주년까지 미래 세대가 주님의 비전과 말씀 안에서 실력 있는 신앙인으로 성장할 수 있도록, 계속해서 좋은 역할을 하는 학교가 되길 응원하고 기도한다.

그리고 오늘 벚꽃 사진을 찍으면서 문득 떠올랐는데, 최근에 졸업 앨범에 들어갈 반 단체 사진과 개인 사진을 1, 2학년들이 수련회와 현장체험학습 간 날에 촬영했다. 졸업 앨범 사진을 찍는다고 하니, '아, 이제 정말 졸업이 얼마 남지 않았구나.' 하는 생각이 들었다.

고등학교 3학년, 수험 생활로 힘들고 지칠 시기다. 10대의 마지막을 보내는 나이, 열아홉. 모두가 10대의 마지막을 후회 없이 열심히 공부하고, 하루하루를 의미 있게 보내길 기도한다. 열아홉의 우리는, 마음만 먹으면 무엇이든 해낼 수 있다. 그리고 지금 이 순간, 동산에서 보내는 우리의 열아홉이 언젠가 아름다운 마지막 장면으로 남길 진심으로 바란다. 이 글이 그 하루의 한 장면으로 오래 남기를 바라며, 조용히 일기를 마친다.

세 번의 벚꽃과 한 번의 슛

정지후 / 29기

학교에 있는 초록 농구 코트엔 늘 사람이 있다. 등굣길이든, 점심시간이든, 혹은 석식을 먹고 산책할 때도 그렇다. 이상하리만치 꾸준하고 좀처럼 변하지 않는 공간이다. 항상 지나갈 때마다 누군가가 슛을 쏘는데, 단 한 번도 성공하는 모습을 본 적이 없다는 점도 그렇다. 무슨 징크스 같은 게 있나 궁금하기도 해서 나 또한 체육 시간에 자유투 연습을 해 보았는데, 똑같이 실패했다.

이 농구 코트를 보고 있자면 가끔은 계절이 바뀐 것 같은 착각이 들기도 한다. 늘 반팔과 반바지를 입고 있는 친구들이 있기 때문이다. 그런 옷차림은 겨울이 와도 변함없어서, 마치 시간이라는 것이 이 농구 코트만 그대로 두고 나머지 공간들에만 흐르는 것처럼 보이기도 한다.

고등학교에서 벌써 2년 하고도 3분의 1 정도를 더 보낸 나로서는 지금까지 세 번 정도의 벚꽃과 눈을 본 셈이다. 그때마다 주변 친구들의 상황도, 내 심리도 조금씩 달라지곤 했다. 1학년 때는 이 고등학교에 대한 환상이 조금씩 깨져 갈 참에 벚꽃이 피었고, 우스갯소리로 친구들과 자퇴하고 싶다며 농담을 하면서도, 처음 보게 될 이곳의 벚꽃에 약간의 기대감을 갖고 개화하는 모습을 바라보았던 것 같다. 진로 발표 시간에 '학교를 폭파하는 방법'으로 흰개미를 내놓았던 기억도 난다.

반면 2학년 때는 벚꽃이 벌써 피었나 싶을 정도로 시간이 훅 지나가 버렸다. 새로 들어온 30기 친구들을 의식하는 마음 반, 사진 찍는 친구들에게 괜히 시비 거는 마음 반으로 "벚꽃 사진 같은 걸 유치하게 왜 찍느냐."고 했던 기억이 난다. 물론 그리고 집에 와서는 200장쯤 찍은 사진들을 정리하는 것도 잊지 않았다.

올해의 벚꽃에 대해 한 줄 평을 남겨 보자면, '그럭저럭'이다. 작년에 가지치기를 많이 해서 그런가 싶기도 하고, 올해 워낙 바람이 세서 많이 떨어진 점도 한몫했나 싶다. 그럼에도 고등학교 3학년이라는 시기에 맞는 벚꽃이어서인지, 평소보다 더 들뜨는 마음도 든다. 작년 이맘때 벚꽃을 보며 "내년에는 공부만 하느라 이런 걸 볼 시간도 없겠지." 했던 기억이 있는데, 그런 말이 무색하게도 지금은 오히려 전보다 더 많이 봄을 즐기고 있다.

입학하기 전 인스타그램에서 학교 벚꽃 사진을 보며, "나도 저런 사진을 찍고 싶다."고 했던 기억이 나는데, 이제는 대학생 선배들을 보며 그런 바람을 다시 반복하고 있다는 게 재미있기도 하다.

겨우 한두 살 차이지만, 다른 친구들에게 말해 줄 수 있다면 이렇게 말하고 싶다. 세 번의 벚꽃을 보며 학교를 어떻게 부술까 고민도 해 보고, 올해의 벚꽃처럼 많이 흔들려도 봤으면 좋겠다고.

다들 지나간 날에 대해 '그때 공부를 더 할걸.' 하며 후회할 거라고 생각하겠지만, 오히려 '온전히 즐기는 일'이 더 오래, 더 진하게 여운을 남긴다고 생각한다. 그래서 올봄엔, 내가 농구 코트처럼 일관되면서도 벚꽃을 볼 때마다 조금씩 나아지는 사람이었으면 한다. 그리고 기왕이면… 농구 코트에서 슛도 좀 넣어 보고.

곁에

강태이 / 30기

너를 처음 만났던 날, 나는 조금 설레고 들떠 있었어. 처음 입는 교복, 처음 마주하는 사람들, 처음 앉아 본 책상까지, 익숙하지 않은 모든 것이 신기했지. 앞으로 너와 보낼 모든 순간에 내가 어떻게 성장할지 궁금해서, 나도 모르게 간지러운 웃음이 났어.

아침마다 꼭 올라가야 하는 언덕, 알지? 처음에는 꽤 가파르게 느껴졌고, 조금만 올라가도 숨이 찼어. 그런데 이상하게도 어느 날부터는 그 언덕이 내 하루를 반겨 주는 것처럼 느껴지더라고. 무겁고 지친 생각도, 길을 걷다 보면 모두 흩어지는 듯했어. 힘들게만 느껴졌던 오르막이 이제는 오히려 내 마음을 가볍게 해 주는 곳이 되었지. 아마도 너를 보러 가는 길이라서, 그래서 그 언덕이 덜 힘들게 느껴졌는지도 몰라.

우리가 같이 보던 풍경도 기억나려나. 수업이 모두 끝나고 운동장에 가만히 앉아 있으면, 빨갛게 노을 지는 모습이 참 예뻐. 너도 그렇게 생각하지? 그 풍경을 바라보고 있으면 열심히 살아낸 하루를 위로받는 기분이 들어서, 매일 그 시간이 다가오길 기다리고 있어. 그때마다 너는 말없이 옆에 있어 주어서, 이제는 내가 바라보는 풍경 속에 너도 함께 스며든 것 같아.

5층 도서관에서 함께 야자 하는 시간도 정말 좋아. 서로 말을 하지 않지만, 모두 공부에 집중하고 있는 모습이 나에게 큰 동기부여가 되거든. 조용한 공기 속에서 나는 내 목표를 다잡고, 다시 한번 일어날 힘을 얻어. 가끔은 분위기가 조금 무겁기도 하지만, 너와 함께라서 그런지 그 속에서도 편안함을 느끼고, 더 열심히 내 할 일을 할 수 있었어.

있잖아, 나에게 좋은 사람들을 소개해 줘서 고마워. 네가 만들어 준 친구들은 아무리 작은 일도 가볍게 여기지 않고, 늘 최선을 다해. 자기보다 남을 더 생각하는 마음이 가득하고, 나를 보면 항상 밝게 웃어 줘. 지나가는 사람에게도 고개 숙여 인사하고, 무슨 일이 일어나도 긍정적으로 생각하며 하나하나 잘 해결해. 선생님들도 마찬가지야. 학생들을 위해 최선을 다해 주시고, 소중한 사랑과 관심을 나누어 주셔. 언제나 우리를 지지해 주시고 힘이 되어 주시며, 우리가 성장할 수 있도록 든든한 지원군이 되어 주셔. 나는 이런 따뜻한 사람들의 모든 모습에 영향을 받아서 예전보다 마음이 많이 자랐어. 네가 아니었다면 이 소중한 인연을 만들 수 없었을 거야.

그리고 나 자신을 믿을 수 있는 마음과 때때로 그렇지 못할 때 쉬어 갈 수 있는 곳을 만들어줘서 고마워. 너는 내가 단단해지고 올바른 생각을 할 수 있도록 그 방법들을 알려 주었어. 하지만 항상 꼿꼿하게 서 있을 수만은 없었던 나에게 하나님을 알려 주고, 마음을 내려놓고 편히 숨 쉴 수 있게 해 줬어. 그 덕분에 이제는 마음에 여유가 생겼어.

너는 언제나 묵묵히 나를, 우리를 감싸 주었어. 우리가 행복해 웃을 때는 그 웃음을 사랑스러운 듯이 바라보았고, 우리가 힘들어할 때는 다시 나아갈 힘을 주었지. 슬픔으로 가득 차 있을 때도 너는 주저 없이 따뜻한 품을 내어 주었어.

나는 네가 없었다면 지금처럼 지내지 못했을 거야. 나에게 너는, 안산동산고는 작은 씨앗이었던 나를 정성스레 키워 준 따뜻한 흙이야. 수많은 씨앗을 꽃으로 피워 내고, 이 모두가 모여 하나의 아름다운 세상을 만들어 갈 수 있게 해 주는 그런 존재야.

그 덕분에, 우리는 너 안에서 서로를 바라보며 성장했어. 너에게 배운 모든 마음을 잊지 않고 살아갈게. 우리와 함께 있어 주어서 정말 고마워. 앞으로도, 우리가 자라날 모든 순간에 함께 있어 줘.

인생이란 산과 그 안의 동산이다

이해주 / 30기

'처음부터 높은 산을 오르는 것은 어려움이 크더라.
이 인생이라는 험난하고도 험난한 산을 오르려면
시행착오가 많이 필요할 것 같더라.
그래서 고른 곳이 이 동산이다.
이곳에서는 실패해도 된다.
우리를 사랑해 주시는 하나님이 계시니까.
이곳에서는 넘어져도 된다.
완만한 이곳은 넘어져도 다치지 않으니까.
중요한 것은 네가 산을 오르고 있다는 거니까.'

인생은 양면성을 가지고 있다. 누군가 성공한다면 누군가는 실패하기 마련이다. 이러한 인생에 우리는 선뜻 발을 디디기 어렵다. 그러니 예행연습은 이곳, 동산에서 하는 것이 어떨까?

나에게 안산동산고등학교는 '만남'이라 할 수 있다. 다양한 친구들과의 만남, 좋은 선생님들과의 만남. 이 만남들이 내 시야를 넓혀 주었다. '이렇게 좋은 친구들이 있구나. 좋은 어른은 저런 분들이구나.' 하고 느꼈다.

동산고 생활을 하며 내가 특히 좋아하게 된 공간이 두 곳 있다. 하나는 동아리실, 즉 방송실이다. 방송실은 우리 방송부원의 피와 땀이 고스란히 담긴 곳이다. 울고 웃으며 수많은 일을 함께 했기에, 그곳에서의 추억은 차마 잊을 수 없다. 동료 아나운서, PD, 작가, 그리고 항상 수고해 주는 엔지니어 친구들까지 정말 고맙다고 전하고 싶다.

두 번째 공간은 나의 첫 번째 반, 1학년 8반 교실이다. 이곳은 정말 집처럼 안심이 되는 공간이라 할 수 있다. 재밌는 친구들, 최고의 담임 선생님과 함께 지낸 다양한 추억들이 그 공간에 고스란히 담겨 있다. 동산고 생활을 최고의 기억으로 만들어 준 이 만남들에 진심으로 감사하며, 항상 기도하고 있다.

동산에서의 짜릿한 경험 하나를 소개하고자 한다. 바로 큰 행사 중 하나인 '한마음 큰잔치'에서 사회를 맡았던 일이다. 선생님의 추천으로 무대에 서게 되었는데, 처음엔 부담스럽고 자신이 없어 거절하려 했다. 그리고 하나님께 물었다. "제가 이 역할을 해도 될까요? 저는 자격이 있을까요?"

그 대답을 얻기 위해, 나는 사회를 보기로 결심했다. 축제 관련 회의, 리허설 등에 참여하면서 관객이 아닌, 또 다른 시선으로 축제에 참여하는 경험은 매우 새로웠다. 축제 당일, 완벽하진 않았지만 스스로 만족할 수 있는 진행을 마칠 수 있었다. 그리고 나는 대답을 얻었다. '너는 자격이 있어.'라는 대답을.

이곳에서는 다 말하지 못한 수많은 일이 있었다. 수련회, 운동회, 학급 부스, 촛불 응원까지. 동산고에서의 모든 날은 후회 없이 값진 시간들이었다. 물론 그 속에는 여러 번의 실패와 좌절도 있었다. 그러나 처음에 말했듯, 이곳은 예행연습의 공간이 아닌가. 물론 동산고가 아니어도 괜찮다. 실패해도 괜찮다. 시의 마지막 구절처럼, 중요한 것은 당신이 지금도 산을 오르고 있다는 사실이니까.

나의 자랑이 될 동산에게

안요아 / 31기

어느덧 고등학교에서의 시간은 한 달 넘게 흘렀고, 수련회까지 다녀온 이후 나는 완전한 동산인이 되었다. 적응하는 시기를 막 지난 지금, 이 한 달 동안 내가 동산에서 얻은 것들과 고등학교 생활의 시작에 있어 느낀 것들을 써 내려가 보고자 한다.

시간은 금이다. 중학교 때부터 고등학교에 가면 시간이 없다는 말을 많이 들어 왔다. 말로만 들었을 때는 크게 대수롭지 않게 여겼는데, 고등학생이 된 지 일주일 만에 시간의 소중함이 확 와닿는 경험을 할 수 있었다. 특히 기숙사생으로서 주중 동안의 생활이 학교, 학원, 다시 학교로 이어지다 보니 입학 후 첫 일주일은 정말 힘들었다.

그렇게 한 달을 버티며, 지금부터라도 나에게, 그리고 나와 비슷한 상황에 있는 이들에게 되새기고 싶은 말이 있다. 미루지 말자. 시간을 계획 있게 활용하는 것은 결코 쉬운 일이 아니다. 나처럼 계획적인 사람이 아니거나, 막막함을 느끼는 사람에게는 더욱 그렇다. 그래도 시간은 금이기에, 꼭 마음에 새겨야 할 첫 번째 마음가짐은 '미루지 않는 것'이다. '좀 있다가', '나중에', '조금만 더'라는 생각으로 시작한 미루기가 끊이지 않으면, 결국 '조금 더 해 줄 미래의 나'는 존재하지 않을지도 모른다. 나중을 위한 게 아니라 지금을 위한 선택이라는 걸 기억해야 한다. 지금 노력하는 것이 결국 자신을 성장시킬 수 있다고 믿는다.

짧은 시간 동안 뼈저린 현실을 마주하고, 정신없이 흘러가는 시간에 완전히 적응하지는 못했지만, 그 시간 안에서도 얻은 것은 많았다. 그중에서도 동산에서 얻은 가장 값진 것은 소중한 인연이었다. 나에겐 수련회가 그 인연을 가장 크게 느낄 수 있었던 순간이었다고 생각한다.

수련회에서 친구들을 안아 주고, 기도하고, 서로에게 사랑한다고 말했던 순간은 지금도 떠올리면 벅차오른다. 나를 위해 기도해 주고, 사랑한다고 말해 줄 수 있는 사람이 세상에 얼마나 있을까? 단언컨대, 그리 많지 않다. 그런 사람들을 나는 동산고에서 만났다. 정말 감사한 일이다. 나 또한 그들에게 좋은 사람이 되고 싶다고 생각했다. 앞으로 소중한 이들과 함께할 동산에서의 3년이 기대된다.

모의고사가 끝난 직후, 충격에 빠진 우리 반에게 담임 선생님께서 해 주신 성경 말씀이 있다. "네 시작은 미약하였으나, 네 나중은 심히 창대하리라." 나에겐 이 말이 정말 인상 깊게 다가왔다. '나중'이 언제일지는 모르지만, 동산고에서의 3년이 언젠가의 창대함을 위한 길이 될 것이라는 믿음이 생겼다.

그런 의미에서 나에게 동산고는 '강'이다. 강은 물의 의지대로만 흐르지 않지만, 앞은 항상 열려 있고, 그 끝은 바다로 이어져 있다. 우리 모두 이곳에서 어느 정도의 불안과 막막함을 품고 살겠지만, 그 이상의 소중한 추억과 경험을 쌓을 것이고, 결국에는 자랑스러운 동산인으로 성장하게 될 것이다. 그렇게 우리는 어떻게 흘러갈지 모르지만 함께 섞이고, 밝은 햇빛을 받으며 아름다운 윤슬을 피워 내는 중이다.

입학 원서를 제출하는 순간까지도 이곳이 나의 길이 맞을까 고민하고 불안해하던 나였다. 막상 한 달을 보내고 나니 만만치 않은 고등학교 생활에 앞길이 막막해지면서도, 이 글을 쓰다 보니 동산고에 오길 참 잘했다는 생각이 든다.

"하나님의 은사와 부르심에는 후회하심이 없느니라." 짧은 동산고 생활 동안 내 마음에 깊이 새겨진 구절이다. 그렇기에 나 또한 동산을 선택한 것에 대한 후회는 없다. 앞으로의 고등학교 생활에서 이번 한 달간보다 몇 배는 더 힘든 일들이 찾아올지도 모른다. 그렇지만 나는 흘러가는 물처럼, 바다를 향해 나아가는 강물처럼, 나의 자리에서 나의 일을 유유히 해 나갈 것이다. 그리고 언젠가, 나는 동산을 '나의 자랑'이라 부를 것이다.

동산, 봄, 다시, 계속

임성율 / 31기

안산동산고 5층 도서관에서 창문 밖 노을빛에 밝게 빛나던 벚꽃을 본 적 있는가? 그 아래, 벚꽃 못지않은 환한 미소로 삼삼오오 모여 사진 찍는 학생들의 모습을 본 적 있는가? 나는 보았다. 그리고 그들을 따라 담뿍 미소 짓던 나, 그리고 옆 친구의 모습을 통해 다시 보았다. 새삼스러웠다. 학교가 이렇게 아름다웠는지, 학교가 이토록 따뜻했는지 말이다.

중학교 생활 당시 나는 동산고를 크게 고려하지 않았다. 그러나 학교 소개를 해 주시는 선배와 선생님들을 보고 나는 이 학교에 꼭 가겠다고 다짐했다. 동산고는 나에게 봄 같은 공간이자, 추억이 되어 줄 것 같았다.

죽은 나무와 겨울에 가지만 남은 나무의 차이를 아는가? 겨울의 나무에게는 봄이 있다. 봄은 '다시'라는 기회와 용기, 힘을 선물한다. 안산동산고도 마찬가지다. 예수님을 통해 겨울에 남아 있는 학생들에게 봄이라는 '다시'를 보여 주고, 그곳에서 경험할 추억은 마음속 푸릇한 새순을 돋게 한다. 고로, 나에게 안산동산고는 봄이다.

입학 날이었다. 7시에 도착한 학교는 나를 차갑게 맞이하는 것 같았다. 학교는 높았고, 계단은 계속되는 것 같았다. 첫 교복으로 인한 불편함이었는지, 새로운 공간에 대한 긴장감이었는지, 고등학교 생활에 대한 두려움이었는지, 아니면 모두였는지 모르겠지만 확실한 것은 내가 학교를 차갑게 대했다는 것이다.

반면, 친구들과 선생님, 학교의 모든 공간은 나를 반갑게 맞이했고, 앞으로 있을 동산고에서의 모든 순간을 응원하고 있었다. 나는 학급에서의 자기소개,

입학식에서의 교장 선생님 말씀을 들으며 점차 적응해 나갔다. 참 좋았던 것은 학생 누구에게나 인사를 해도 환하게 웃으며 받아 준다는 것이었다. 이를 통해 인사를 중요하게 여기는 동산고의 뜻을 알게 되었고, 인사가 일상화되는 것이 받는 사람뿐만 아니라 하는 사람의 기분도 좋게 만든다는 것을 느꼈다.

수련회도 기억이 난다. 3박 4일의 일정을 따라가며 힘들기도 했지만, 그 속에서 다시는 없을 소중한 경험을 했다. 아름다운 풍경을 보며 탔던 레일바이크, 한과 고통이 담겨 있는 정선아리랑, 여러 차례 도전한 강강술래, 행군하며 먹었던 비빔밥, 선생님이 냄새나는 학생들의 발을 정성스레 씻겨 주셨던 세족식 등 꿈만 같고 되새기고 싶은 순간들이었다.

그러나 그 속에만 멈춰 있으면 안 된다. 그 추억들은 먼 곳의 불빛이 되어, 완전히 멈추는 것이 아니라 잠시의 쉼이 되고 계속된 진전의 존재로 남아야 한다. 앞으로의 3년이 어떨지는 잘 모르겠지만, 고교 생활을 통해 넘어지더라도 다시 일어날 힘을 길렀으면 좋겠다. 나 스스로에게 "잘해 왔고, 잘하고 있고, 잘할 것"이라 격려하며 나아갔으면 좋겠다.

또한, 동산고에게 부탁하고 싶다. 동산고를 원망하고 후회할 수도 있겠지만, 힘들던 수업 끝에 꿀 같은 급식 시간이 오면 그 힘듦은 사라지듯, 결국에는 가장 좋은 학교이길 바란다고. 잘 부탁한다.

학부모

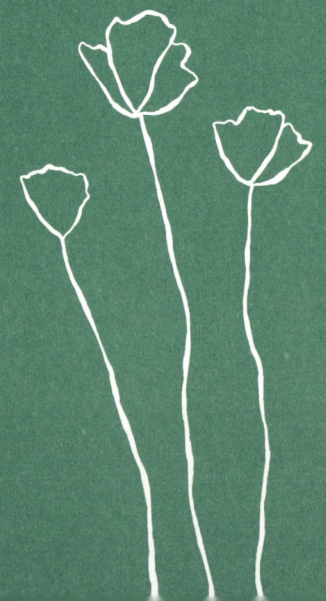

아이를 보내며, 기도를 심은 사람들
동산의 학부모는 자녀를 단지 맡긴 이들이 아닙니다.
아이가 자라는 동안 기도로 동행하고, 눈물로 헌신하며,
신앙으로 다음 세대를 세운 믿음의 동역자들입니다.
이들의 이야기는 곧 사랑의 또 다른 이름입니다.

하나님의 인도하심 속에 걸어온
동산고와의 동행

계대정 / 8기 계명화, 10기 계형일 아버지

서울이 고향인 나는 공기업의 지방 근무를 마치고 안산에 잠시 거쳐 갈 생각으로 머물게 되었다. 그러다 1992년 사리역 앞 아파트 단지를 분양받았고, 1995년 2월 지금의 집으로 이사하게 되었다. 그때만 해도 이곳에서 이렇게 오래 살게 될 줄은 몰랐다. 되돌아보면 모든 것이 하나님의 인도하심이었다고 고백하게 된다.

입주한 다음 달인 1995년 3월, 안산동산고등학교가 개교했다. 당시 출석하던 교회는 서울에 있었지만, 동산고가 안산동산교회에서 설립한 학교라는 사실과, 설립자인 김인중 목사님의 건학 이념을 알게 되며 자연스럽게 관심을 갖게 되었다. 그리고 그때부터 언젠가 자녀들이 이 학교에 진학할 수 있기를 기도하게 되었다.

감사하게도 첫째 딸은 동산고 8기로, 중학교 시절 학업 성적이 우수해 비교적 수월하게 입학할 수 있었다. 둘째 아들은 10기로 입학했는데, 입학까지 여러 우여곡절이 있었지만 하나님의 은혜로 길이 열렸고, 결국 두 자녀 모두 동산고를 졸업하게 되었다. 지금 두 자녀는 각각 결혼하여 두 명의 자녀를 두고 신앙 안에서 행복한 가정을 이루며 살아가고 있다. 그들의 삶 속에서 동산고를 통해 형성된 믿음의 가치관과 정체성을 확인할 수 있음이 참으로 감사하다.

무엇보다 우리 자녀들이 그렇게 자라날 수 있었던 것은 믿음의 본을 보이며 헌신적으로 가르쳐 주신 선생님들 덕분이다. 그분들의 사랑과 수고 속에서 우리 아이들은 하나님의 주권을 삶의 중심에 두고 성장할 수 있었다.

나에게는 동산고에 대한 특별한 기억 두 가지가 있다. 첫 번째는 2017년, 우리 교회(당시 20교구, 현재는 15교구)의 협력 선교사로 섬기셨던 윤○열 선교사님 가정의 이야기다. 그해 봄, 교구 비전트립을 통해 선교사님의 헌신을 알게 되었고, 여름에는 선교사님 가정을 한국으로 초청해 함께 시간을 보냈다.

당시 선교사님의 둘째 자녀는 중국에서 중학교를 졸업한 상태였는데, 동산고의 신앙적 분위기를 접하고 이곳에서 공부하고 싶다는 소망을 품게 되었다. 내가 당시 선교사님의 후원회장을 맡고 있었기에, 여러 복잡한 서류를 함께 준비하며 입학을 위해 기도하고 도왔다. 그 결과, 2018년 이 학생은 기적적으로 동산고에 입학하게 되었다. 영어와 수학을 제외한 모든 과목에서 최하위권이었던 그는 하나님의 도우심 속에 학업을 이어 갔고, 2021년 연세대학교 컴퓨터과학과에 입학해 2025년 2월 무사히 졸업을 했다.

두 번째 기억은 2023년, 사동에 위치한 '알이랑 M센터'에서 한국어 교사로 봉사하던 중 알게 된 고려인 가정의 이야기다. 우크라이나-러시아 전쟁으로 인해 많은 고려인 후손들이 안산에 정착하게 되었고, 그중 러시아에서 고려인을 대상으로 목회하던 유리 목사님의 가정도 한국에 들어오게 되었다. 그의 넷째 아들이 동산고 입학을 희망했고, 진학 담당 선생님의 친절한 안내 덕분에 결국 극적으로 입학이 이루어졌다. 동산고가 이처럼 나그네 된 이방인을 품어주는 학교라는 점에서, 나는 다시금 이 학교가 하나님의 사랑을 실천하는 기관임을 깨닫게 되었다.

지금 우리나라는 인구가 줄어들고 있지만, 동시에 해외에서 많은 동포들이 입국하고 있다. 그들 중 자녀들이 신앙 안에서 교육받기를 원한다면, 동산고가 그 문을 더욱 넓히고 '선교적 학교'로 확장되어 간다면 어떨까. 해외에 나가지 않아도, 이 땅에서 복음을 전할 수 있는 통로가 될 수 있다고 믿는다. 그것은 곧, 동산고가 복음 전파의 사명을 감당하는 학교로서 더욱 귀하게 쓰임 받는 길이 될 것이다.

동산고를 통한 자녀 교육과 특별한 만남, 그리고 하나님께서 이끌어 주신 모든 여정은 내 인생에 큰 은혜로 남아 있다. 이 모든 영광을 하나님께 올려 드린다.

동산고에 환한 벚꽃이 필 때

김경옥 / 6기 오진호, 12기 오재호, 17기 오지현 어머니

동산고등학교. 이름만 떠올려도 가슴이 뭉클하고 감동이 밀려온다. 하나님께서 계획하시고, 김인중 목사님의 비전으로 안산 땅 위에 꿈이 피어나게 하신 학교. 그 시간들을 떠올릴 때마다 다시 한번 하나님께 깊은 감사를 올리게 된다.

1987년 남편의 연수원 발령으로 첫째 아이를 데리고 안산으로 이사를 왔다. 1988년부터 동산교회를 다니기 시작했고, 1990년쯤 원로 목사님께서 고등학교 설립에 대한 비전을 선포하셨다. "안 산다, 안 산다." 하던 안산에서 아이들의 꿈과 희망을 품고, 기도하며 고등학교 설립을 준비하셨던 그 모습이 아직도 기억이 난다.

당시 우리 가정은 3년 뒤 서울로 다시 발령받을 줄 알고 있었기에 깊이 관여하진 못했지만, 목사님의 열정에 마음을 보태며 조용히 기도하고 있었다. 그러던 중 1995년 기적처럼 안산에 사립 고등학교인 안산동산고등학교가 설립되는 것을 직접 눈으로 목도하게 되었다. 목사님께서는 최고의 실력과 믿음을 갖춘 선생님들을 모시기 위해 열정을 다하셨고, 국공립 학교들의 견제와 여러 어려움 속에서도 5월, 벚꽃이 흐드러지던 계절에 드디어 개교의 문이 열렸다. 기독교계에서도 유례없이 학생과 동산교인 1:1 매칭 기도 후원도 시작되었다.

그해, 우리 가정에는 95년 8월생 아이가 태어났다. 그 순간 우리 아이들을 동산고에 보내고 싶다는 소망이 싹텄다. 하지만 시간이 갈수록 동산고는 입소문을 타고 전국적으로 알려지기 시작했고, 입학 경쟁이 점점 치열해졌다. 이제는 보내고 싶어도 웬만큼 공부하지 않으면 지원서도 쓰지 못하는 상황이 된 것이다. 심지어 일부 교인들은 자녀를 보내기 위해 서울에서 안산으로 이사해 올 정도였다.

우리 집은 서울 발령이 늦어지면서 큰아이가 고등학교 입시를 준비하게 되었고, 당시 서부권 중학교를 다니던 아이가 동산고에 지원한다고 하자 교장 선생님까지 나서서 말릴 정도였다. 떨어지면 다른 도시로 가겠다는 마음으로 간절히 기도하며 원서를 넣었고, 발표날까지 애를 태우며 간절히 기다렸다. 그리고 드디어 주위 교인들의 응원과 기도 속에서 제6회 입학생이 되는 기쁨을 누리게 되었다.

큰아이가 동산의 교정을 밟는 3년은 그 자체로 큰 은혜의 시간이었다. 그 후 7년 터울이 나는 둘째가 고등학교에 진학할 시기가 되었다. 그사이 동산고의 위상은 전국구 수준으로 더욱 높아졌고, 입시는 더 치열해졌다. "정원의 맨 끝이라도 괜찮으니, 합격만 하게 해 주세요." 하는 간절한 기도뿐이었다. 그 기도의 응답으로 둘째 아이도 동산고에 입학하게 되었고, 그 순간 나는 안산에서 살리라는 결심을 했다. 그래서 둘째의 학창 시절에도 화요 학부모 기도회에 사명을 품고 빠지지 않고 참석했고, 교회에서 맡겨지는 모든 일에 순종하며 섬겼다.

둘째까지 졸업하고 끝인 줄 알았는데, 마지막 막내딸이 중학교에 다닐 무렵 동산고가 자율형 사립고로 전환되었다는 소식을 듣고 마음이 무너졌다. "이제는 우리 딸이 이 높은 문턱을 넘을 수 있을까?" 하지만 지금까지 그래 왔듯, 이번에도 기도 외에는 할 수 있는 일이 없었다. 하나님께 맡기고 다시 한번 간절히 기도했다. 그 기도 끝에, 막내딸도 동산고에 입학하게 되었다. 아이 셋 모두가 이 학교를 졸업할 수 있었다는 것, 그 자체로 엄마로서의 인생 최대의 간증이자 기쁨이다.

아이들이 학교에 다니던 시절, 지금도 가장 기억에 남는 한 장면이 있다. 고3 여름방학이던 어느 날, 학교에서 공부하는 아이들에게 뭔가 해 주고 싶은 마음이 들었다. 대표 엄마와 함께 제과점에서 업소용 제빙기를 빌리고, 얼음과 빙수 재료를 준비해 직접 학교로 찾아갔다. 현장에서 바로 얼음을 갈아 아이들에게 빙수를 만들어 주었다. 우리 아이 반은 물론, 옆반 아이들까지 함께 먹으며 깔깔 웃던 그 모습이 아직도 생생하다.

우리 세 자녀가 동산선교원을 거쳐 동산고등학교를 모두 졸업할 수 있었다는 것은 하나님의 은혜이자 엄마로서의 가장 큰 간증이다. 앞으로도 안산에서, 대한민국에서, 그리고 세계 곳곳에서 하나님께 영광을 돌리는 귀한 인재들이 동산고를 통해 더욱 많이 배출되기를 간절히 기도한다.

동산 공동체와 함께한 21년의 이야기

김기삼 / 27기 김태훈 아버지

매년 4월, 벚꽃이 활짝 피는 계절이 되면 '안산동산고등학교'의 관중석 교정에서 열렸던 바비큐 파티가 떠오른다. 그 자리는 안산동산교회 영어예배부에서 주관했던 특별한 행사였다. 당시 아들은 초등학생이었고, 우리 아들도 언젠가 이 학교에 다니면 좋겠다고 나는 조용히 마음속으로 생각했다. 그 바람은 단순히 아름답게 핀 벚꽃 때문만은 아니었다. 본오동이 내려다보이는 멋진 위치, 그리고 신앙 안에서 아이를 양육하고 원하는 대학에 진학시킬 수 있을 거라는 막연한 기대감 때문이었다. 그런데 그 막연했던 상상은 어느새 현실이 되었다.

아들의 중학교 시절은 그야말로 질풍노도의 시기였다. 한번은 친구들과의 다툼에 휘말려 선생님께 불려 가기도 했다. 지나고 나니 다 별일 아닌 일들이었지만, 그 시기에는 여러 고민과 걱정이 많았다. 아들은 친구들과 어울리기를 누구보다 좋아하는 아이였다.

그러던 중 시작된 코로나 팬데믹은 아이의 삶에 의외의 변화를 가져왔다. 친구들과의 관계가 일시적으로 멀어지면서, 자연스레 학업에 집중하게 되었고, 학년 말에는 어느 고등학교에 진학시킬 것인지 고민이 깊어졌다. 마침 동산고에 입학할 수 있는 상황이 만들어졌고, 여러 우여곡절이 있었지만 동산고에 입학하게 되었다.

하지만 현실은 녹록지 않았다. 1학년 1학기 중간고사에서 받은 내신 등급은 3년 내내 크게 달라지지 않았다. 경기도 전역에서 모인 우수한 학생들 속에서 내신을 끌어올리기란 결코 쉬운 일이 아니었다. 결국 우리는 내신 중심의 수시에서 정시 지원으로 방향을 전환했고, 모의 수능 점수도 점차 안정적으로 나왔다. 3학년 2학기쯤엔 '이제 우리도 대학에 갈 수 있겠구나.' 하는 기대가 생겼다.

그 무렵 교회에서는 '동산 비전 인문 아카데미(동빈)'에서 자원봉사 선생님을 모집했다. 나는 이런 마음으로 지원했다. '내가 교회에서 봉사를 하면, 하나님께서도 우리 사정을 아시고 도와주시겠지.' 그러나 기대와는 달리, 11월 수능 결과는 마음먹은 대로 되지 않았다. 그다음 해 아들은 재수를 시작했다.

그해 1월부터 11월까지, 나는 매일같이 학원에 데려다주고 데려오는 생활을 반복했다. 오가는 길에 무슨 이야기를 해야 할까 고민이 많았지만, 공부 이야기는 하지 않기로 했다. 그럴 때마다 떠올랐던 것은, 아들이 고등학교 시절 3년 동안 했던 동빈 활동이었다. 아들에게 억지로 읽히던 책들을 이제는 내가 읽기 시작했다. 서로의 공통 분모가 생겼고, 그 책을 이야기하며 아들과 함께 재수의 시간을 견뎌 냈다.

그리고 2024년 11월 15일. 다시 수능 시험장에 아들을 데려다주고 돌아오는 길. 시험을 마친 아들을 다시 차에 태웠을 때, 그 짧은 귀갓길이 마치 서울에서 부산까지 이어지는 듯 길게 느껴졌다. 나는 말을 아꼈다. 혹시 또 안 좋은 결과일까 봐, 조심스러웠다. 그런데 그날 밤, 가채점 결과가 나왔다. 역대 최고 점수였다. 그리고 아들은 원하던 대학에 합격했다. 그때의 감격을 이루 말할 수 없을 것이다.

2004년 안산에서 결혼 생활을 시작하면서 만난 동산교회. 그리고 교회와 함께했던 동산고 바비큐 파티, 아들의 입학과 졸업, 우리가 함께 나눈 동빈 이야기, 그리고 뜻밖에 얻은 '재수'라는 인생 수업. 이 모든 것들이 지금 돌아보면 하나의 드라마처럼 생생한 기억으로 남아 있다. 내 인생을 주관하시는 하나님, 그분의 섭리와 인도하심을 믿기에 앞으로 펼쳐질 새로운 시간 역시 기대하게 된다. 아마 다음 이야기 역시, 또 한 편의 멋진 드라마가 되어 나의 삶에 남겨질 것이다.

동산고와 나

김영관 / 4기 김남현 아버지

　　나는 복음을 모르고 살아온 사람이다. 반공(反共)과 성공주의적 가치관 속에서, 정의롭고 공정한 사회 규범을 지키는 것이 인간의 기본이라 믿으며 살아왔다. 안산에 자리 잡은 지 41년, 늦둥이 외아들 하나를 키운 평범한 부부로서, 나는 평생을 공직과 은행 업무에 몸담은 뒤 조용히 은퇴했다. 그러나 내 삶의 후반부에서 안산동산고등학교라는 특별한 공동체를 만나게 되었고, 그곳에서 학부모로서의 책임을 넘어서, '봉사'라는 이름의 또 다른 인생을 살게 되었다.

　　나는 한때 교사 화장실에서 담배를 피우던, 소위 '불량한 학부모'였다. 하지만 내 아이가 다니는 학교를 위해, 학부모의 요청을 따라 자질도 없으면서 3대 육성회장을 맡게 되었다. 마음 깊은 곳에 늘 '무엇을 남길 수 있을까'라는 물음이 있었고, 마침내 하나님의 십계명에서 착안한 동산고 교훈비 건립을 결심하게 되었다.

　　직접 채석장을 찾고, 석공과 함께 숙식하며 경북 영주에서 돌을 골랐다. 충북 제천에서 석재를 다듬고, 학교가 제공한 글귀를 새긴 뒤, 중장비를 동원해 설치까지 마쳤다. 이 모든 과정은 학부모들의 자발적인 헌신과 후원으로 이루어졌고, 설비 업체, 기술자들 모두가 자신들의 시간과 자원을 아낌없이 내어 준 결과였다. 특히 체육관 건립에는 고급 석재 전체를 원가로 시공해 준 기술자 5명의 헌신이 있었고, 화장실 세면대, 스테인리스 위생 제품 일체는 대○산기(주)에서 무상으로 제공해 주었다. 시설 하나하나에 사람들의 마음이 담긴 학교였다. 체육대회 날이면 학부모들이 모여 즉석에서 간식을 조리하고, 그것을 원가로 제공하며 학생들의 웃음을 지켰다. 급식 봉사도 빼놓을 수 없다. 고3 학생들에게는 교실 앞까지 도시락을 날랐고, 1·2학년은 식당에서 배식하며 모든 아이가 소외되지 않도록 세심하게 챙겼다.

우리 손으로 만든 작은 수고들이 학생들의 하루를 바꾼다는 마음으로 움직였다. 그 봉사의 마음은 자연스럽게 학교 밖에까지 확장되었다. 동산고 학부모들은 지역 사회를 위해 헌신하며, 학교의 울타리 밖에서까지 빛이 되었다. 1997년 IMF 직후, 일본의 베스트셀러『한국, 한국인 비판』의 저자 이케하라 마모루를 초청해 강연회를 열었고, 이는 그의 첫 한국 강연으로 큰 반향을 일으켰다. 치안이 불안했던 시기에는 6명의 학부모가 심야 방범대를 조직해, 경찰과 합동 순찰을 돌기도 했다.

이 모든 활동은 단순한 학부모 참여를 넘어선, 하나의 신앙적 헌신이었다고 생각한다. 당시 함께했던 4, 5, 6회 학부모님들의 열정이 없었다면 결코 가능한 일이 아니었고, 25년이 지난 지금도 나는 그분들께 진심으로 존경을 보낸다. 그리고 나는 믿는다. 동산고가 오늘날까지 이렇게 든든하게 선 것은, 이름 없이 헌신했던 이들의 기도와 손길이 그 기초였음을.

이제 나는 여든을 넘긴 나이에 다시 신앙 앞에 섰다. 방황하던 한 양(羊)이 주님의 문을 두드리듯, 요한계시록 3장 20절을 묵상하며 다시 그분께 돌아가고 있다. 그래서 나는 오늘도 동산의 자녀들에게 부탁하고 싶다. 하나님의 전당에서 자란 여러분은, 세상의 '빛과 소금'이 되어야 한다. 그 명예를 지켜 내길 바란다. Forever DongSan Christian HighSchool

아이들의 찬양이 들리던 동산고의 아침

김향숙 / 8기 김빛이라, 10기 김별이라 어머니

샬롬!

하나님의 간섭하심이 참으로 놀랍다는 것을 늘 느껴 왔지만, 두 딸이 안산동산고에 차례로 입학한 일은 잊지 못할 주님의 은혜다. 가족처럼 지내 온 친한 선교사님께서 김인중 목사님의 동산고 설립 취지를 소개해 주시며, 함께 동산고를 처음 방문했던 그날이 아직도 생생하다.

맨 먼저 '하나님을 경외하고 이웃을 사랑하자'는 교훈이 눈에 확 들어왔다. 낯선 학교에 들어섰을 때, 복도에서 지나치던 학생들이 어쩌면 그리 밝게 인사하는지, 그 미소에 깜짝 놀랐다. 입학 상담을 위해 들어선 교무실에서 만난 선생님들의 온화한 표정, 따뜻하고 겸손이 느껴지는 말씀들에 다시 한번 놀랐다. '듣던 대로 뭔가 다른 학교구나.' 하고 생각했던 순간이었다.

동산고는 정말 달랐다. 학생들에게 가장 민감하고도 중요한 3년의 시간을, 경쟁보다는 함께 가는 길로 인도해 주시는 모습이 인상 깊었다. 경쟁과 입시 지옥의 길로 여겨질 수 있는 수험 생활 중에도, 모여 기도하며 예배하는 모습들이 참으로 아름다웠다.

우리 자녀들은 동산고 생활을 시작하면서, 학교에서 알게 된 멋진 친구들의 이야기들을 들려주며 늘 놀라워했다. 일상 속에서도, 지친 학업 중에도 주님을 향한 기도와 찬양을 잊지 않는 선후배 동료들과 선생님들을 곁에서 지켜본다는 것은 아이들이 또 다른 깊은 신앙의 길로 들어서는 문이 되어 준 것 같다.

아침 일찍 교문을 지나칠 때면 마주하던 학생들의 찬양이 지금도 귀에 들리는 듯하다. 과도한 사교육 현장에 있었더라면, 그저 부모의 불안감에 휘둘렸을지도 모를 그 시간을, 동산고라는 울타리가 잘 지켜 주었다고 생각한다. 아이들 스스로 자기 주도적인 학습을 해 나가며 수험 생활을 마친 것에 늘 감사한 마음이 든다. 무엇보다 지혜의 근본이 되시는 하나님을 알아가도록 몸소 실천하며 보여 주신 모든 선생님의 헌신에 깊이 감사드린다.

하나님을 알고 사람을 세우는 것이 힘이다. 바로 세워진 그 한 사람이 이웃을 구한다. 이제 개교 30년이 된 동산고에 몸담았던 내 자녀들은 각각 귀한 자녀를 낳아 기르며 각자의 분야에서 열심히 일하고 있다.

많은 사람의 기도와 사랑, 그리고 물질로 설립된 동산고에 사랑의 빚진 자임을 깨닫고, 하나님을 경외하며 이웃을 사랑하는 자들로서 다음 세대를 세우는 동산인들이 되기를 기도하며 응원한다.

공부는 꼴찌 해도 괜찮아!

박은희 / 20기 전지수 어머니

자녀가 동산고에 지원하던 당시, 동산고는 '공부 잘하고 선행학습이 철저한 학생들이 가는 학교'라는 인식이 강했다. 어릴 적부터 억압 없이 자유롭게 자란 아이를 생각할 때, 동산고의 생활은 분명 쉽지 않을 것 같았다. 그건 아이 자신도, 우리 가족도 같은 마음이었다. 그러나 한 가지는 분명했다. 믿음 안에서 하나님과 동행하며 생활할 수 있는 유일한 곳, 그건 바로 동산고라는 사실이었다. 그래서 나는 딸에게 담담히 말했다.

"지수야, 동산고에서 공부는 꼴찌 해도 괜찮단다. 그러나 하나님과는 꼭 동행하며 지내길 바란다."

중학교에서 늘 성실하게 공부하며 1등을 놓치지 않던 지수는 기대와 달리 동산고 입학 후 첫 중간고사에서 큰 좌절을 경험했다. 스스로도 실망이 컸고, 부모로서도 마음이 아팠다. 그러나 지금 돌아보면, 그 시간은 하나님께서 지수에게 겸손함을 가르치고, 기도하게 하신 축복의 시간이었다.

그 시기, 학교를 순찰하시던 '후집사님'에게서 들은 이야기가 있다. 밤마다 기도실을 찾는 한 학생이 있다는 것, 늦은 시간까지 무릎 꿇고 기도하는 그 아이가 바로 지수라는 사실이었다. (참고로 '후집사님'은 성이 '후'씨인 줄 알았으나, 늘 손전등을 들고 다니신다고 붙은 별명이었다.) 지수는 오직 주님을 삶의 주인으로 모셨고, 성령님의 인도하심만을 의지하는 믿음의 학생으로 성장해 갔다.

후집사님은 지수를 가장 학생다운 학생으로 기억해 주셨다. 성적 때문이 아닌, 하나님을 경외하는 모습이 아름다워서 받은 칭찬이었기에 나 역시 더 큰 기쁨과 감사가 밀려왔다.

3년간 동산고에서 지수는 늘 겸손함으로, 그리고 하나님을 최우선으로 사랑하는 마음으로 학교생활을 이어 갔다. "하나님께 영광 돌리는 삶을 살겠다."는 믿음의 고백이 가득한 딸의 모습을 보며, 부모로서 나 또한 하나님께 깊은 감사를 드렸다.

동산고에서의 성적은 그다지 좋지 않아, 대학은 지방에 있는 선교사님이 설립한 학교에 진학하게 되었다. 하지만 지수는 그곳에서 장학금을 받으며 수석으로 졸업했고, 이후 고려대학교 미술교육대학원에 진학하는 은혜를 누렸다. 하지만 그 어느 순간에도 하나님을 사랑하고 경외하는 믿음은 흔들림이 없었다. 졸업 후에는 하나님의 복음을 전하고 주님의 영광을 위해 살아가겠다는 삶의 방향을 분명히 하고 있다. 그런 딸을 우리 가정에 맡겨 주신 하나님께, 그저 감사할 따름이다.

사실 우리는 지수를 한 번도 '우리 딸'이라고 생각한 적이 없었다. 하나님의 딸, 이 땅에서 잠시 우리에게 맡겨 주신 존재라고 여겨 왔기에 그 모든 삶을 처음부터 지금까지 하나님께 맡겨 드렸다. 그래서 오늘 이 글을 통해 동산고 학부모님들께도 부탁드리고 싶다. 자녀는 하나님의 것이라는 것을. 그분께 맡기면, 하나님께서 반드시 책임져 주신다고 말이다.

지수가 동산고에 재학하던 시절, 이런 말을 한 적이 있다. "나는 상담 선생님이 되어 아이들의 고민을 들어 주고 싶어요. 그리고 복음을 전하며, 하나님 사랑을 알게 해 주고 싶어요."

그 고백을 잊을 수 없다. 이제 미술 교육대학원을 졸업하고 학생들을 가르칠 그날이 머지않았다. 미술을 통해 복음을 전하고, 아이들의 마음을 만지는 하나님의 참제자가 되기를 오늘도 기도하고 있다. 지수가 동산고에 입학해 주님만을 의지할 수 있도록 은혜 주신 하나님께 감사와 찬양과 영광을 올려 드린다. 마라나타.

개교 30주년 동산고를 축하하고 축복하며

박종찬 / 6기 박성수 아버지

설립 추진부터 개교, 그리고 지금까지의 동산고 모습이 주마등처럼 스쳐 지나간다. 동산고 30년은 나의 장년의 세월 30년과 함께 맞물려 흘러왔다. 나는 동산교회 교인으로서 학교 설립을 위해 미력하나마 기도하고 헌금했으며, 개교 이후에는 그곳 강당에서 예배드리고 식당에서는 주일학교 고등부 학생들과 함께했다. 시간이 지나 큰아들이 입학한 후에는 학부모로서, 지금은 새벽기도 장소로, 또 동산고 학교법인 이사로서 작게나마 동산고 운영에 관여하고 있으니, 동산고는 늘 마음속 한 페이지를 차지하는 존재다.

동산고는 초대 이사장이자 현 원로 목사이신 김인중 목사님의 '신앙과 실력을 갖춘 미래 세대'를 키워 내고자 하는 열정에서 비롯된 학교다. 당시 목사님의 비전과 뜻에 교우들도 한마음으로 응답하여, 동산고의 벽돌 한 장 한 장과 교내의 여러 기물 하나하나에 동산교회 교우들의 기도와 사랑, 헌신의 숨결이 고스란히 담겨 있다.

개교한 동산고는 금세 지역 사회의 명문고로 우뚝 섰고, 나아가 전국적으로도 이름난 학교가 되었다. 한번은 안산 시장님이 교회에 와 인사를 나누던 중, 다른 지역에서는 안산이라는 도시보다 '안산동산고등학교'를 더 잘 아는 이들이 많더라는 이야기를 들었다. 나 역시 동산교회 교인으로서 학교를 떠올릴 때마다 늘 뿌듯한 마음이 들었고, 당시에는 학교를 세운 교회를 자랑하고 명문 동산고를 소개하느라 바빴던 기억이 난다.

동산고는 2006년 아들 성수가 입학하며 더욱 가까운 학교가 되었다. 학업 성취뿐만 아니라, 기독교 세계관 형성 속에서 다양한 경험을 할 수 있었기에 동산고 3년은 아들에게 꿈을 키워준 학교, 기회의 학교였다고 생각한다.

동산오케스트라 활동, 어려운 환경에 놓인 중학생들을 주말마다 가르친 봉사 활동, 선교부 반장 활동, 영어로 말하는 물리 토론 전국 대회에서 입상한 물리동아리 활동, 타교생과 함께 5명의 선발 학생으로 참여한 2주간의 미국 탐방, 그리고 졸업 무렵 한일 공동 이공계 유학생 선발에 합격해 국비로 일본 유학까지 가게 된 것 등 실로 동산고 3년은 아들에게 소중하고도 축복된 시기였을 것이다. 이 모든 것은 교회의 꾸준한 기도와 지원, 그리고 선생님들의 열정적이고 헌신적인 가르침의 결과다. 그래서 나는 지금도 깊이 감사하고 있다.

그렇다고 동산고의 지난 30년이 꽃길만은 아니었다. 사회의 변화 속에서 하나님 사랑, 이웃 사랑이라는 기독교 정신을 지키고자 일반고에서 자율형 사립고로의 전환이라는 큰 결단도 있었고, 이후에도 극복해야만 했던 여러 어려움도 있었다.

앞으로의 또 다른 세대, 새로운 30년을 떠올려 보면 믿음과 실력을 겸비한 인재를 길러 내는 일이 결코 쉽지만은 않을 것이다. 많은 노력과 기도, 헌신이 필요하다. 교직원은 더 깊은 사명감과 교육에 대한 열정으로, 학부모는 학교에 대한 애정과 신뢰로, 교회는 지속적인 기도와 지원으로, 그리고 학생들은 기독교 가치관과 세계관 속에서 실력 있는 인재로 성장해 가길 바란다. 그렇게 또 다른 동산고의 30년을 새롭게 써 내려가기를 간절히 바란다.

오늘도 아침 일찍 마주치는 학생들을 보며 지금은 미약하지만 장차 그들을 통해 일하실 하나님을 기대하며, 선하신 인도하심을 위해 기도한다.

동산에서 인생을 배우다

이수형 / 7기 이채영, 10기 이채윤 아버지

많은 이가 알고 있듯, 안산동산고등학교의 1회 입학생 커트라인은 200점 만점에 105점이었다. 100점 만점으로 환산하면 52.5점. 평균 이하의 학력을 가진 학생들을 받아들이고도, 오늘날 명문학교로 성장시킨 그 과정을 지켜보며 감탄하지 않을 수 없다.

나 역시 두 딸을 안산동산고등학교에 보냈다. 큰아이는 7회, 둘째는 10회 졸업생이다. 내가 두 딸을 동산고에 보내기로 마음먹은 이유는, 안산동산고가 추구하는 학생상의 한 문장 때문이었다.

"세계 비전을 가지고 언제나, 어디서나, 누구에게나 섬기고, 나누고, 베풀고, 돌보며 변화를 선도하는 실력 있는 신앙인." 특히 "실력 있는 신앙인"이라는 표현에 깊이 공감했다. 개교 당시 교감이셨고 이후 교장을 역임하신 유○웅 선생님께서도 이 점을 특히 강조하셨다. 52.5점짜리 학생들을 받아들여 실력 있는 신앙인으로 키워 내겠다는 다짐을 듣고, 이 학교에서라면 우리 딸들도 삶의 중심을 든든히 세우며 자라날 수 있겠다는 확신이 들었다.

동산고의 교육은 단순히 지식을 가르치는 것을 넘어 삶의 태도와 마음가짐을 빚어내는 과정이었다. 공부는 머리보다 엉덩이로 하는 것이라는 신념 아래, 아침 7시부터 밤 10시까지 선생님들은 자신의 삶을 희생하며 학생들과 함께했다. 개인 시간을 반납하고도 끝까지 함께하며 격려해 주신 선생님들, 그리고 매일 아침, 점심, 저녁을 정성껏 준비해 주신 식당 집사님들께 이 자리를 빌려 깊이 감사드린다.

나는 내 아이들이 좋은 신앙을 갖기를 바랐다. 좋은 신앙은 어떤 어려움 속에서도 다시 일어설 수 있는 힘이 되기 때문이다. 동산고는 아침, 저녁 조회와 종례 시간마다 학급 경건회를 드리고, 주 1회 채플과 성경 수업을 통해 아이들의 인성과 품성을 다졌다. 선생님들도 믿음으로 아이들을 사랑으로 품어 주셨다. 개교 초기에는 학생을 혼내기 전, 손을 맞잡고 기도를 먼저 한 후에 손바닥 2대를 맞았다는 이야기도 전해 온다. 유○웅 교장 선생님은 책상 위에 2000여 명의 학생 이름을 붙여 놓고, 매일 한 명 한 명의 이름을 불러 가며 기도를 하셨다고 하니 보통의 사랑과 믿음이 아니다.

동산고는 1995년 개교 이래, 미국과 일본으로 해외연수를 꾸준히 실시해 왔다. 지금이야 외고나 국제고에서 흔히 시행하는 일이지만, 당시만 해도 매우 선구적인 일이었다. 그것도 강남 8학군이 아닌, 안산의 신설 사립고등학교에서 벌어진 일이었으니 더욱 놀라웠다.

우리 아이들은 처음부터 똑똑하거나 특별한 아이들이 아니었다. 입학도, 졸업도 평범한 중간 성적으로 마쳤다. 그러나 동산고 3년의 시간 동안 엉덩이로 공부하는 법을 배웠고, 해외연수를 통해 세계를 바라보는 시야를 넓혔다. 경건회와 채플, 그리고 신앙 안에서의 삶이 아이들의 중심을 세우는 데 큰 도움이 되었다.

그 결과, 지금 큰아이는 대학병원 호흡기내과 의사로, 둘째는 고등학교 교사로 살아가고 있다. 각각 자신의 자리에서 공동체를 이끌고, 세상을 섬기는 삶을 살아가는 모습이 참으로 자랑스럽다. 만약 누군가 자녀에게 이 세상을 살아가는 방법을 알려 주고 싶다면, 나는 주저 없이 이렇게 말할 것이다.

"안산동산고등학교로 보내십시오. 그곳에는 좋은 친구들과, 훌륭하신 선생님들, 그리고 우리 영혼을 이끌어 주실 목사님이 계십니다."

추억의 박물관, 안산동산고

이창갑 / 7기 이현석, 9기 이새롬 아버지

　　　　　돌이켜 보면, 안산동산고등학교는 우리 가정과 자녀들에게 있어서 행복한 '추억의 박물관'이자, 자녀들의 삶의 가치관을 바로 세워 준 배움의 전당이었다. 안산동산고와의 인연은 2001년으로 거슬러 올라간다. 당시 서울 서초동에서 교회 목회자로 섬기다가 안산으로 이주해 교회를 개척하게 되었다. 당시에 아들은 서울고 1학년, 딸은 동덕여중 2학년에 재학 중이었다. 부모라면 누구나 자녀 교육에 있어서 학교 선택에 신중할 수밖에 없는데, 안산의 학교들에 대한 정보가 거의 없었던 우리에게 동산고를 알게 된 것은 전적으로 하나님의 인도하심이었다.

　당시 고려대 교육대학원에서 상담심리학을 공부하고 있었는데, 그곳에서 함께 수업을 듣던 문○용 선생님(현 교장 선생님)으로부터 동산고를 소개받은 것이다. 솔직히 처음엔 '안산이라는 이 시골 동네에 선한 학교가 있을까?' 반신반의했다. 게다가 편입 시험까지 봐야 한다는 말에 아들도 시큰둥했다. 하지만 문○용 선생님의 인품과 진정성에 마음이 움직였고, 결국 신중한 기도 끝에 동산고 편입을 결정하게 되었다. 지금 생각해 보면, 자녀 인생에 있어 하나님께서 예비하신 최고의 선택이었다.

　편입 시험에 합격한 아들이 처음으로 등교하던 날, 학교에서 부모에게 큰절을 올리게 한 장면은 지금도 생생하다. 이사 문제로 여러 학교를 다녀봤지만, 이런 장면은 처음이었다. '이 학교는 머리의 지식만이 아닌, 가슴의 지식까지 가르치는 미션스쿨이구나.'라는 확신이 들었다. 전인교육을 강조하는 교과과정 또한 내가 평소 교육자로서 품고 있던 철학과 너무도 잘 맞아떨어졌다. 그렇게 둘째 딸도 자연스럽게 동산고 가족이 되었고, 오빠와 함께 교정을 오가게 되었다.

　얼마 전 가족 여행 중, 아들이 내게 고백했다. "아빠, 그때 동산고에 안 갔더라면 지금의 저는 없었을 거예요." 현재 고려대에서 경영학 교수로 재직 중인 아들의 이 말이 모든 것을 말해 준다. 단지 지식만이 아닌, 타인을 배려하고 섬기는 마음을 배운 그 시절이 지금의 그를 만들었다. 교회 개척으로 인해 넉넉하지 못했던 형편 속에서도 흔들림 없이 자라 준 자녀들에게 늘 고맙고 미안하다. 이 모든 것이 하나님의 은혜이며, 헌신적으로 아이들을 이끌어 주신 동산고 선생님들 덕분이다.

　우리 아이들이 학교를 다닐 때 기억에 남는 장면들이 몇 가지 있다. 첫째, 스마트폰을 금지해 수업에 집중할 수 있었던 학교 분위기다. 학습에 몰입할 수 있는 환경은 동산고의 큰 장점이었다. 둘째, 수능시험 날 아침, 선생님께서 보내 주신 기도 요청 메시지다. 구체적인 기도 제목을 알려 주셔서 마음을 진정시키며 기도할 수 있었고, 부모로서 큰 위로가 되었다. 셋째는 졸업식이다. 대부분의 학교에서는 졸업장을 대표 학생이 받지만, 동산고는 화면에 졸업생 개개인의 사진을 띄워 주고 이름을 일일이 부르면서 수여했다. "내가 그의 이름을 불러 주었을 때 그는 나에게로 와서 꽃이 되었다."는 김춘수 시인의 시처럼 이름을 불러 주는 것만으로도 한 사람 한 사람을 얼마나 소중하게 여기는 학교인지를 느낄 수 있었다.

　그렇기에 우리 가족에게 동산고는 단지 '학교'가 아니라, 함께 지낸 모든 순간이 하나의 전시물이 되어 있는 '추억의 박물관'이다. 동산고의 개교 30주년을 진심으로 축하하며, 앞으로도 이 귀한 전통이 이어지고, 세상을 이끄는 믿음의 일꾼들이 계속해서 배출되기를 진심으로 소망한다.

우리가 지켜 낸 그 이름, 안산동산고

임영빈 / 18기 김수정, 21기 김수진 어머니

2014년 그 뜨겁던 여름날을 기억한다. 진보 교육계 인사들로 구성된 '비상시국교육원탁회의'가 조기 대선을 앞두고 '자사고 규제' 등의 교육 정책을 제시하였다는 언론보도를 보았다. 규제라는 이름으로 원칙이 무시되고, 교육 현장의 목소리가 배제되는 현실 앞에 우리는 깊은 우려를 느꼈다.

그해, 경기도교육청은 안산동산고에 대한 운영 성과 평가 결과를 토대로 기준 점수 미달이라며 '자율형 사립고 지정 취소'를 결정했다. 초중등교육법 시행령 제91조의3 제5항에 따라 교육부에 사전 협의를 요청하면서, 안산동산고는 자사고 존폐의 갈림길에 놓이게 되었다.

문제는 평가 기준 자체에 있었다. 당초 자사고로 지정될 당시의 조건이나 학교의 개별적 특성은 고려되지 않은 채, 일률적이고 무리한 평가 기준이 적용되었던 것이다. 이에 학부모와 학교는 평가의 오류를 지적하며 도교육청 앞에서 재평가를 요구하는 연좌 농성을 벌였다.

당시 학부모들의 요구는 단순했다. 지정 취소를 철회해 달라는 것이 아니었다. 평가 결과에 오류가 있었음을 인정하고, 책임 있는 자가 나와 '여러분을 위해 노력하겠다.'는 한마디를 해달라는 것이었다.

그러나 당시 경기도교육감은 기자간담회에서 "교육부 방침을 존중하겠다."는 원론적인 입장만을 밝혔고, 교육부는 결국 경기도교육청의 지정 취소 요청에 '부동의'로 회신하였다. 교육부는 다음과 같은 사유를 근거로 부동의 결정을 내렸다.

첫째, 안산동산고는 경기도 내 자사고 중 유일하게 '학급당 학생 수 40명', '등록금은 일반고의 2배 이내'라는 조건하에 운영되어 왔다. 이러한 조건은 학교의 재정 운영을 어렵게 만들었고, 이로 인해 재정 관련 지표에서 낮은 점수를 받을 수밖에 없었다.

둘째, 안산동산고는 자사고 지정 당시 승인 요건을 위배하거나 입학 부정, 부당한 교육과정 운영 등 중대한 위법 행위가 전혀 없었다.

셋째, 건학 이념을 바탕으로 특성화 교육 프로그램을 운영하고 있으며, 학생 충원율이 높고(학생들이 계속해서 입학하려는 학교), 전출 비율이 낮고(학교를 떠나는 학생이 적으며), 학생과 학부모의 만족도 또한 높았다. 그럼에도 불구하고 평가 점수는 '낮음'으로 분류되었고, 이에 대해 학부모들은 호소문을 통해 다음과 같은 입장을 밝혔다.

"안산동산고는 지키고 보호해야 할 소중한 학교 공동체다. 객관적이고 공정한 평가를 해 달라."

학부모들은 학교 실정을 반영하지 않은 불합리한 평가 기준과 자의적으로 진행된 평가 점수 산정을 강하게 비판하며 이렇게 외쳤다.

"결과를 정해 놓고 진행되는 짜맞추기식 평가는 단호히 거부한다."

그해 여름, 우리는 불합리에 맞서 싸웠고, 결국 지정 취소는 철회되었다. 동산고를 지켜 냈다. 그리고 우리는 그날을 '정의가 지켜 낸 교육 현장'의 상징으로 기억하게 되었다. 그 여름, 우리는 단순히 한 학교의 자율권을 지키기 위한 싸움을 한 것이 아니었다. 우리는 신앙과 교육의 가치를 지키고자 했고, 아이들이 꿈꿀 수 있는 공간을 지켜 내기 위한 눈물겨운 연대를 이루어 낸 것이다.

그리고 오늘, 우리는 다시 그때를 떠올린다. 뜨거웠던 여름날, 함께 외쳤던 그 목소리들을. 지금도 동산고의 교정 어딘가엔, 그날 우리 마음에 심어졌던 신념의 씨앗이 조용히, 단단하게 자라고 있을 것이다.

간절한 기도와 하나님의 응답

전덕임 / 10기 박효은 어머니

참 어렵고 힘들던 시기에, 친이모를 통해 동산교회를 알게 되었다. 김인중 원로 목사님의 말씀 한마디 한마디가 마치 나를 향한 말씀처럼 느껴졌다. 지금 돌아보면 모두 하나님의 은혜였지만, 그 당시에는 그것을 몰랐다.

큰딸은 동산고가 있는 줄도 몰라 보내지 못했지만, 작은딸 효은이만큼은 꼭 동산고에 보내야겠다는 마음이 들었다. 그때부터 나는 100일 새벽기도를 하루도 빠짐없이 시작했다. 집이 수원이었기 때문에, 우리 교단 중 집에서 가까운 교회에 나가 간절하게 기도했다. 우리 부부의 간절한 기도 때문이었을까, 효은이는 10기로 동산고에 합격했다. 그 순간, 세상의 모든 것을 다 얻은 기분이었다.

누군가 인생에서 가장 좋았던 순간이 언제였냐고 묻는다면, 나는 주저 없이 "기도해서 동산고에 딸을 보냈을 때"라고 당당하게 말할 수 있다. 서수원 창성교회에서 100일 새벽기도를 드리고 동산고에 보낸 간증을 요청받아, 딸과 함께 간증을 했고, 이후 여러 교회에서도 간증을 하게 되었다.

나는 늦게 교회를 다녔지만, 새벽기도를 하며 딸을 동산고에 보낸 경험을 계기로 용기를 내어 전도를 시작하게 되었고, 간증을 하게 만드신 하나님 덕분에 누구를 만나도 입만 열면 교회 이야기를 하게 되었다. 전도는 너무나도 재미있었다.

세월이 흐르고, 셀 모임에서 기도 제목을 나눌 때, 권사님이 "기도 제목이 무엇입니까?"라고 물으셨다. 나는 "두 딸의 배우자를 위해 기도하고 있습니다." 하고 말했다. 그러자 셀원 중 한 분이 아는 친척을 소개해 주겠다며 소개팅을 주선해 주셨고, 어느새 나는 그 셀원과 사돈이 되었다.

그렇게 얻은 사위는 이 세상에서 가장 착하고, 인성이 훌륭하며, 무엇보다 신앙이 최고인 사람이었다. 두 사위 모두 믿음의 가정에서 자란, 내게는 두 번째 큰 자랑이 되었다. 그래서 많은 이들에게 이 간증을 전하게 된다.

큰딸은 동산고에 보내지 못했지만, 나의 간절한 기도는 계속되었다. 나는 "큰딸은 못 보냈으니, 사위라도 동산고 나온 청년을 만나게 해 주세요."라고 기도했다. 그러던 중, 동산고 3기 출신 청년이 영아부 봉사를 하고 있다는 이야기를 들었다. 가정 환경도 좋고 인격도 훌륭하며 멋지다고 큰딸이 말했다. 나는 엄마가 먼저 만나겠다고 했다. 마침 5만 원권 신권이 처음 나온 날이라 은행에 가서 새 지폐를 바꾸어 가면서 그 청년이 마음에 들면 주겠다고 생각했었다. 나는 모든 것이 마음에 들었다.

결국 두 딸 모두 목사님의 주례로 결혼하게 되었고, 10년이 넘은 지금도 행복하고 아름답게 살아가고 있다. 둘째 사돈과는 전에는 같은 교구였고, 지금은 이사로 인해 큰사위 사돈과 같은 교구가 되어, 교구 목사님의 말씀을 함께 듣고 있다. 특새(특별 새벽기도회) 때는 앞뒤에 앉아 기도하고, 두 배로 행복한 삶을 살고 있다.

최고의 동산고에 딸을 보내고, 나는 항상 행복한 삶을 살아가고 있다. 슬픔과 불평은 기쁨과 감사로 바뀌었고, 이 모든 것이 하나님의 은혜 덕분이라는 것을 알기에 더욱 감사드린다.

비전 위에 세운 학교에서 기도로 자란 아들

정재준 / 3기 정은창 아버지

아들이 안동에서 중학교 2학년에 재학 중이던 시절, 김인중 이사장님으로부터 동산고 설립 비전에 대한 이야기를 들었다. 교육의 목표는 신앙과 인성 교육을 통해 지구촌의 인재를 양성한다는 것이었고, 그 말씀은 마치 첫사랑을 만났을 때처럼 내 마음에 설렘의 파도를 일으켰다.

그러나 현실의 벽도 분명히 존재했다. 당시 나의 생업 현장이 잘나가던 터라 안동을 떠난다는 것이 쉬운 결정은 아니었다. 그럼에도 불구하고 망설임 없이 결정한 것은 하나님께서 결정적 순간에 개입해 주셨기 때문이었다.

은창이는 시곡중학교 3학년으로 전학 후 1997년 동산고에 입학했다. 나 역시 학부모로서 뭔가 섬겨야겠다는 마음이 들어 학부모 기도회와 육성회 활동에 참여했다. 그때는 육성회 조직만 있었는데, 초대 명○상 회장의 뒤를 이어 육성회를 섬기는 기회를 얻게 되었다

육성회 활동 중 지금도 기억에 남는 것은 당시 임원들의 헌신과 정성으로 세운 교장실 앞 정원에 세운 '교훈 비석'이다. 그리고 교훈 비석의 내용처럼 동산고가 인재 양성의 터전으로 우뚝 설 수 있었던 이유는 단순히 설립자의 비전이나 교회 성도들의 헌신만은 아니라고 생각한다.

그 이면에는 김인중 목사님께서 수년간 교사들과 함께 공동체 생활을 하며 비전과 목표의 스피릿을 전수하신 '섬김의 훈련'이 있었기 때문이다. 교사들은 그 훈련으로 '예수 그리스도의 마음'을 마음에 새겼고, 그것이 어려운 환경을 극복하는 원동력이 되어 수업 전 기도하는 학교, 학생을 끝까지 품어 내는 학교, 모두가 꿈을 꾸는 '꿈쟁이 학교'로 동산고를 세운 진짜 힘이었다고 나는 믿는다.

개교 초기, "중소 교회가 세운 학교가 과연 제대로 운영될 수 있겠는가?" 하는 사회의 시선과 부정적 평가 속에서도, 설립자에 대한 굳은 신뢰와 교회 성도들의 적극적인 응원과 교사들의 헌신이 학교를 지켜 내는 버팀목이

되었다. 그러나 2014년 자사고 지정이 취소되는 위기의 순간을 우리는 또다시 마주하게 되었다. 당시 법인 이사로 섬기던 나는 18기 임○빈 운영위원장을 중심으로 한 학부모회장들과 함께 학교를 지키기 위한 투쟁에 함께하며 다시 한번 하나 된 기도의 힘을 경험했다.

지금 이 시대는 성경적 기준이 위협받는 위기의 시대다. 그럼에도 불구하고, 나는 믿는다. 하나님의 말씀으로 양육된 아들이 직업을 선택할 때 말씀을 기초로 선택하고 자신이 속한 회사의 근무 환경을 성경적 문화로 바꾸어 나가는 것을 보고 이는 동산고에서 배운 성경적 교육의 영향임을 알게 되었다. 나아가 동산고의 보석 같은 학생들이 지구촌 어디에 있든, 어떤 자리에서든 하나님의 메신저로, 김인중 목사님의 제자로서 '빛과 소금'의 사명을 감당하게 될 것을 믿고 지금도 그들을 위해 기도한다.

1995년 안산으로 이사 온 그때의 결정은 아들과 나에게는 인생의 변곡점을 맞이하는 출발로 이어졌기에 바울의 고백을 곱씹어 본다.

"내가 달려갈 길과 주 예수께 받은 사명 곧 하나님의 은혜의 복음을 증언하는 일을 마치려 함에는, 나의 생명조차 조금도 귀한 것으로 여기지 아니하노라."(사도행전 20:24)

예수님과 플러그인 카이로스 삶

채연근 / 14기 채훈, 16기 채현승 아버지

여름이 가까워지고 있다. 뜨거운 여름밤 아이들이 야자 마치기를 기다리며, 종종 동산고 캠퍼스를 산책하곤 했다. 걸으면서 동산고 학생들이 인성이 훌륭한 사람으로 성장하길 묵상하며 거닐던 추억이 생각난다.

아이들이 과학고를 준비하다가 안산동산고등학교에 입학하던 날, 가슴 깊이 벅찬 감동이 밀려왔다. 학교 정문에 적힌 '하나님을 경외하는 지혜로운 사람을 기른다.'는 말씀 앞에서, 나는 이곳이 단순한 배움의 장소가 아니라 아이들의 삶 전체를 이끌어 줄 믿음의 터전이 되리라는 확신을 얻었다.

아내는 5년 동안 자녀를 위해 눈물로 간구하던 학부모 기도회 속에서 또 하나의 '동산 공동체'를 경험했다. 서로의 자녀를 위해 기도하던 그 시간은 부모 된 우리의 연약함을 하나님의 강하심으로 덧입는 귀한 시간이었다.

둘째 현승이는 지치고 공부에 어려움을 느낄 때면 혼자 학교 운동장을 걷거나, 개인 기도실에 들어가 예수님과 교제하곤 했다는 이야기를 교지를 통해 알게 되었다. 특히 수능 날, 문○용 선생님께서 허깅해 주시며 기도해 주셨을 때 내면의 떨림을 안아 주셔서 시험을 무난하게 치를 수 있었다고 감사함을 전하기도 했다.

에피소드로는 두 자녀 모두 고3 담임이 고○곤 선생님이셨다는 점이 있다. 그 덕분에 감사한 마음으로 입시 생활을 준비할 수 있었다. 동산교회 셀 식구들과 목사님께서도 은혜로운 기도로 함께해 주셔서, 두 자녀 모두 관악 캠퍼스에서 공부하게 되었다. 그 덕분에 우리 가족은 하나님께서 주신 더 큰 꿈을 향해 하루하루 정진하고 있으며, 예수님과 '플러그 인' 된 삶을 살아가기를 기도하고 있다.

세월이 흘러 아이들은 이제 성인이 되었고, 동산고에서의 시간은 단지 학창 시절의 한 장면이 아니라, 인생의 뿌리가 되었다. 동산고를 통해 믿음과 배움, 사랑을 경험했던 이들이 지금도 세상 속에서 그 향기를 전하고 있으리라 믿는다.

동산고의 30주년을 진심으로 축하하며, 이 귀한 학교가 앞으로도 하나님께서 기뻐하시는 교육 공동체로 계속해서 쓰임 받기를 기도한다. 우리 가정에 귀한 열매를 맺게 해 준 이곳, 안산동산고에 깊은 감사의 마음을 전한다.

하나님 품에 자녀를 던지다

허윤경 / 28기 박예서, 31기 박예하 어머니

　　　　세 자녀의 엄마인 나는 2006년, 첫째 예서를 출산하며 남편을 따라 교회에 처음 발을 들였다. 믿음이 없던 나에게 신앙의 시작은 오직 딸 예서의 유아세례를 위한 것이었고, 그 인연으로 동산교회에 등록한 우리는 2025년이 된 지금까지 18년간 다섯 식구가 함께 동산공동체 안에서 살아가고 있다. 예서는 올해 동산고를 졸업했고, 둘째 예하는 막 입학했으며, 막내 다윗은 초등학교 6학년이다.

　처음엔 동산고에 대한 인식이 크지 않았다. '교회가 세운 학교', '자사고', '중보기도 목록에 늘 올라와 있는 곳'이라는 정도였다. 특히 문학을 좋아하던 예서는 수학, 과학에 약해 동산고와는 거리가 멀다고 여겼다. 그러나 중학교 3학년 무렵, 고등학교 진학을 두고 기도하기 시작하면서 생각이 달라졌다.

　"하나님, 예서를 만드신 분이시니 이 아이의 성향과 기질을 저보다 더 잘 아시겠지요. 어디로 보내야 예서가 자신의 날개를 펼치며, 하나님께서 부르신 자리로 나아갈 수 있을까요?"

　그렇게 기도를 시작하자, 주변에서 예상치 못한 응답이 들려왔다. 딸들을 동산고에 보내기 위해 오래전에 이사까지 한 교인을 비롯해 지인을 통해서까지 "동산고에 보내야겠다."는 말이 들려왔다. 동산고맘으로서의 부담은 하나님께 맡기기로 하고, 나는 예서를 주님의 품에 내어드렸다.

　"하나님, 동산고 입학은 제게 모험입니다. 아기 모세를 갈대 상자에 담아 강물에 띄우는 어미의 심정처럼, 예서를 하나님 손에 맡깁니다. 가장 좋은 것을 주실 분은 오직 주님이시니까요."

　입학 후 엄마로서 나는 아이를 충분히 챙기지 못했다. 그러나 내가 채워주지 못한 부분을 하나님께서 하나하나 채워 주셨다. 예서는 선교임원으로 활동했고, 3년 내내 선교단원으로 헌신했다. 때론 주일예배보다 채플에서 더 큰 은혜를 받기도 했고, 공동체 안에서의 갈등에 지치고 힘들어하기도 했다.

그럴 때마다 나는 말하곤 했다.

"예서야, 파도를 보지 말고 하나님께 물어보자. '이번엔 무슨 과목의 훈련인가요?' 그렇게 물으며 기다려 보자."

예서도 울고, 나도 눈물로 기도한 시간이 많았다. 한 등급 올리기조차 버거운 이 학교에서 학년이 오를수록 조금씩 성적을 올린 것도 감사한 일이었다. 야자 후 늦은 귀가 시간까지, 버스를 타고 무사히 집에 오기만을 기다리며 속 태우던 날들도 있었다. 그 모든 시간 속에서 삼위일체 하나님께서 우리 곁에 함께 계셨음을, 우리 모녀는 알고 있다.

졸업 후, 예서는 기도로 선택한 대학에 진학했고, 새로운 환경에서도 하나님의 부르심을 따라 살아가고 있다. 열두 해의 학교생활이 필름처럼 스쳐 지나가며 나는 고백했다.

"하나님, 예서를 부르심의 자리에 잘 파송했습니다. 감사합니다."

올해 둘째 예하가 동산고에 입학했다. 이번엔 조금 다르다. 중3부터 사춘기가 찾아온 둘째와는 자주 부딪쳤고, 큰아이 때보다 더 버거운 감정의 파도가 밀려온다. 나는 다시 하나님 앞에 서서 기도한다.

"하나님, 이번엔 예하를 주님께 던집니다. 이 아이의 3년을 책임져 주세요. 누나처럼 진로를 찾고, 부르심의 자리에 잘 서게 도와주세요. 저는 또다시 힘을 빼겠습니다."

예서의 동산고 스토리가 끝나고, 이제는 예하의 이야기가 시작되었다. 막내아들 다윗의 인생도 언젠가는 하나님께서 써 내려가시리라 믿는다. 그분의 손에 맡기며, 나는 오늘도 기도한다. 하나님께서 써 내려가실 자녀들의 인생에 내가 낙서하지 않고 하나님, 오직 하나님 손에 올려 드리며, 25년 아름다운 봄날에 기도드립니다. 아멘.

영원히 열린 문,
드나들던 걸음이 늘 행복이었기에

현원옥 / 26기 문주빈, 30기 문성빈 어머니

눈길 닿는 곳마다 화사한 벚꽃이 흐드러진 것을 보며 4월의 완연함을 느낀다. 안산동산고 개교 30주년 기념 책자에 '학부모회 이야기'를 한 장의 글로 실어 주신다셔서 쑥스럽지만 반갑고 감사한 마음과 정성을 담아, 5년 전 그해 봄을 시작으로 이야기를 써 본다.

코로나라는 두렵고 낯선 불편함을 맞았던 2020년 4월, 동산의 교정에는 아이들을 대신한 벚꽃 향기만이 지금처럼 가득 차 있었다. 5월에서야 때늦은 등교를 시작한 26기 아이들은 입학식도 수련회도 체육대회도 축제도 체험학습도 잃었지만, 가림막 사이에 둔 급식 시간도 소중했고, 몇 번 입지도 못한 채 작아져 버린 교복 입는 날마저도 기다려졌고, 등교를 못 하여 집에서 Zoom을 켜고 서로를 격려하던 야간 자습도 즐거웠고, 친구와 물리적 거리보다 마음의 거리가 한껏 더 가까웠던, 그 모든 일상의 고마움과 간절함을 겸허히 배운 멋진 동산인이었다.

선생님들께서도 원격수업이나 격주 등교, 마스크 수업 등 어색함과 힘겨움에도 불구하고 온화하신 은혜와 지혜로 그 긴 터널을 함께 견뎌 주셨다. 광역자사고를 향한 많은 기대와 설렘을 안고 동산을 선택했던 학부모님들 역시 코로나로 인해 군데군데 비어 버린 학교생활을 바라보는 아쉬움과 염려를 지워 내기는 어려웠지만, 그럼에도 아이를 향한 사랑과 정성으로 한결같이 서로를 지지하고 신뢰하며, 학부모회 활동에도 마음과 손길을 보탬에 아낌이 없었다.

자사고 유지 확정과 코로나 종식을 앞둔 2022학년도 28기 학부모회는 그간 다소 주춤했던 학부모회를 활성화하고 체계적으로 다듬어 학부모와의 소통을 넓히고 아이들을 위한 동산을 가꾸는 데에 온 힘을 다하고자 "Re! 동산"이라는 슬로건을 내걸었고, 뜻을 같이한 많은 학부모님들과 더불어 선생님들께서도 기꺼이 묵묵히 발걸음을 맞춰 주셨다.

'영원히 열린 문'이 쉽지 않던 현실에서 학부모들의 간절한 요청을 귀담아들어 주시고 흔쾌히 소통의 문을 열어 주셨던 학교의 배려와 의지에 힘입어 학부모회는 학교와 한마음으로 깊은 고민과 의견을 나누며 아이들을 위한 성실한 걸음을 내디딜 수 있었고, 확대대의원회, 학년부장님과의 대표단간담회, 담임 선생님과의 줌간담회라는 색다르고 구체적인 소통의 창을 열게 되었다.

또한 학부모회 산하 기구를 만들고 참신한 활동을 모색하여 학부모회의 기틀을 다진 보람도 컸다. 개별 활동을 기능단으로 조직화한 급식모니터링단, 온라인 카페와 밴드에서 동산고의 가치와 위상을 알리고 입시 설명회에서 선배 학부모로서 도움말을 전한 학부모홍보단, 한 달에 한 번 '책과 향기 있는 시간'을 나눈 학부모 독서 동아리 책노리, 축제 때 다트 게임과 선물, 폴라로이드 사진으로 아이들의 추억 한쪽을 함께 한 학부모부스, 동산 가족의 눈과 마음을 따뜻이 보듬어 줄 겨울맞이를 위해 가을부터 도란도란 모여 뜨개질하던 겨울나무옷입히기, 그리고 수제 레몬청 제작과 나눔으로 마련한 수능 응원 선물을 한 아름씩 안고서 은혜동으로 향하던 학부모님들의 가슴 벅찬 미소…. 이 모든 것이 새롭고도 다정했던 결실로 오롯이 기억된다.

이러한 활동들은 팬데믹에서도 원칙을 준수하며 적극적이고 바람직한 우수 사례로 선정되어 경기도교육감 표창을 받았다. 아울러 28기 학부모회를 마무리할 때 학교가 수여한 감사패는 단순한 치하의 의미를 넘어, 아이들만을 바라보며 힘든 시기를 굳건히 버텨 낸 학교와 학부모, 서로를 향한 애틋하고 흐뭇한 위로와 고마움의 인사임을 알기에 더더욱 감동이었고 감사했다.

둘째 아이가 30기로 입학하여 나는 그리웠던 동산의 교정에 다시 들어섰다. 가득 찬 축하 속에 입학식을 하였고, 동산 전통의 수련회, 비전홀 채플, 체육대회, 축제…. 더 이상 급식실엔 가림막이 없고, 친구들과 마스크 너머로 눈빛만을 바라보는 아쉬움도 없고, 교실에서 한 좌석씩 비워 가며 거리두기를 할 필요도 없는, 우리가 그토록 간절히 바라던 동산다운 알차고 즐거운 학교생활을 마음껏 누리고 있다. 꿈 위의 꿈! 그 아름답고 푸른 많은 꿈들을 품고 키워 내는 동산! 꾸준한 성장으로 명문 자사고의 위상과 명성을 지키고 있는 아이들의 모교가 더없이 자랑스럽고, 지난 30년간 이어 온 고귀한 동산고 역사의 한 페이지를 함께할 수 있음이 내겐 영원히 간직될 소중한 기쁨이고 축복이다. 그 모든 시간, 모든 사람, 고마움들을 내내 오랫동안 추억할 것이며, 언제나처럼 사랑하는 동산의 빛나는 도약과 무궁한 발전을 염원한다.

교직원

한 사람을 끝까지 품는 사람들
교사는 교과서를 넘어 사람을 가르치는 존재입니다.
동산의 교직원은 삶으로 가르치고, 신앙으로 인도하며,
한 영혼을 끝까지 기다리는 교육의 증인들입니다.
그들은 제자가 길을 잃지 않도록 기도의 등불을 들고 섭니다.

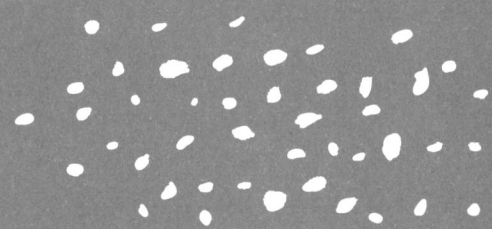

내 마음에 동산고가 쑥 들어온 날

곽희경 선생님 / 영어

4월이면 학교에는 벚꽃이 만개하고, '드디어 봄이 왔구나!' 싶은 기운이 교정 가득 퍼진다. 매년 봄이 오는 것처럼 해마다 이맘때가 되면 교육실습생들이 학교를 찾는다. 오늘도 열 명이 넘는 교생들이 도착했다. 나는 학급 담임교사로서 그중 한 명의 교생을 맡게 되었는데, 환한 미소가 참 예쁜 친구였다. 2학년 때 나에게 영어를 배웠다고 해 더 반가웠다.

조종례 시간에 교실로 함께 들어가 학생들과 인사를 나눴다. 아이들의 눈동자도 반짝, 교생의 눈동자도 반짝였다. 나이를 물었더니 스물다섯 살이란다. 내가 처음 동산고에 왔을 때와 똑같은 나이였다. 갑자기 마음속의 타임머신이 작동했고, 나는 스물다섯 살의 나를 떠올리게 되었다.

왜 그 시절, 나는 안산동산고에 기간제 교사로 지원했을까? 1996년, 고등학교 3학년이던 나는 진로에 대한 확신 없이 지쳐 있었다. 그 무렵 어머니가 김인중 목사님의 『나는 행복한 전도자』라는 책을 내밀며 말씀하셨다.

"이런 학교의 선생님이라면 해도 좋지 않을까?"

교사라는 꿈은 어릴 적부터 마음 한구석에 있었다. 대학에 들어가서야 그 불씨가 되살아났고, 교직 이수를 하며 나는 다시 교사를 꿈꾸게 되었다. 하지만 꿈은 쉽게 이루어지지 않았다. 2000년 9월, 우리 가정은 IMF 여파로 큰 경제적 위기를 맞았다. 나는 생활비를 벌기 위해 교수님께 양해를 구하고 반도체 수입 벤처회사에 취직했다. 교생 실습을 마친 대학교 4학년 2학기 때의 일이었다. 영어로 외국 바이어의 이메일에 답장을 쓰고, 회계 업무도 함께 맡았다. 경비 영수증을 정리하고, 점심 식사 주문까지 도맡으며 생각했다.

'이렇게 나는 영어 교사라는 꿈에서 멀어지고 있구나.'

그런 생각이 들 무렵, 회사는 경영난으로 문을 닫았고 나는 영어 유치원 강사가 되었다. 아이들을 1년 정도 가르치고 나니 확신이 들었다.

'나는 유아는 못 가르치겠다. 중고등학교 교사가 되고 싶다.'

그 후 군포, 수원, 안산, 평택 등 여러 지역의 학교들을 한 달씩 돌며 기간제 교사로 일했다. 마지막 수업 날이면 나는 학생들에게 말했다.

"이건 선생님의 유언이라 생각하고 들어줘."

그리고 복음을 전했다. 대부분의 학생은 듣기 싫어하며 고개를 숙였지만, 나는 속으로 이렇게 기도했다.

'하나님, 말씀대로 복음을 전했습니다. 이제 저 동산고 교사가 되고 싶어요.'

2002년 겨울, 교사 채용 공고 홈페이지에 안산 동산고 영어 기간제 교사 모집 글이 올라왔다. 글을 보는 순간 눈물이 흘렀다. 떨리는 손으로 지원서를 작성했고, 면접을 거쳐 2003년 나는 동산고의 기간제 교사가 되었다. 이듬해 정교사가 되었고, 지금까지 21년째 이 자리를 지키고 있다. 동산고에 들어왔으니 행복한 일만 가득했을까? 아니었다.

가정의 경제적 어려움, 초임 교사로서의 업무 부담 등으로 숨 막히는 시간이 많았다. 그 고통 속에서 하나님은 내 안에 자리 잡은 완벽주의, 착한 신앙인의 허상, 율법주의, 기복주의 같은 틀을 하나하나 깨뜨리셨다. 그리고 그 자리에 예수님의 십자가 사랑이 찾아왔다. 아무것도 자랑할 게 없던, 바닥까지 내려갔던 나를 하나님은 있는 그대로 안아 주셨다. 뜨겁고 온전한 사랑으로. 동산고는 내가 그 사랑을 받아들일 수 있게 해 준 곳이다. 그래서 나는 이 학교가 참 좋다.

지금 나는 매주 수요일 아침, 담임 경건회 시간에 아이들에게 복음을 전할 수 있어 행복하다. 그리고 내게는 한 가지 소원이 있다. 언젠가 졸업하는 아이들에게 이런 말을 듣는 것이다.

"선생님, 저 선생님 수업 들었던 학생입니다. 선생님 덕분에 예수님을 믿게 되었어요. 선생님이 전해 준 예수님 이야기를 들을 때마다 정말 사실일 것 같다는 생각이 들었어요. 복음을 전해 주셔서 감사합니다. 사랑해요, 선생님."

둘이 먹고 둘 다 죽어도 모를 밥상

김연정 선생님 / 영양, 김현숙 실무사님 / 조리

함께 성장한 이름, 동산고 / 김연정 영양 교사

1999년 1월 17일, 사회에 첫발을 내디딘 날. 그 시작점에 '동산'이 있었다. 처음엔 모든 게 낯설고 힘들었고, 때론 눈물도 났다. 하지만 그 힘들었던 시간들 덕분에 나는 조금씩 단단해졌고, 그 단단함이 곧 나의 뿌리가 되었다.

새벽 4시에 별빛을 보며 출근하고, 밤 8시에 달빛을 보며 퇴근하던 나의 20대. 그때 동산은 한창 성장 중인 '학령기'였고, 나는 그 속에서 삼시 세끼, 4,000명이 넘는 사람의 식사를 준비하며 내 인생의 소중한 한 페이지를 써 내려갔다. 좁고 열악한 조리 환경이었지만, 상차림만큼은 누구에게도 뒤지지 않았다. 기숙사 식사부터 결혼 피로연, 여름성경학교, 졸업식까지 동산에서의 식사는 늘 '행사'였고, '정성'이었다.

기억 속 한 장면이 떠오른다. 막걸리에 덩어리엿을 녹이며 몸을 녹이던 새벽, 1박 2일 밤을 새우며 1,800명이 먹을 김장김치 1,000포기를 담갔던 그날. 그 고단함 속에서도 함께 웃고 울며 나는 성장했다.

시간은 흘러, 어느덧 나는 50대가 되었고 동산은 이제 청년이 되었다. 그 시간 동안 나의 성품도, 인성도, 습관도, 심지어 나의 스타일조차 동산이라는 공간에 맞춰지기 시작했다. 힘들고 지칠 때마다 나를 버티게 한 건, 학생들의 "잘 먹겠습니다.", "최고예요."라는 말 한마디였다. "밥 먹으러 학교 온다."는 그들의 농담 같은 진심은 내게 큰 선물이자 위로였다.

부족했던 나를 기다려 준 교장 선생님, 함께 걸어 준 조리 선생님들, 그리고 언제나 따뜻한 기도로 응원해 주신 동산교회와 학부모님들. 그분들이 있었기에 오늘의 나도, 오늘의 동산도 있다고 믿는다. 이제는 말할 수 있다. 나의 삶에 '동산'이 있어서 참 행복했다고. 그리고 앞으로의 삶도 동산과 함께하며 더 많이 배우고, 채워 가겠다고.

상장 받던 날 / 김현숙 조리실무사

　새벽 2시, 세상이 아직 고요할 때 알람이 울린다. 곁에서 곤히 자고 있는 남편과 세 아이를 바라보며, 살며시 이불을 덮어 주고 조용히 집을 나선다. 어둠이 짙게 깔린 길 위, 가로등 불빛만이 유일한 동반자다. 어느 날은 흐릿한 형체가 다가오면 가슴이 철렁한다.

　술에 취한 사람과 마주치기라도 하면, 찬송가를 부르며 일부러 조금은 모자란 사람처럼 보이려 했다는 동료의 농담이 생각나 웃음이 새어 나온다.

　급식실로 들어서는 순간, '요이땅!' 구호와 함께 하루가 시작된다. 자동화 기계처럼 쌀을 퍼 올리고, 씻고, 썰고, 끓이고, 볶고, 부친다. 삼시 세끼를 책임지는 조리사들의 손길은 군더더기 없이 분주하고, 정교하다.

　3월의 새벽, 차가운 공기 속에서도 등줄기로 흘러내리는 땀에 젖은 옷이 차갑게 피부를 감싼다. 하지만 아이들과 선생님들의 식판 긁는 소리가 들려올 때면, 속으로 이렇게 외친다. "오늘도 전쟁을 잘 치렀다."

　정년이 다가오며, 이제는 '맏언니'라는 이름으로 남은 시간을 정리해 간다. 처음 이 일을 시작할 때만 해도 이렇게 많은 시간이 흘러갈 줄은 몰랐다. 떠나간 동료들을 대신해 책임을 짊어지고, 후배들을 이끌며 마지막까지 최선을 다하고 있다.

　잊을 수 없는 하루가 있다. 조식과 중식을 모두 준비한 후, 온몸이 천근만근 무거웠던 그날. 자율 동아리 학생들이 조리실로 찾아왔다. 그들은 우리에게 상장을 건넸다. 제목은 '둘이 먹고 둘 다 죽어도 모를 밥상'.

　피곤함도 잊고, 가슴이 먹먹해졌다. 아이들이 이런 마음을 나눠 주다니. 그 따뜻함이 고스란히 전해져, 기쁨의 눈물이 뺨을 타고 흘렀다. 그 순간, 문득 깨달았다. 이곳에서의 하루하루가 그냥 흘러간 시간이 아니었음을. 매일같이 불 앞에 서고, 무거운 솥을 들어 올리고, 반찬 하나에도 마음을 담았던 그 시간이 누군가의 기억 속에 '고맙다'는 마음으로 남아 있다는 사실이 얼마나 큰 축복인지. 그래서 오늘도 또 한 번 마음속으로 기도를 한다. 보람된 일을 할 수 있어서 감사하다고.

제자들을 위해 노래하는 선생님

김은진 선생님 / 진로

학교에 있다 보면 잊지 못할 장면을 만나게 된다. 내게는 여러 기억 중에서도 단연 김 선생님의 이야기가 가장 또렷하게 떠오른다. 김 선생님은 담임이라는 역할을 '아이들이 세상 속에서 크게 흔들리지 않도록 방향을 잡아 주는 선장'이라 여겼다. 아이들을 잘 키워 세상에 내려놓는 일, 그리고 그 세상이 아이들로 인해 조금이라도 달라질 거라는 믿음. 그게 선생님이 품고 있는 담임의 정체성이었다.

어느 날, 김 선생님은 2학년 담임을 맡았던 제자들이 이제 3학년이 되어 심적으로 많이 힘들어하고 있다는 이야기를 들었다. 성적도 잘 오르지 않고, 긴 수험생활에 지쳐 있다는 소식이었다. 어떻게든 아이들에게 힘을 주고 싶었던 선생님은 학교 축제에서 처음 열리는 '복면가왕' 무대에 깜짝 출연하기로 마음먹었다. 물론 정체는 철저히 숨긴 채, 축제에 참여하지 않는 3학년 학생들에게만 살짝 연락을 취해 복면가왕에는 참여하도록 하고 무려 3라운드까지 올라갈 계획으로 노래 세 곡을 준비했다.

1라운드, 김 선생님은 '넬라 판타지아'를 불렀다. 영화 <러브 액추얼리>의 명장면처럼, 스케치북에 한 장 한 장 손글씨를 써서 메시지를 전했다.

'3학년, 조금만 힘내세요. 우리가 함께 기도하고 있어요.'

무대 위에서 전달된 따뜻한 문장에 학생들은 놀라고 감동했고, 그 덕분에 1라운드는 무사히 통과했다. 하지만 2라운드의 상대는 가수 지망생인 3학년 학생이었다. 누가 봐도 결과는 뻔했다. 그런데 그 학생은 선생님이 끝까지 갔으면 좋겠고, 마지막 축복송을 듣고 싶다며 자신의 실력을 발휘하지 않고 일부러 가사를 틀리며 탈락을 했다. 자신의 무대를 스스로 양보한 것이다.

김 선생님은 2라운드를 통과했고, 더 무리하게 선곡한 'Think of Me'를 열창했다. 스케치북에 '기특했어요, 고마웠어요. 우리는 결과 그 위의 가치로 승리한다!'라는 메시지가 적혀 있었고 학생들의 환호는 더욱 커졌다. 드디어 승패가 중요하지 않은 3라운드에 이르렀다. 마지막 곡은 2학년 12반, 작년 학급 아이들을 위한 무대였다.

'2학년 12반, 너희는 최고다! 사랑한다. 파이팅!'

스케치북 문구가 넘어가고, 무대 위에서는 '이 시간 너의 맘속에'가 울려 퍼졌다.

"오래전부터 널 위해 준비된… 하나님의 크신 사랑…."

노래는 어느새 학생들과 함께 부르는 합창이 되었고, 선생님은 울먹였고, 아이들도 울먹이며 목청껏 노래했다. 무대가 끝나자 2학년 12반 학생들은 우르르 과학실로 달려와 큰절을 올리고 "사랑해요, 선생님!"을 소리 높여 외쳤다. 그날의 복면 이벤트는 단순한 퍼포먼스를 넘어, 잊을 수 없는 사랑의 장면이 되었다. 그리고 학생들은 김 선생님의 이벤트 덕분에 대학도 잘 갔다는 후문이다. 믿거나 말거나!

우리는 찬란한 동산의 오케스트라

김은하 선생님 / 음악

　　　　만 5세에 입학했던 내가 걱정되셨던 엄마는 매 학기 초 담임 선생님을 찾아가셨다. 하지만 나는 생각보다 씩씩하게 학교생활을 해냈고, 그 뒤로도 내 삶에는 늘 '나를 알아보아 주고 잘 챙겨 주는' 선생님들이 있었다. 진로를 바꾸려 했던 순간마다 누군가 나타나 내 손을 잡아 주었고, 언젠가부터 나도 그런 선생님이 되고 싶다는 꿈을 품게 되었다.

　아무 학교나 가지는 않겠다는 나의 마음을 처음 잡아끌었던 것은 인천의 어느 회색 건물에 있던 학교였다. 그런데 내 지원서를 본 교장 선생님이 말씀하셨다. "선생님은 이곳에 오실 분이 아닙니다." 그 말에 나는 "저는 이곳에서 아이들을 가르치고 싶어요!"라고 말했지만, 끝내 받아들여지지 않았다. 그날 슬프게 학교를 내려오며 생각했다. '왜 안 된다는 걸까?'

　월급쟁이 선생님이 되고 싶지 않았고 '영혼의 가치'를 찾던 나에게 연락을 주신 김인중 목사님을 처음 만난 1994년 8월 15일을 기억한다. 안산이 어디인지 모를 정도로 무지하던 나는 '기존의 학교와 전혀 다른 새로운 학교'라는 말에 혹해 전철을 타고 내려갔고, 대야미역의 논밭 풍경을 보며 '이건 아닌 것 같다.'며 당황했다. 하지만 안산 중앙역에 다다라 도시 풍경을 마주했을 때, 다시 마음을 다잡을 수 있었다.

　나를 보자마자 간증하시며 눈물을 흘리던 목사님은 "바로 이곳입니다!"라며 손가락으로 붉은 흙더미의 언덕을 가리켰다. 그곳에는 건물은커녕 땅이 파헤쳐져 있는 공사장밖에 보이지 않았다. 하얀 원피스와 구두를 신고 간 나는 그 붉은 흙 속에 발이 푹푹 빠지며 언덕을 올라갈 수밖에 없었다. 그리고 목사님의 외침을 들었다. "내년에 이곳에 학교가 세워질 겁니다!" 아무것도 없는 그 동산을 향하여 외쳤던 확신에 찬 그 목소리! 나는 그때 깨달았다. 하나님은 내가 꿈꾸던 학교를 이미 준비하고 계셨다는 것을.

　그렇게 시작된 동산의 시간이 벌써 30년이 되었다. 건물조차 없던 무명의 학교에 홀로 달려와서 30년 동안 전 생애를 바친 1기 선생님들을 존경한다. 서로의 교육관이 다르고 삶의 가치관은 다를지언정, 무언가에 막혔을 때 우리는 서로를 보면서 이렇게 말하곤 했다. "우리가 여기 그냥 온 거 아니잖아? 무언가 해 보자고 온 거잖아?"

30년의 세월이 지나가는 동안 가난하지만 공부는 잘하는 아이들이 부자이면서 공부도 잘하는 아이들로 바뀌어 가는 모습을 보며 자주 생각한다. '내가 있어야 할 곳인가?', '새로운 학교인가, 또 하나의 학교인가?', '이 아이들에게 가르쳐야 하는 것이 무엇인가?' 다양한 색채를 가진 학교, 교사, 학생, 학부모들과 지내면서 '안산동산고'는 독특하고 창의적인 멜로디를 품고 다양한 시대의 음악 사조를 보여 주는 오케스트라 음악 같다는 생각이 들었다.

처음엔 A 주제에 맞춘 화음이 중심이었지만, 점차 다양한 악기가 각자의 멜로디를 내며 복잡하게 어우러지는 대위법의 음악을 선보이는 오케스트라. 30년이 지나도 나는 아직도 이 음악의 전부를 알지 못한다. 그러나 하나님께서 나를 1기로 불러 주셨고, 지금도 이 학교를 정성껏 만들어 가고 계신다는 것만은 분명히 안다. 하나님께 진심으로 감사드리며, 바라기는 시대의 흐름에 끌려가는 어설픈 학교보다는, 시대의 인식을 바꾸는 선각자 또는 시대를 거스르는 용기를 지닌 작은 학교가 되기를 소망해 본다. 붉은 흙더미 언덕을 가리키며 '여기가 학교입니다!'를 외치던 목소리에, 온전한 학교의 모습을 이미 보았던, 그래서 피가 끓었던 30년 전의 젊은 청년의 마음을 지금도 가져 볼 수 있지 않을까, 꿈꾸어 본다.

국경을 건너온 아이와 처음 만난 날

김재호 선생님 / 체육

학기 초, 정신없이 바쁜 시기였다. 그 와중에 전학생이 온다는 소식이 들렸다. 탈북 학생이라고 했다. 순간 마음속으로 이렇게 생각했다.
'아… 제발 우리 반은 아니었으면.'
탈북 학생을 가르치거나 지도해 본 경험이 없어 두려움과 막막함이 컸다. 그런데 웬걸, 우리 반으로 두 명 중 한 명이 배정되었다. 한숨이 나왔다.
'이왕 이렇게 된 거, 마음 다잡고 잘 해 보자. 코밑이 즐거워야 인생도 즐거운 거니까.'
그래서 먼저 말을 걸었다.
"혹시 먹고 싶은 거 있어?"
"고기요."
나는 육류를 썩 좋아하지 않지만, 아이가 먹고 싶다는데 마다할 수 없었다.
"수업 끝나고 같이 갈래?"
"예."
그날 아마, 내가 1년 동안 먹을 고기를 그 친구들이 다 먹었을지도 모른다. 고향을 물었더니 함경도라고 했다.
"어? 우리 아버지 고향도 거기야."
그 말 한마디를 시작으로 많은 이야기를 나누게 되었다. 중국 공안에게 잡혀 북송될 뻔했던 이야기, 국경 근처에서 경비가 허술한 틈을 타 다시 탈출한 이야기, 선교사를 만나 한국에 들어오게 된 과정까지. 짧지만 너무도 굵고 깊은 인생을 품은 이야기였다.
부모님께 말씀드렸다.
"아버지와 같은 고향에서 온 친구가 우리 반에 있어요. 시간 되시면 같이 식사해요."
점심시간, 급식에서 밥이나 반찬이 남겨지는 모습을 보며 친구들은 이해하지 못했다.

"북에는 굶어 죽는 사람도 많은데, 여긴 왜 음식을 버려요?"

그 말에 나도 말문이 막혔다.

10월 어느 주말, 휴대폰 벨이 울렸다.

"선생님, 요즘 얼굴이 많이 어두운데 무슨 일 있어요?"

그날은 아버지 수술 날이었다.

"수술에 많은 혈액이 필요하대."

"아버지 혈액형이 어떻게 되세요?"

"AB형이야."

"저도 AB형인데요. 병원이 어디예요?"

괜찮다고 말렸지만, 그 친구는 곧장 달려와 수혈해 주고, "수술 잘되길 바란다."며 위로를 건넨 뒤 조용히 돌아갔다. 이젠 자주 만나지도, 자주 연락하지는 못해도 연초와 연말이면 잊지 않고 서로 안부를 주고받는 사이가 되었다.

얼마 전 그 학생과 통화를 했다. 오랜만의 목소리였다. 잘 지낸다며 아들은 벌써 중학생이 되었단다. 이젠 서울에 집도 장만했고, 동생도 데려와 함께 살고 있고, 중국에 있는 친척도 만나고 왔다며 웃었다. 웃는 목소리가 좋아 보였다. 그래, 고맙다. 잘 살아 줘서… 정말 고맙다.

우리가 함께 만든 졸업장

김준 선생님 / 사회

교사가 된 지 꽤 오랜 시간이 지났지만 나는 아직도 보람이라는 게 어떤 건지 정확히는 모르겠다. 눈을 반짝이며 수업에 집중하는 아이들을 볼 때? 물론 그런 순간이 힘든 순간을 버티게 하는 것은 맞지만, 그보다 더 큰 마음이 나를 아직까지 교사로 남아 있게 하는 것 같다.

그 마음은 무엇일까. 가장 기억에 남는 학생 이야기를 해 볼까 한다. 개교 초기부터 계셨던 선생님들이라면 아마 알고 있을 이야기다. 우리 반 ○○이는 가정불화로 부모님이 별거 중이어서, 홀어머니와 함께 어렵게 살고 있었다. 의욕 없이 힘겹게 버티던 ○○이는 결석과 조퇴를 밥 먹듯 하다가 결국 고3 때 가출을 했다.

몇 달이 지나도록 행방을 찾을 수 없었다. "지방에 있는 사무실에서 일하며 지낸다더라."는 소문만 떠돌았다. 수업일수가 턱없이 부족해 결국 퇴학 처분 대상이 되었다. 그땐 실제로 퇴학 제도가 있던 시절이었다.

그러던 어느 날 학급 아이들이 나를 찾아와서 "선생님, ○○이가 오늘 안산에 온답니다. 오늘이 아니면 기회가 없을 거 같은데 선생님 혼자서는 잡기 힘드시지 않나요?"라고 말하는 것이었다. 심지어 자기들끼리 체포조(?)까지 이미 편성했다고 했다. 결국 나는 반 아이들과 함께 야자 시간에 상록수역, 버스 터미널, ○○이의 집 앞 등지에 흩어져서 잠복(?) 끝에 겨우 ○○이를 찾아내어 이야기했다.

"퇴학만은 안 된다. 지금 당장은 학교 다니기 힘들어도, 나중에라도 복학할 수 있도록 자퇴나 휴학으로 처리하자. 최소한 고등학교는 꼭 졸업해야지."

다음 날, ○○이는 자퇴 수속을 밟기 위해 학교에 왔다. 그런데 운동장에 반 아이들이 모두 나와 있었다. 아이들은 조회대 앞에 무릎을 꿇고 이렇게 외쳤다.

"○○이가 이렇게 오래 힘들어했는데도 우리는 친구로서 아무것도 하지 않았어요. 벌을 받아야 할 진짜 나쁜 놈은 ○○이가 아니라 우리예요. ○○이에게 다시 한번 기회를 주세요."

그 장면을 바라보며, 당시 교장실에 있던 故이병호 교장 선생님, 나, 그리고 ○○이 우리 셋은 함께 눈물을 흘렸다. 잠시 뒤, 교장 선생님께서 말씀하셨다.

"학생을 지도하는 목적은 징계가 아니야. 선도하는 거지. 한 사람의 삶을 구할 수 있다면, 교칙이 뭐 그리 중요하겠나. 김 선생, 책임은 내가 질 테니 다시 한번 해 봅시다."

그날의 그 말은, 지금도 내 마음속에 깊이 남아 있다. ○○이는 결국 학교에 다시 돌아올 수 있었고, 끝까지 학교생활을 마쳤다. 우리 모두가 함께 만든 졸업장인 것이다. 졸업식 날, ○○이는 나에게 이렇게 말했다.

"저 같은 놈한테 이렇게 많은 사람이 관심 있는 줄은 정말 몰랐어요. 이제는 저도 제 몫은 하면서 살아야죠."

웃으며 말하던 그 얼굴을, 나는 아직도 잊지 못한다. 그리고 가끔 생각한다. 그날 교장 선생님의 단호하면서도 따뜻했던 한마디가, 그날 운동장에 무릎 꿇고 있던 아이들의 눈물이, 그리고 내 안의 간절함이 한 사람의 인생을 조금은 다른 길로 이끌었는지도 모른다고. 그리고 그것이면 교사로서 한 시절을 잘 살아냈다는 증표로 충분하지 않을까.

오늘 하루도 수고 많았습니다

남영이 선생님 / 사감

"여러분, 오늘 하루도 수고 많았습니다."

야간 인원 점검 시간에 매일 아이들에게 방송으로 건네는 나의 인사말이다. 10년 전, 동산고 상록학사의 사감 교사가 되어 한 학기 정도 지내던 어느 날이었다. 그날따라 아이들이 참으로 안쓰러웠다. 집이 아니기에 모든 행동과 활동에는 절차와 순서를 지켜야 하고, 현대적으로 설계된 기숙사가 아니기에 등교 준비 시간에는 화장실과 샤워실에서 차례를 기다려야 하며, 믿는 자이기에 세상 아이들은 하지 않는 기도와 예배도 드려야 하고, 실력이 월등한 학생들만 모인 학교에서 처음 경험하는 치열한 경쟁까지, 이렇게 매일, 3년을 '생활해야' 한다.

그럼에도 불구하고 밝게 웃으며 인사하고, 생활해 나가는 아이들이 그날따라 유난히 안쓰럽고도 기특해 보였다. 그래서였다. 인원 점검과 공지 사항 전달을 위해 마이크를 잡은 나는 공지 사항 대신 처음으로 공감과 위로의 인사말을 아이들에게 건넸다. "여러분, 오늘 하루도 수고 많았습니다."라고.

그 말은 나의 진심이었다. 아이들이 어떻게 받아들일지는 생각하지 못했다. 그런데 다음 날 아침, 한 아이가 등굣길에 인사를 하며 말했다. 어제 그 말이 큰 위로가 되었다고, 감사하다고. 그날 이후 나는 점호를 담당하는 날이면 빠짐없이 이 인사말을 전하고 있다.

'동산고의 꽃'이라는 별명을 가진 우리 상록학사의 아이들. 지난 10년간의 기억을 더듬어 본다. 새벽 6시면 어김없이 모두 일어나 눈을 비비며 성경 말씀을 읽고 기도로 하루를 시작한다. 지금보다 샤워실이 적었던 예전에는 아침마다 샤워실 앞에 슬리퍼 한 짝이 주인을 대신해 줄을 서던 깜찍한 아이디어를 낸 주인공들이다. 대청소하는 날이면 침대 밑까지 몸을 바쳐 먼지를 싹쓸이하는 아이들이다. 쓰레기통이 넘칠까 봐 큰 종이나 과자 봉지를 메모지처럼 접고, 캔을 납작하게 밟아 버리는 아이들이다. 속옷 정도는 스스로

손빨래해 널고, 구겨진 교복을 꼼꼼히 다려 내는 아이들이다.

공부만 하기에도 바쁜 하루인데도 복도 한쪽, 공부방에서 짬짬이 성경책을 펴는 아이들. 기숙사 안에서 몇 번을 만나도 예의 바르게 인사하는 아이들. 토요기도회를 위해 말씀을 준비하고, 뜨겁게 찬양하며 기도하던 아이들. 다친 친구의 샤워를 돕기 위해 샤워실에 의자를 준비하고, 부축해 주고, 신발을 챙겨 현관에 놓아 주는 아이들이다.

코 고는 친구 때문에 잠 못 이루는 밤이 되면, 학교에서 배운 문제 해결 능력을 발휘해 타협과 수용, 양보와 협력을 이끌어 내는 아이들. 소등 방송 후 기숙사를 한 바퀴 돌다 보면, 화장실과 샤워실의 많은 슬리퍼들이 가지런히 정리되어 있는 모습을 종종 본다. 누군가의 조용한 수고 덕분이다.

그리고 사생단의 수고도 빼놓을 수 없다. 입시 준비에 도움이 되지 않는 일임에도 불구하고, 기숙사생 대표들인 사생단은 새벽 경건회를 리드하고, 선후배 사이의 가교 역할을 하며, 모두의 기숙사 생활을 더 풍성하고 따뜻하게 만들기 위해 감초 같은 활동을 '스스로 찾아서' 수행한다. 그러면서 공부도 잘한다.

앞에서 나열한 것 외에도 수고로움은 더 많았을 것이다. 나머지는 기숙사생들끼리의 비밀로 남겨 둔다. 이렇게 하루하루 아이들의 삶 속에 수고와 성실함, 정성이 차곡차곡 쌓인다. 그리고 3년 후, 자신이 세운 비전을 향해 당당하게 첫발을 내딛는 그 모습은 참으로 반듯하고 자랑스럽다. 그간의 애씀과 성실함, 정성으로 쌓은 그 모든 시간이 이 아이들의 삶에 귀한 자산이 될 것이다.

그리고 매일 저녁 함께 외친 '우리들의 합창'과 '하나님이 주신 말씀'처럼, 이들이 그 믿음 안에서 걸어가리라 믿는다. 그 내용이 궁금하다면 상록학사생들에게 직접 물어보시길. 분명 감동이 있을 것이다. 아쉬레이, 상록학사!

동산의 언덕에서 하나님의 일꾼으로

노경우 선생님 / 과학

1995년 동산고에 교사로 오기 전, 나는 대학생선교회(CCC)에 소속되어 선교 훈련을 받으며 '기독교 교사로서 어떻게 살아갈 것인가', '기독교 학교에서 어떤 교육을 펼칠 것인가'를 깊이 고민했다. 매주 월요일 청주 CCC 센터에서 순장 교육을 받았고, 매일 아침 8시에는 캠퍼스 잔디밭에서 경건회를 드렸다. 금요일 저녁마다 청주 CCC 센터의 정기 예배에 참석하기 위해 두 시간씩 이동했고, 기숙사 형제들과는 매일 저녁 기도 모임을 가졌다. 주말에는 리트릿이나 기도 훈련 센터에서 열리는 선교 부흥회, 여름 수련회에 참석하며 신앙의 기초를 다졌다. 한국교원대학교에서의 CCC 훈련은 내 신앙적 뿌리를 형성한 매우 소중한 시간이었다.

졸업 후, 나는 한국교원대학교 생물교육과 조교로 근무하며 크리스천 교수님들과 함께 가칭 '교원대 교회'를 세우고, 계절제 대학원생과 교장 연수생들을 위한 예배 환경을 조성하는 일에 참여했다. 기독 교수님들은 매주 수요일 외부 강사를 초청해 말씀을 전했고, 함께 사역한 친구 조교는 예배 장소를 준비하고 홍보하는 일을 맡았다.

이 시기에 나는 교사로서의 사명을 준비하며 전국 각지의 기독교 교사들과 교제했고, 현장에서 기독교 교사로 살아가는 삶과 현실을 생생히 들을 수 있었다. CCC 졸업생 모임(나사렛 모임)에 참석했을 때, 안산동산교회가 기독교 고등학교를 설립하며 교사를 모집하고 있다는 소식을 들었다. 기윤실 회원들과 함께 김인중 목사님을 만나 비전을 들었고, 그 비전은 내가 교원대 CCC에서 훈련받으며 품었던 신앙 교육의 이상과 정확히 맞닿아 있었다. 나는 감사한 마음으로 동산고에 지원서를 제출했다. 면접 자리에서 목사님은 이렇게 말씀하셨다.

"교원대의 크리스천 교수님들이 '이 친구를 놓치면 후회할 것이다.'라고 추천하셨습니다."

그 말씀은 지금도 내게 큰 감동으로 남아 있다. 감사하게도 나는 1995년 안산동산고의 1기 생명과학 교사로 입사해 개교 멤버로 함께 참여할 수 있었다. 개교 초기, 기숙사는 故이일신 교장 선생님의 연립주택을 활용해 남녀 학생을 한 건물에 수용할 수밖에 없었고, 학교 외부에 있어 운영상 어려움이 많았다. 나는 낮에는 교사로, 밤에는 기숙사 사감으로 봉사하며 학생들과 함께 생활했다. 비록 1년이었지만, 그 시절 함께 지낸 학생들은 지금도 만나면 여전히 반갑다.

1기 교사로서 나는 교무부 기획, 연구부 기획, 3학년 기획 등을 맡아 선배 교사님들로부터 학교 운영의 방법과 노하우를 배웠다. 특히 19년 동안 3학년 담임을 맡으며 대학 입시에 온 힘을 쏟았다. 학생부 종합 전형반, 논술 준비반을 운영했고, 수능 성적 향상을 위해 밤 10시, 11시까지 수업과 지도를 이어 갔다. 학생과 학부모 상담을 통해 진로를 함께 고민했던 시간은 교사로서 가장 보람 있는 순간이었다.

과학정보부장 재직 시기에는 교육청과 재단의 지원을 받아 과학실 네 곳을 1.5교실 규모로 리모델링했고, 지하 2층으로 이전해 운영 기반을 마련했다. 그 결과 과학 동아리와 학생 연구 활동이 활발해졌고, 다양한 탐구 대회 입상과 서울대 등 우수 대학 진학으로 이어졌다. 30년 중 19년은 3학년 담임으로, 나머지 11년은 교무기획부장, 과학정보부장, 2학년 학년부장, 교목상담부장 등 부서 리더로 사역했다. 동산고 10주년 기념행사 때는 교무 기획을 맡아 행사를 운영했고, 그동안 일곱 분의 교장 선생님을 모시며 각자의 교육 철학을 배울 수 있었다. 비록 교육 철학은 서로 달랐지만, 모두가 김인중 이사장님의 설립 정신을 이어 가려는 마음으로 동산고를 섬겼다는 점은 공통적이었다. 다수의 교육감 표창과 교육부 장관상 수상은 그간의 수고에 대한 작은 격려라고 믿는다.

내가 동산고에서 이룬 가장 큰 공헌은 학생들이 하나님을 중심에 두고 각자의 자리에서 하나님의 사람으로 살아가도록 돕는 일이었다고 생각한다. 다시 생각해 봐도 안산동산고에서 기독교 교사로 살아온 지난 30년은 내 인생에서 가장 복된 선택이었다. 앞으로의 시간도 이와 다르지 않기를 간절히 소망한다.

동산에서 보낸 나의 추억은 아직도 진행 중

류하영 선생님 / 진로

　　　　　SNS 영상 숏츠에서 본 적이 있는 '69억 빚을 갚은 이상민의 인생 조언 7가지'라는 제목의 내용 중 기억에 남는 두 가지를 소개하면, 하나는 힘들 때 우는 건 삼류, 자는 건 이류, 웃는 건 일류라는 조언이다. 둘째는, 결국 끝까지 버틴 사람이 이긴다는 것이다. 매주 주일 저녁 시간에 나오는 '미운 우리 새끼(미우새)'라는 TV 프로에 고정으로 출연하며 많은 시청자에게 '궁상민'으로 잘 알려진 그이기에, 그가 한 말인지는 모를 일이지만, 수십억 빚쟁이의 처절한 인생 역전의 주인공인지라 남달라 보이기에 충분하다.

　나 또한 지난 2024년 2월, 36년 동안 머물렀던 교직을 떠나면서 동산고등학교가 만들어 준 퇴임의 자리에서도 이와 비슷한 얘길 했던 기억이 난다. 여러분이 몸담고 3년을 보낼 이곳 동산고가 지금 당장은 고통과 어려움의 연속일지라도 생각보다는 훨씬 좋은 학교라는 것과, 인생 마지막에 성공하는 자는 일을 좋아서 하는 사람도, 즐겨 하는 자도 아닌, 끝까지 버티고 버텨 견디는 사람이라는 것을 애써 강조했던 기억이 난다.

　1996년 겨울바람이 무척이나 매섭던 2월 어느 날 동산의 교정에 처음 올라왔다. 성남에서의 첫 교직 생활이 8년 차로 접어들 무렵 일간지 귀퉁이에 실렸던 사단법인 한국기독교학교연맹이 올린 '1996학년도 중·고등학교 교사 채용'이라는 제목의 광고 하나가 인연이 되어 30년에 가까운 안산동산고와의 시간이 지금도 이어지고 있는 셈이다.

　생각하면 30대 중반에 안산에 와서 지금은 60대 중반에 접어들었으니 어언 내 인생의 절반을 이곳 안산동산고와 함께했다고 해도 과언이 아니다. 형편없던 나의 신앙을 이만큼이나마 성장시켜 준 훈련을 받았으며, 귀한 학부모를 만나 인생 선배의 조언도 들었고, 좋은 학생들을 수없이 만나 서로 가르치며 배우는 교학상장의 귀한 기회도 가졌고, 멋진 인생을 사시는 수없는 선후배 동료 교사를 만나 귀하고도 귀한 내 인생, 돈으로 살 수 없는 멋진 인생 추억을 만들었으니 어찌 30년의 소회가 없을 수가 있겠는가?

　지금도 4월이면 학교 교정을 가득 채웠던 눈송이 같은 벚꽃 아래 삼삼오오 모여서 추억을 담던 제자들이 생각나며 여름, 가을, 겨울 시시때때로 변하는 교정의 나무가 하나하나 생각난다. 그렇게 한 해 한 해를 채워 보내기를 거듭하며 수없이 많은 제자들과의 인연이 지금도 이어지고 있으니 이 또한 복 받은 인생이 아닌가?

　안산동산고가 내게 준 선물은 한두 가지가 아니지만 그중 내 인생의 후반을 보내며 퇴직 2년 차인 지금 생각하면 무엇보다 운동으로 만났던 동료 교사들과의 추억을 결코 잊을 수가 없다. 함께 마라톤 대회에 나갔던 고○곤, 김○ 선생님과 여름날 호수공원에서 가을 대회를 준비하며 장거리 달리기에 굵은 땀을 흘렸던 기억, 국토 종주에 4대 강도 모자라 2019년 겨울 6명의 교사-김○호, 최○락, 신○재, 노○우, 신○준-와 함께 대만 해외 원정으로 타이완섬 전체를 2주 동안 자전거로 일주하며 함께 고생했던 기억, 서울 근교의 북한산, 도봉산, 전국의 명산을 올랐던 기억, 시험 기간이면 함께한 대부도, 오이도 단체 자전거 라이딩, 점심시간이면 함께 즐겼던 2층 탁구장에서의 추억 등 생각하면 생각할수록 입가에 미소가 떠나질 않는다.

　그때의 기억과 추억의 땀이 밑거름이 되어 요즘도 나는 달리기를 놓지 않으며 주중 몇 번씩은 인근 노적봉을 찾아 달리고 달린다. 아니, 올해도 벌써 서너 번의 제법 규모 있는 마라톤 대회 풀 코스, 하프 코스 전국 대회를 찾아다니며 달리기를 즐기고 있다.

　누구에겐가는 추억이 되어 버린 동산에서의 시간이 내겐 아직까지도 현재진행형이다. 아니, 계속 현재진행형이고 싶다. 동산을 사랑합니다. 그리고 끝까지 함께하겠습니다.

넘치게 사랑받은 곳, 안산동산고

박순정 선생님 / 보건

2000년 10월 1일, 동산에서의 첫날은 낯설고 어렵고 불편했다. 하지만 움츠러든 나에게 먼저 다가와 준 아이들과 선배 선생님들 덕분에 낯가림이 심하고 새침한 내가 어느덧 동산의 30년 중 25년을 함께하고 있다.

큰 소처럼 눈을 끔뻑이며 반 아이들이 아플 때마다 죽을 사 오시던 선생님이 계셨다. 학교 급식실에서 죽이 제공됨에도 불구하고, 아이들 입맛에 맞는 호박죽이나 전복죽을 사비로 사 오셨다. 생각해 보면 죽 전문점도 드물던 시절이었는데, 그걸 어디서 구하셨는지 아직도 신기하다. 수업도 많고 바빴지만 담임 선생님들은 늘 보건실에 와서 아이들의 상태를 확인했고, 필요할 땐 부모님 대신 병원에도 함께 가셨다. 어떤 날은 일과가 끝난 뒤 응급실에서 밤을 새우시기도 했다.

목회 때문에 오지 못하는 부모님 대신 아이를 살피던 선생님들의 모습을 보며, '누가 아이들에게 더 잘하나' 경쟁하듯 애쓰시던 기억이 난다. 고등학교 시절, 나에겐 별다른 기억이 없었기에 아이들이 부럽기도 했고 '이런 고등학교도 있구나.' 하고 놀라기도 했다.

그 틈에서 나는 보건교사로서 아픈 아이들을 돌보는 당연한 일을 했을 뿐인데도 한 일에 비해 훨씬 큰 사랑이 돌아와 민망했던 순간이 많았다. 2001년, 2학년 1반이 보건실 청소를 맡았을 때다. 그 아이들은 청소 시간이 아님에도 쉬는 시간마다 와서 침구를 정리하고, 쓰레기를 버리며 보건실을 정성껏 관리했다. 마침 감사를 나오신 장학사님이 그 모습을 보고 감탄하셨다.

"역시 동산은 다르네요."

그 말이 아직도 생생하다. 생각나는 또 하나의 사건이 있다. 2024년, 의료인이 된 후 처음으로 인공호흡을 하게 된 일이 있었다. 견과류 알레르기가 있는 한 학생이 후식으로 나온 마카다미아 초콜릿을 먹고 목이 부어오르기 시작했다. 병원으로 후송하는 차 안에서, 나는 아이의 목을 젖히고 코를 막고

인공호흡을 하며 간절히 기도했다. 응급실이 보일 무렵, 아이는 구토를 하더니 혈색이 돌아왔다. 하룻밤 입원 후 무사히 회복했고, 다음 날 머쓱한 얼굴로 박카스를 들고 와 고맙다고 말하던 아이의 모습이 아직도 눈에 선하다.

돌아보면 주님의 은혜가 아닌 순간이 없었다. 입시 준비만으로도 힘든 대한민국의 고등학생들. 그런데 동산고 학생들은 신앙인으로서의 성숙함까지 감당하려 하니 더 힘들어 보일 때가 많았다. 잘해야 하고, 견뎌야 하고, 버텨야 한다는 그 무게가 안쓰러워 자주 마음이 아팠다. 그래도 짬이 날 때마다 운동장에 나가 미친 듯이 뛰고 웃는 아이들을 보면 그 밝은 에너지가 나까지 위로해 주곤 했다.

지난 1월, 라오스로 선교여행을 다녀왔다. 돌아오는 길에, 나는 이렇게 말했다.

"이제 그만 웃고 싶어요."

9박 10일 내내, 너무 많이 웃고 너무 많이 행복했다. 6일째 되던 날, 이른 아침부터 초등학교에서 선교 활동을 하고 오후엔 블루라군에서 물놀이를 하며 신나게 놀았다. 그리고 저녁엔 창세기부터 요한계시록까지 훑는 성경 강의를 5시간 넘게 들었다. 쉬는 시간은 고작 5분. 아이들은 뺨을 때리고 허벅지를 꼬집어 가며 집중했다. 열심히 듣고 필기하는 기특한 모습에 나도 모르게 눈물이 났다.

안산에 처음 왔을 땐, 아래를 내려다보는 마음이었다. 주말이면 늘 서울로 올라가 있었다. 이렇게 많은 것을 돌려받게 될 줄은 미처 몰랐다. 동산고는 안산에 있다. 사람들은 "안 산다, 안 산다." 말하지만 이곳에서 아이들은 꿈을 심고, 그 꿈이 파릇파릇 돋아나 주님의 나라가 자라 간다. 이곳은 주님이 사랑하시는, 그분의 동산이다.

나를 교사 되게 한 것은
나를 거쳐 간 학생들이었음을

소남원 선생님 / 영어

안산동산고등학교의 교사가 되기를 꿈꾸며 가졌던 마음은 분명했다. 다양한 가능성을 품은 청소년들에게 기독교적 정신을 바탕으로 가르치고, 그들이 가장 필요로 할 때 옆에서 도울 수 있는 '헬퍼'가 되는 것. 그게 내가 품었던 교사의 모습이었다.

동산고 초기 5년 동안 나는 교과학습 분야에서 보다 준비된 교사가 되기 위해 가열차게 영어교재를 연구하고 개발했다. 학생들의 학업에 실질적인 도움이 되고자 수많은 분석과 수업모형을 만들어 냈고, 방학은 온전히 다음 학기를 위한 수업자료와 교재를 준비하는 시간으로 보냈다. 학기 중에는 준비한 자료를 바탕으로 수업을 진행하며, 학생들의 이해 정도에 맞춰 자료를 끊임없이 보완하고 다듬었다.

그 시절, 담임교사로서의 역할도 병행했지만 관심은 오롯이 학생들의 학업 성장을 향해 있었다. 학생 개개인의 사정이나 감정, 그 안에 숨은 성장통은 잘 보이지 않았다. 상담을 해도 아이들의 이야기를 마음 깊이 듣고, 함께 웃고 울어 주는 공감 능력은 부족했다. '일류대 진학보다 인성의 균형이 더 중요하다.'고 말하면서도 실제로는 늘 교과의 완성도와 성적 향상에 더 초점을 두고 있었던 것 같다.

그렇다고 동산고가 상위권 학생들만을 바라보는 학교였던 것은 아니다. 오히려 내가 동산고를 자랑스럽게 여겨 온 이유는 공부가 어려운 학생들에게도 그에 맞는 학업 방향을 찾게 하고, 포기하지 않도록 끝까지 가르치려는 선생님들이 늘 곁에 있었다는 사실 때문이었다.

학생들의 감정과 얼굴에 담긴 복잡한 신호들이 보이기 시작한 것은 동산고 재직 10년쯤 되었을 무렵, 나의 자녀들이 고등학교에 입학하면서부터였다. 그때부터 '학생들은 이래야 해.', '혹시 이런 마음이 아닐까?' 하는 고정관념들이 자연스레 수정되기 시작했다. 내 아이도 내 말을 잘 듣지 않는 걸 보며 다르게 행동했던 학생들의 마음을 이해하게 되었다. 교칙을 어기거나 생활 태도가 조금 빗나간 아이들의 이야기를 들으면서 '그럴 수도 있겠다.'고 생각하게 되었고, 이해와 공감은 느린 속도지만, 분명히 자라나고 있었다.

그 무렵부터였다. 학생들의 태도가 금방 바뀌지 않아도 여유롭게 기다릴 수 있게 되었고, 곧바로 교정하려 하지 않고, 상황이 있었을 거라는 여지를 두게 되었다. 심지어 거짓말일 수도 있다는 생각을 하면서도 화를 내기 전에 먼저 그 이유를 들어 보는 습관이 생겼다. 이런 변화가 쌓이면서, 아이들이 점차 아들과 딸처럼 느껴졌다. 그들의 편에 서서 생각하려는 마음이 커질수록 내 말투도 조금씩 달라졌다. 마음을 다해 건네는 말, 상처 주지 않고 어루만지는 말이 늘게 된 것이다. 감사한 일이다.

그러다 보니 문득 예전의 나를 떠올리면 부끄러워질 때가 있다. 나에게 대항하지 못하고 작은 표정과 몸짓으로 불편함을 드러내던 아이들의 모습이 가시처럼 마음에 남아 있는 탓이다. 그 아이들에게는 성숙하지 못한 교사의 모습을 보여 미안한 마음이 든다. 그래서 그 마음을 지금 함께하는 제자들에게 부지런히 갚아 나가고 있다.

이제야 겨우 '조금 더 교사가 된 것 같다.'는 생각이 든다. 학생들을 사랑하고 아끼며, 그들의 성장을 곁에서 도울 수 있는 사람이 되었고 동산고의 선생님들과 더 닮아 가고 있다는 생각도 든다.

나의 하루는 여전히 비슷한 패턴이다. 방학 중에는 새로운 학기를 위한 교재를 준비하고, 학기 중에는 수업자료를 수정하며 가르친다. 학생들과 주기적으로 만나 상황을 듣고 상담하고, 무엇이 필요하고 무엇이 우선이면 좋을지를 함께 고민한다. 그리고 매일 새벽, 가족을 위한 기도와 함께 담임하고 있는 아이들의 삶을 위해 기도하며 하루를 시작한다. 아마도 이러한 충만한 삶은 교직을 내려놓는 그날까지 계속되지 않을까.

사랑의 동산에서 우리의 시간이 쌓여 갈 때

엄기윤 선생님 / 과학

안산동산고등학교 1학년 15반, 어느 국사 시간. 그날 선생님께서 하신 말씀 한 문장이 아직도 생생히 떠오른다. "얘들아, 시간은 흐르는 게 아니라, 쌓이는 거란다." 그로부터 15년이 넘는 시간이 지났다. 그리고 지금 나는 모교인 안산동산고에서 3학년 2반 26명의 아이들의 담임을 맡고 있다. 내가 학생으로 지냈던 동산, 그리고 지금 교사로 살아가는 동산. 그 사이, 동산은 어떤 시간을 쌓아 왔을까.

예전과 지금을 비교해 보면 많은 것이 바뀌었고, 또 많은 것이 여전히 그 자리에 남아 있다. 한 학년에 16개 학급이었는데 지금은 12개 학급으로 운영되고 있고, 학생 수는 내가 다니던 시절의 절반 정도다. 그때는 비평준화 지역의 사립 고등학교였지만, 지금은 자율형 사립고등학교가 되었고, 당시에는 없던 활동복도 생겼으며 체육복 디자인도 달라졌다.

수영장이 없어지면서 수영 수업이 사라졌고, 수영장 위층에 있던 '쉴만한 물가'도 이제는 기억 속에만 남아 있다. 내가 활동했던 DDF 동아리를 포함해 많은 동아리가 사라졌고, 지금은 더 학술적인 색깔을 가진 동아리가 많아졌다. 운동장 옆의 농구 코트는 예전엔 3개였지만 지금은 2개만 남아 있고, 남은 하나의 자리는 풋살장이 되었다. 식당 한쪽에 있던 매점은 이제 사랑동 2층으로 자리를 옮겼고, 학교 밖에서 자주 애용했던 '동산분식'은 이제 CU 편의점이 되었다.

하지만 그대로인 것도 많다. 하얀색, 초록색, 노란색, 파란색의 명찰은 여전히 기수별로 순서를 지켜 각 학년의 색을 담당하고 있고, 내가 학생이던 시절 가르쳐 주셨던 선생님들 중 많은 분이 지금도 건강하게 교단에 서 계신다. 점심이나 저녁을 먹고 농구 코트 쪽으로 크게 한 바퀴 산책하는 문화는 지금도 여전하다. 그 산책은 식곤증도 날리고, 아이들 사이의 소소한 대화도 만들어 주는 창구였다.

매주 드리는 채플은 여전히 열정적이고, 매일 아침 학급 경건회는 선교부 회장 학생들의 인도로 정성껏 드려지고 있다. 동산의 620 예배도 요일은 바뀌었지만 지금도 찬양과 기도가 가득하다. 무엇보다 자랑스러운 건 지금의 동산 아이들이다. 친구의 상황과 이야기를 외면하지 않고 귀 기울여 주는 아이들, 같이 울고 웃으며 함께하는 아이들. 학교에서 마주치는 누구에게나 "안녕하세요!" 하고 인사하는 아이들. 3학년이 될수록 시나브로 '동산고다운 아이들'이 되어 가는 모습은 언제 보아도 뿌듯하다.

동산의 선생님들도 마찬가지다. 15년이 넘는 시간이 흘렀어도, 아이들을 향한 걱정과 사랑은 여전히 깊다. 아이들이 더 바르고, 더 따뜻하며, 역량 있는 사람으로 자라나길 기도하며 정성을 다해 지도하시는 모습은 변함이 없다. 나는 2020년 동산에서 교사로서 첫발을 내디뎠고, 올해로 6년 차 교사가 되었다. 아직도 부족한 점이 많지만, 주변 선생님들과 아이들, 그리고 하나님의 도움 덕분에 이 자리에서 버티고 있다.

모교의 30주년을 맞이하며 내 학생 시절을 돌아보고, 지금의 동산을 바라본다. 그리고 동시에 나는 앞으로 다가올 동산의 30년을 더욱 깊이 생각하게 된다. 지나온 시간 속에서 변한 것은 건물이고, 제도이고, 상황이다. 그러나 변하지 않은 것, 오히려 더 단단해진 것은 동산의 '가치'와 '사람'이다. 동산의 30년은 바로 그런 것들을 쌓아 온 시간이었다고 나는 믿는다.

앞으로의 30년은 훨씬 더 빠르고 거세게 변할 것이다. 교육 제도, 사회 분위기, 학생들의 문화 모두 지금보다 더 빠른 속도로 바뀌게 될 것이다. 하지만 나는 바란다. 그 빠른 변화 속에서도 동산이 지난 시간 동안 지켜 온 믿음과 관계, 가치와 정신은 변하지 않기를. 그리고 그 중심을 지키기 위해, 나는 교사로서 더 치열하게 살아가야 할 것이다.

부족하지만, 지금까지 그래 왔듯 동료 교사들과 우리 아이들과 함께 하나님을 의지하며 또 하루를 정직하게 쌓아 가겠다. 그렇게 우리가 함께 쌓아 가는 오늘의 시간이, 미래의 동산을 더 단단하게 지탱해 주는 귀한 토대가 되기를 소망한다. 지난 30년을 선하게 인도하신 하나님께서 앞으로의 30년도 동일하게 인도하시기를, 그리고 나 역시 그 일에 함께 쓰임 받기를 간절히 기도한다.

매년 TV 저녁 뉴스에 등장하던
동산고 졸업식

유명근 선생님 / 영어

1997년 학기 초부터 학생회 주도로 전교생이 '안산의 고철 수집상'이 되어 알루미늄캔 12만 개를 모았다. 그리고 그해 말, IMF 외환위기가 터졌다. 알루미늄은 전량 해외에서 수입하는 금속인데 외화 절약만이 살길이라는 것을 미리 예견한 선견지명이었을까?

당시 IMF 구제금융을 갚기 위해 전 국민 금 모으기 운동이 펼쳐지기 1년 전부터 동산고는 1회 예비 졸업생 617명과 재학생들이 알루미늄캔을 모으기 시작했다. 동네 상인들은 동산고 학생들만 나타나면 "캔 없어! 벌써 다른 애들이 와서 다 가져갔다."는 말을 반복했다. 어떤 학생은 알루미늄캔 3포대를 모아 자기 어머니 직장인 유치원 담장에 숨겨 놓았는데, 누군가가 와서 가져갔다고 울면서 신고하는 일까지 벌어졌다. 그야말로 안산은 알루미늄캔과의 전쟁터였다. 학교에서 상점도 받고, 착한 일도 하는 일석이조의 졸업 준비 캠페인이었다.

이렇게 모은 12만 개의 알루미늄캔을 125만 원에 판매했다. 여기에 1회 졸업생 선배들의 교복과 참고서를 판매한 금액까지 합쳐 모두 학교에 기증했다. '환경장학기금'이란 명칭으로 5천만 원을 조성하는 것이 당시 목표였다.

드디어 1998년 2월 14일 거행된 제1회 동산고 졸업식장은 MBC, KBS, YTN을 비롯한 대다수 신문사 기자들의 취재 열기로 뜨거웠다. 물론 사전에 미리 보도자료를 만들고 취재 요청을 한 치밀한 홍보 전략 덕분이었다. 제1회 졸업식은 대성공이었고, 617명의 졸업생들에게는 잊을 수 없는 추억이 됐다.

제2회 졸업식도 역시 매스컴의 관심을 받았다. 2000년 2월 11일에 열린 제3회 졸업식(636명)도 MBC, KBS 저녁 뉴스와 다음 날 주요 신문 지면을 동산고 졸업식 기사가 장식했다. 2005년에 유튜브가 처음 생겼지만, 이보다 무려 5년 앞선 2000년에 안산동산고는 졸업식을 전 세계에 인터넷으로 생중계했다. 대한민국 최초의 졸업식 인터넷 생중계를 국내 방송사와 신문사들은 앞다투어 취재하러 왔다.

조선일보는 사회면에 70년대 눈물의 졸업식과 2000년 동산고 인터넷 졸업식을 대비시켜, 전 세계에 생중계되는 신세대 뉴트렌드라고 소개했다.

"이 졸업식은 인터넷을 통해 전 지구촌에 생중계되고 있습니다." 2000년 2월 11일 오전 11시, 경기도 안산시 동산고등학교 대강당. 이날 졸업식은 실시간으로 전 세계에 생중계되는 '사이버 졸업식'으로 치러졌다고 기자는 전했다.

유튜브가 등장하기 5년 전, 인터넷 상업화가 이제 막 시작될 무렵 동산고는 국내 최초로 졸업식을 인터넷으로 생중계하는 시도를 했다. 당일 KBS, MBC는 후배들이 모여 있는 PC방과 기숙사를 찾아가, 인터넷으로 졸업식을 지켜보는 후배들을 인터뷰했다. 그야말로 대성공이었다.

5회 졸업식이 열린 2002년은 우리나라와 일본이 공동으로 월드컵을 개최한 해였다. 당시 나는 겨울방학 교사 어학연수단에 선발되어 호주에서 1개월간 연수 중이었고, 현지에서 전화와 이메일을 통해 월드컵 본선 진출국 각국 대사관에 연락해 우리 학교 졸업식 축하 멘트를 부탁드렸다.

월드컵 본선 진출국 대사들은 기꺼이 촬영에 응해 주었고, 나는 지구 반대편 호주에서 안산으로 연락해 재학생들을 각 조로 나눠 각국 대사관을 방문하도록 원격 세팅을 무사히 마쳤다. 동산고 졸업식 날 본관 건물에 걸린 대형 태극기도 그해 처음 등장했다. 나는 서울 붉은악마 응원단 사무실에 연락해 대형 태극기를 빌려 와 본관에 설치했다.

되돌아 보면, 그때는 정말 멋진 추억들로 가득한 동산고 초창기 시절의 황금기였다. 개교 30주년을 진심으로 축하하며, 50주년이 되는 2045년까지 꼭 살아서 참석하고 싶다는 간절한 소망을 하나님께 기도드린다.

세계로 뻗어 나가는 세계지리 수업

유정식 선생님 / 사회

　　　　　　헤겔의 변증법을 도식화한 정(正)·반(反)·합(合)의 원리를 좋아한다. 언론사에 근무하기를 희망했던 시절, 대학 졸업 후 첫 직장은 정에 해당하는 극동방송이었다. 이후 반에 해당하는 금융회사로 옮겼다가, 합에 해당하는 안산동산고에 부임하게 되었다. 부모님은 원래 사범대학 진학을 원하셨고, 집안에 교사의 피가 흐르고 있으며, 신앙생활을 잘할 수 있는 곳이기에 동산고는 내게 변증법적으로 합에 해당한다고 자신 있게 말할 수 있다. 많이 늦은 나이에 시작한 교직 생활은 주변 교사들의 따뜻한 도움과 배려, 좋은 학생들 덕분에 별다른 어려움 없이 순조롭게 이어졌다.
　　지리 교사로서 1학년과 2학년 수업을 주로 담당하면서 가장 기억에 남는 수업은 2학년 세계지리에서 진행한 모의 창업 활동이다. 지역을 배우는 지리는 타인에 대한 관심에서 시작해 이해와 사랑을 배우는 과목이다. 세계지리를 배우는 학생들은 1년의 교육과정을 마칠 즈음, 그동안 학습한 세계 각 지역에 대한 이해를 바탕으로 팀을 구성하여 수행평가로 모의 창업 활동을 진행하고, 각 반에서 우수한 팀을 선정해 학년 차원의 모의 창업 대회를 개최한다.
　　학생들은 창업 아이템과 상품 판매 지역(나라)을 선정하고, 그 이유를 자연환경과 인문환경에 맞게 설명한다. 발표는 마케팅 계획과 수익 창출 과정을 소개하며 투자자를 모으는 투자 설명회 방식으로 이루어진다. 사회의 중요한 축 중 하나인 생산 활동, 기업 경영 및 경제 활동을 각 국가의 지리적 배경에 맞춰 생각해 보는 과정을 통해 세계의 리더로 성장하는 기반을 제공하기 위해 기획한 수업이었다.
　　2010년대 중·후반, 당시 인문계열을 선택한 학생들에게는 매우 흥미로운 주제였고, 대부분의 학생들이 성의껏 준비해 발표했다. 연말 학년 대회에 나가기 위해 애쓰는 모습들이 지금도 눈에 선하다. 우리나라에서는 익숙한 배달 서비스업을 중국이나 브라질 등에 창업하려는 아이템, 찜질방 문화를 유럽 국가에 이식하려는 아이템, 밥버거 같은 한국식 패스트푸드를 선진국에 선보이려는 시도 등 학생들은 지역적인 것을 세계적인 것으로 만들고 싶어 하는 애국적인 면모를 보였다.

가장 창의적이라고 느낀 아이템은 대형 쇼핑센터 주차장에 풍선을 활용한 주차 시스템을 제시한 팀이었다. 지금은 전등으로 주차 가능 구역을 표시하는 곳이 많지만, 당시에는 기발한 아이디어였고, 특히 전력을 절약하는 친환경적인 아이디어로 풍선을 활용한 점이 인상 깊었다. 차량이 주차되면 풍선이 내려가고, 주차가 가능하면 풍선이 떠오르는 방식이었다.

중앙아시아 국가들처럼 땅은 넓지만 건조해서 농사가 잘되지 않는 지역에 대형 컨테이너를 이용해 농작물을 재배하고 수출하자는 아이디어는 그해 최우수팀으로 선정되기도 했다. 수상하지는 못했지만 손으로 음식을 먹는 인도에 비누형 손 세정제를 판매하자는 아이템은 코로나 시기를 겪으며 미리 사업화했다면 성공 가능성이 높았을 것이라는 아쉬움도 남는다. 조금 어색했던 아이템은 소주 사업이었다. 그런데 의외로 그해 최우수팀으로 선정된 '로뽀엠'이라는 팀은 유럽 국가에 과일 소주를 만들어 판매하자는 아이템으로 큰 호응을 얻었다.

지리는 지도를 바탕으로 하는 과목이다. 1학년 통합사회 수업을 진행하면서 학생들이 지도에 쉽게 흥미를 느끼도록 고민하다가 시작한 수업이 '세계 지도 그리기' 시간이었다. 코로나 시기에는 온라인으로 세계 지도 그리기 동영상을 제작해 올리기도 했다. 학생들은 힘들어하면서도 적도, 남·북 회귀선, 날짜 변경선 등에 맞춰 세계지도를 직접 그리며, 훗날 자신들의 꿈을 펼칠 무대를 상상하고 있다고 교사로서 기대해 본다. 동산고는 이렇게 멋지고 훌륭한 학생들이 있어 더욱 빛나는 것이 분명하다.

설렘으로 여는 하루

이영희 실무사님 / 과학

안산동산고등학교는 내게 단순한 '직장'이 아니라, 내 인생에서 가장 설레는 공간이다. 학생들을 바라보는 그 순간이 내게는 늘 새 아침이었고, 살아 있음을 느끼게 해 준 시간이었기 때문이다. 2019년부터 매점에서 근무하다가, 지금은 과학실무사로 일하고 있다. 처음 이곳에 면접을 보러 올 때, 마음속으로 조용히 기도했다. "하나님, 이 자리에 제가 합당하면 앉혀 주시고, 그렇지 않다면 여기에 합당한 다른 분이 일할 수 있도록 해 주세요." 그렇게 기도하고, 내가 가진 있는 그대로의 이야기를 솔직하게 전했는데, 하나님은 내게 이 자리를 허락해 주셨다.

나에게는 학창 시절이 없었다. 예전엔 "여자가 배워서 뭐 하냐."는 말이 너무 당연했던 시대였다. 그래서 교복을 입고, 웃으며 학교를 다니는 아이들을 보면 사랑스럽고, 예쁘고, 때로는 부럽기도 했다. 배움에 대한 갈증은 내 안에 늘 남아 있었기에, 결국 검정고시를 치르고 신안산대학교 사회복지과에 진학했고, 아동보육까지 복수 전공하며 계속해서 배웠다.

학교는 여전히 내게 '설렘'이다. 주일이 지나고 월요일이 되면, 아침부터 마음이 바빠진다. '빵 팔러 가야지! 아침 못 먹고 온 우리 아이들이 기다릴 텐데!' 그 마음으로 출근하곤 했다. 아이들이 밥을 못 먹고 과자를 집으려 하면 "차라리 빵을 먹어라."라고 추천했다. 여름이면 아침 일찍 출근해 음료를 냉동실에 넣어 반쯤 얼린 상태로 건네주었고, 아이들이 시원하다고 좋아하면 그렇게 기쁠 수가 없었다.

슈퍼를 운영한 경험이 있었고, 암산도 빠르고 가격을 외우는 데 익숙해 매점 근무는 어렵지 않았다. 2교시가 끝나는 쉬는 시간, 단 10분 동안 학생들이 우르르 몰려올 때면 정신이 하나도 없었지만, 오히려 그 분주함이 반가웠다. 아이들이 오면 그저 기뻤다. 학생들의 이름을 외우는 데 정성을 들였다. 인상착의, 명찰 색깔, 이름을 공책에 적어 가며 외웠다. "누구야!" 하고 이름을 부르면 아이들이 방긋 웃으며 달려왔다. 그렇게 나는 매일, 작은 사랑을 반복하며 아이들과 하루를 시작했다.

학생들과는 금세 친해졌다. 기타를 연주해 달라고 요청하면 학생들은 보답하듯 멋지게 연주해 주고, 춤을 춰 달라면 한바탕 춤도 추었다. 졸업 후에도 일부러 매점에 들러 인사하고 가는 아이들도 있었다. 나는 아이들과 엄마처럼, 때로는 이모처럼 지냈다. 정성껏 준비한 간식을 좋은 가격에 나눠 줄 수 있었던 것이 큰 자랑이었다.

기억에 남는 한 학생이 있다. 입학 후 얼마 안 된 시점에 학교에 적응하지 못하고 자퇴를 고민하던 아이였다. "우리, 일주일만 더 버텨 보자."고 손을 잡고 기도했다. 그렇게 일주일이 한 달이 되고, 한 달이 두 달이 되며 어느새 3학년이 되었다. 그 친구는 마음이 힘들 때마다 매점에 와서 속 얘기를 털어놓았고, 나는 그 아이의 손을 꼭 잡아 주며 말없이 곁을 지켰다.

2019년 안산동산고에도 코로나가 찾아왔다. 아이들이 거리두기를 해야 해서 "들어오지 마. 나 혼나!"라고 외치던 날들이 생각난다. 매점 공간은 좁기만 한데 우르르 몰려오는 학생들을 줄 세우랴, 계산하랴 정신이 하나도 없었다. 그 당시에 매점은 지하 1층에 있었지만 지금은 학교 2층에 자리 잡았고, 그 덕분에 3학년 학생들도 오기 쉬워져 정말 감사했다. 물론 지금도 2교시, 3교시가 끝난 쉬는 시간엔 매점 앞에 길게 서 있는 줄은 여전하다.

2024년부터 매점이 외부 전문 업체에 위탁되며, 과학실 실무사로 자리를 옮기게 되었다. 처음엔 "과학은 잘 몰라요. 저 못 해요."라고 말씀드렸지만, 선생님께서 "과자 외우던 분이니까 실험 도구 외우는 건 더 쉬우실 거예요."라고 격려해 주셨고, 그 말에 힘을 내기 시작했다.

처음에는 과학실에 모르는 물건들이 산더미처럼 많았다. 오래된 수업용 비디오테이프와 CD, 처음 보는 유리 기구와 낯선 기계들까지. 그러나 이제는 시약 정리, 실험 준비, 도구 정리와 청소까지 어느 것 하나 낯설지 않다. 처음엔 시약병의 해골 마크만 봐도 무서웠지만, 지금은 뭐가 뭔지 조금은 안다. 학교에서 배울 기회를 얻은 것이 내겐 선물 같다. 몰랐던 도구들은 집에 가서 검색하고, 그림을 찾아 익혔다. 하나님이 내게 또 다른 배움의 길을 열어 주신 것에 감사하며 하루하루를 즐겁게 보낸다. 아이들과의 물리적인 접점은 줄었지만, 마음은 여전하다.

학교라는 공간은 배움을 쉽게 접할 수 있는 공간이다. 배움을 사모하는 나에겐 정말 다이아몬드와도 같은 곳이다. 아름답게 빛나는 지식, 이를 가르쳐 주는 훌륭한 선생님, 아름다움을 배우고자 열정이 넘치는 학생들. 하나님의 축복 아래 세상의 아름다운 빛이 될 미래의 인재들을 사랑하고 축복하며 꽃길만 걷기를 소망한다.

열정은 열정을 낳고, 사랑은 사랑을 낳고

이원희 선생님 / 국어

1994년 여름. 끔찍한 폭염으로 사망자가 92명이나 발생하고, 성수대교 붕괴 사건이 일어났던 그해 여름이었다. 아는 후배에게 전화가 걸려 왔다.

"언니, 안산 알아? 안산에 동산고라는 기독교 학교를 만든대. 거기 원서 넣어 볼 생각 없어?"

부산에서 5년 반 교직 생활을 하며 부산 사람이 다 되어 가던 그 여름 방학, 나는 동산고에 원서를 넣고 김인중 목사님과의 면접 자리에 갔다. 목사님은 핏대를 올리며, 7천여 교우의 눈물과 피땀으로 세워질 동산고의 청사진을 말씀하셨다. 그리고 본오동 언덕 위, 덩그러니 세워지고 있던, 아직 완성되지 않은 건물을 보여 주셨다.

뼈대만 드러난 흙더미 위의 건물. '정말 저게 학교가 될 수 있을까?' 의심스러운 풍경이었지만, 목사님의 열정에 찬 목소리와 눈빛에 압도되어, 그날 나도 덩달아 흥분에 전염되었다. 한편으로는 '이 열정에 압사당하는 건 아닐까' 싶었지만, 젊고 패기 있던 그 시절, '합격하면 이 한 몸 불사르리라.'는 각오로 면접장에 있었다. 그날 함께 면접을 본 분이 곽○조 선생님이었다. 잘생긴 그녀와 지하철을 타고 서울 집으로 가며 이런저런 이야기를 나눴던 기억이 아직도 선명하다.

1995년 봄, 개교 첫해. 당시에 사서 교사가 없어 나는 국어과 교사라는 이유 하나로 도서관(송백재) 담당을 맡게 되었다. 사랑동 5층 꼭대기에 도서관을 만들었고, 장서 수가 적었던 초창기엔 기증받은 책들로 채울 수밖에 없었다. 주요 기증자는 김인중 목사님과 이○순 사모님. 낡고 먼지 쌓인 책들을 모아 분류하고 정리했다. 그땐 도서관 전산화도 이루어지지 않아, 도서부 1기 아이들과 함께 자정이 다 되도록 일일이 라벨을 붙이고 서가를 정리해야 했다. 부모님들은 아이들이 학교에서 늦게까지 자습하고 있는 줄 아셨을 거다.

하지만 실은 선생님이 시킨 서가 정리를 하느라 밤늦도록 고생하고 있었던 것이다. 그래도 다행히 책을 좋아하던 친구들이어서, 나중에 대학 입시 결과는 나쁘지 않았던 걸로 기억한다. 밤 12시가 넘은 시간, 밤길 무섭다고 나를 집 근처까지 바래다주던 착한 남학생 제자도 있었다. 그 아이는 지금 어디서, 어떻게 살고 있을까? 가끔 궁금해진다.

2022년 봄, 스승의 날 아침. 오랜만에 5기 제자로부터 톡이 왔다. 1학년이던 1999년, 기숙사에서 생활할 때 갑자기 배가 아파 병원에 가야 했는데, 돈이 없어서 나에게 만 원을 빌렸다고 했다. 20년도 더 지난 지금, 그 돈을 아직도 갚지 못한 게 가끔 마음에 걸렸단다. 그러면서 만 원과 함께 '이자'라며 상품권까지 송금해 주었다. 아마도 담임이었으니, 당연히 대신 내 줬겠지. 그 제자는 어느덧 음악 교사이자 세 딸의 엄마가 되었다니 참으로 감개무량하다.

또 한 제자에게서도 편지가 왔다. 8기 졸업생으로 윤리 교사가 된 아이였다. 내가 자기의 '교사 롤모델'이었다는, 말도 안 되는 이야기를 길게 적으며, 졸업식 때 내가 반 아이들에게 『쉬운 성경』을 선물해 줬던 일을 꺼냈다. 그 책을 지금까지 잘 간직해 오다 최근에 자기 아들에게 물려주었다고 했다. 사실 그해에만 아이들에게 건넸던, 그리 크지도 않았던 선물이었는데 말이다. 그 작은 마음이, 시간이 흘러 이렇게 다시 돌아왔다.

김인중 목사님의 열정은 또 다른 열정을 낳았고, 나의 작은 사랑은 누군가의 마음속에서 자라 더 큰 사랑이 되어 돌아왔다. 그 사랑이 힘없이 나이 들어가는 나에게, 다시 위로와 힘이 되어 주었다. 이제 나는 또 내 앞에 놓인 새로운 날들을 향해 나아간다. 어디선가 또다시 열정이 열정을 낳고, 작은 사랑이 누군가의 마음에서 큰 사랑으로 자라나기를 소망하며.

여기 스프링 추가요!

이윤진 선생님 / 국어

대부분의 선생님들께서는 학교와 관련한 좋은 추억들을 나열하실 것으로 생각한다. 하지만 20년간 안산에 살면서, 내 뇌가 또렷하게 기억하는 것은 대부분 충격적인 사건들이다. 그리고 이상하게도, 그 모든 사건이 동산고와 무관하지 않기에 이 지면을 빌려 개인적인 이야기를 나누고자 한다.

하나님께서는 착하고 믿음 좋은 아이들을 동산고에 보내 주셔서 업무적으로는 정신없지만, 아이들과는 늘 즐겁고 무탈하게 지낼 수 있었다. 동산고에 부임한 지 10년이 지나던 어느 날, 나라에 큰 사건이 터졌다. 바로 세월호 참사였다. 많은 사람이 희생된 가운데, 특히 지상에서 꽃을 피우지 못한 채 차디찬 바닷속으로 흘러들어 간 영혼들이 너무도 가엾어서 나는 1년 넘게 깊은 슬픔에 잠겨 지냈다. 시간이 꽤 흐른 뒤에야 기억의 교실을 방문할 용기를 냈지만, 다들 그 엄청난 슬픔을 감당하기 어려워해서인지 사건이 발생했던 학교 근처에는 얼씬도 하지 않거나, 아예 언급조차 피하곤 했다. 동산고에서도 그 사건과 관련이 있는 학생이 있어 더욱 조심스러웠던 기억이 난다.

교직 생활 중 가장 어려웠던 시기를 꼽자면, 역시 코로나 기간을 빼놓을 수 없다. 온라인 학습이라는 새로운 교육 방식에 적응하느라 무던히 애를 썼다. 수업 시간마다 컴퓨터나 태블릿 속으로 숨어 버린 학생들을 찾아다니는 것이 일이었고, 쉬는 시간마다 그들의 학습 저하를 걱정하며 과제의 완성도와 충실도에 따라 일희일비하곤 했다.

하지만 진짜 문제는 그 이후였다. 대면 수업이 재개되었음에도 학생들이 좀처럼 수업을 따라오지 못했고, 태도와 학습량에서 보이는 격차는 날이 갈수록 커졌다. 이제는 많은 교육 플랫폼들이 계정 삭제나 유료화를 언급하며 코로나의 종식을 알리고 있지만, 코로나 시절의 학습 공백을 채운 세대를 만나기란 여전히 쉽지 않다.

내 머릿속에 지우개가 있다면, 2022~23년을 통째로 삭제하고 싶다. '동산큰잔치' 대신 '한마음큰잔치'로 축제 명칭이 바뀌고 1년에 두 차례 치러야 했던 축제를 준비하던 어느 날, 택배를 나르다 계단을 헛디뎌 크게 낙상했다. 모든 일을 멈추고 병원 신세를 지며, 두 팔이 회복될 때까지 긴 시간을 견뎠다. 그 무렵엔 가정에도 큰 우환이 겹쳐서, 내 골절 따위는 관심 밖이었다. 한동안 가족 일로 깊은 슬픔의 강물 속을 허우적댔다. 아이들은 코로나로 억눌렸던 끼를 버스킹 무대에서 마음껏 펼쳤지만, 나의 흥은 안드로메다 너머로 날아가 버렸다. 교정의 아름다움을 만끽하지 못했던, 안타까운 시절로 기억된다.

동산고와 함께 지낸 20년 넘는 시간 동안 평온한 일상조차 온전히 누리지 못했던 수많은 사연들이 있다. 이 자리에서 다 이야기할 수는 없고, 지금 와서 치부를 드러낸다 한들 누가 반가워하랴. 그럼에도 동산고의 이미지가 한결같이 따뜻하게 느껴지는 건, 30년 동안 묵묵히 자리를 지켜 온 동산고 선생님들 덕분이다. 그들의 열정과 노고는, 허다한 것들을 덮어 줄 만큼 대단한 내공이 있다. 그건 아마도 하나님만 아시는 비밀일 것이다. 학교를 떠나기 전까지, 동산고와 연결된 또 다른 큰 슬픔을 갖고 싶진 않다. 하지만 하나님의 계획은 우리가 예측할 수 없는 것이기에 나는 오늘도 묵묵히 동산고 교정을 오른다.

참, 사족이긴 하지만 이 지면을 빌려 꼭 감사 인사를 전하고 싶은 분들이 있다. 다름 아닌 동산고 조리사, 조리원 선생님들이다. 아무리 고되고 힘들어도, 입이 즐거우면 마음도 즐거워진다. 회식 메뉴조차 고를 때 눈치를 보아야 하는 채식주의자의 비애가 학교 식당에서만큼은 사라진다. 천 명이 넘는 학생들 챙기기도 바쁘실 텐데, 채식주의자 두 사람의 식사를 매일 따로 챙겨 주시는 그 따뜻한 수고에 마음 깊이 감사드린다. 그래서일까. 학교를 떠나기 전까지, 혹여 또다시 큰 슬픔에 빠지게 되더라도 나는 금세 툴툴 털고 일어설 수 있을 것 같다. 몸은 아프고 마음은 무너질지라도, 밥 한 끼의 기쁨이, 오늘의 웃음이, 그리고 하나님이 나를 다시 일으켜 세우시리라 믿는다. 스프링처럼 다시 튀어오르는 내가 되기를. 오늘도 그렇게 기도하며, 교정을 오른다.

동산의 느티나무 아래서

이은선 선생님 / 일본어

동산 언덕에서 봄을 맞이한 것이 벌써 서른 번째가 되었다. 처음 안산에 내려올 때 다섯 살이던 아들은 어느새 서른다섯이 된 청장년이 되었고, 나는 내년 8월, 퇴직을 앞두고 있다. 나에게 동산은 '느티나무' 같은 존재다. 늘 그 자리에 서서 묵묵히 그늘이 되어 주고, 쉴 곳이 되어 주는 그런 존재.

그런 동산의 가족이 된 시작점을 되짚어 올라가다 보면, 1983년 한국 현대사의 한 장면과 맞닿게 된다. 그해, 당시 대통령의 아시아 외교 순방 일정 중 버마(지금의 미얀마)에서 현충원과 같은 아웅산 묘역에서 비극적인 폭발 사건이 발생했다. 그 사건은 무신론자였던 내가 하나님을 만나게 되는, 삶의 '코페르니쿠스적 전환'의 계기가 되었다. 모든 TV의 정규 프로그램이 중단되고, 희생된 정부 고위 각료들의 장례식이 생중계되던 그날. 한 소녀가, 아버지를 잃은 슬픔을 이렇게 고백하는 것을 들었다.

"지금 아버지를 잃은 것은 너무도 큰 슬픔이지만, 그래도 지난 17년간 너무도 좋은 아버지와 살게 해 주신 하나님께 감사드려요."

처연하면서도 의연하게 말하던 그 소녀의 고백은 다마스커스를 향하던 사울이 환한 빛 가운데서 주님의 음성을 들은 순간처럼 나에게 충격과 경이로 다가왔다. '도대체 기독교 신앙이란 무엇이길래, 저토록 어린 소녀가 참혹한 슬픔 한가운데서 '감사'를 말할 수 있을까.'

그 이후, 나는 대학 내내 전공 과목보다 기독교 신앙을 탐구하는 데 몰두했고, 졸업 즈음에는 학교 설립 이념인 "진리가 너희를 자유케 하리라."는 말씀을 삶으로 깊이 경험할 수 있었다. 졸업 후 어떤 삶을 살아야 할지 기도하던 중, 한 번도 생각해 본 적 없던 '교사'라는 비전을 품게 되었다. 10대 시절, 진리이신 예수님을 만나 얽매임 없이 자유로움을 경험했던 나처럼 아이들이 하나님 안에서 마음껏 꿈을 펼쳐 갈 수 있도록 나는 그 여정에 '작은 디딤돌'이 되고 싶었다. 바로 그때, 그런 교육 이념으로 안산동산고등학교가 개교한다는 신문 기사를 접했고, 기쁜 마음으로 자원하여 이곳에 오게 되었다.

30년이 지난 지금, 어떤 결실이 맺어졌는지 선뜻 가늠하긴 어렵다. 다만 눈물로 씨를 뿌리고, 온 정성으로 물을 주는 것이 내게 맡겨진 몫이라 믿는다. 언젠가 어디선가 꽃을 피우고 열매 맺을 것이라는 담대한 소망, 아마 그 소망이 있었기에 지치고 힘든 순간에도 버틸 수 있었던 것 같다.

2002년, 2학년 8반 담임을 맡았던 시기가 나에게는 동산에서 가장 뜨거운 여름 같은 시절로 기억된다. 남학생들만 있던 그 반에서 싸움과 괴롭힘 등 사건이 끊이지 않아 하루하루가 전쟁 같던 어느 날, 한 학부모로부터 편지가 도착했다. 그 속에는 금쪽이였던 우리 반 학생의 유치원 시절 사진이 담겨 있었다. 마치 "비록 지금 우리 아이는 울퉁불퉁하고 여기저기 날이 선 모습이라 하나도 예쁨이 없지만, 이렇게 순수한 영혼을 지닌 아이이니 부디 포기하지 말아 주세요."라는 의미 같았고, 그 말은 마치 어머니의 애절한 부탁처럼 들려왔다. 그래서였을까. 그 후로 나는 어떤 학생을 대할 때도 지금 보이는 모습이 전부가 아님을 기억하고, 그 아이가 한때는 별을 꿈꾸던 아이였음을 떠올리며 섣부르게 함부로 대하지 않으려 노력했다. 한 명 한 명을 어미의 심정으로 가슴에 품기 시작했던 그때부터 나는 진짜 '교사'가 되어 갔는지도 모르겠다.

처음 동산을 위해 기도하던 때, 내게 주셨던 말씀이 있다. "너희 속에 착한 일을 시작하신 이가 그리스도 예수의 날까지 이루실 줄을 확신하노라."(빌립보서 1:6) 가끔은 가정의 어려움으로 인해 모든 걸 내려놓고 떠나고 싶었던 순간도 있었다. 하지만 '시작하신 이'가 '끝까지 이루실 것'이라는 말씀을 붙잡고 여기까지 왔다. 이제 동산의 30주년을 맞아, 동산을 동산 되게 하신 하나님의 위대한 여정이 앞으로도 계속될 것임을 믿는다. 그리고 나는 기쁜 마음으로, 홀가분하게, 너울너울, 동산을 떠날 채비를 한다. 어디선가, 설레는 마음으로 동산을 향해 뚜벅뚜벅 걸어오는 새내기 후배 교사의 발소리가 들리는 것만 같다.

어깨동무 찬양

임출호 목사님 / 종교

　　　　　동산고는 매주 수요일 아침, 전교생이 모여 '수요 채플'로 하루를 시작한다. 나는 30년을 교회 목사로 살아왔지만, 학교 목사는 처음이었다. 모든 것이 낯설고 어색했고, 설교도, 예배도 어렵기만 했다. 하지만 그 모든 것을 쉽게 만든 건, 다름 아닌 아이들이었다. 오랫동안 청소년 사역을 해 왔지만, 채플을 준비하고 그 앞에 서는 일은 여전히 부담스러웠다. 2,500명 가까이 들어가는 '비전홀'. 교회에서 믿는 청소년들을 향한 설교와 믿지 않는 아이들이 절반 이상 있는 이 공간에서의 설교는 그 준비와 마음가짐 자체가 완전히 다를 수밖에 없다.

　　예전 안산동산교회 중등부에서 사역하던 시절, 외부 목사님이 오셔서 수련회 설교를 마치신 후 이런 말씀을 하셨던 게 기억난다. "어휴… 나보고 도대체 어떻게 하라는 거야." 아이들에게서 집중을 이끌어 내는 일, 특히 믿지 않는 아이들 앞에서의 설교는 때로는 숨 막히고, 온몸에 땀이 나는 시간이기도 하다. 예배당 문 앞에 섰을 때, 나는 긴장으로 잔뜩 굳어 있었다.

　　드디어 문을 열었다. 그 순간, 뜨거운 찬양의 열기가 훅 하고 온몸으로 밀려왔다. "어, 뭐지?" 아이들은 얼굴을 맞대고, 팔짱을 끼고, 어깨동무를 하며 찬양을 부르고 있었다. 이렇게까지 찬양에 반응하는 모습은 처음 보는 광경이었다. 수련회 마지막 밤쯤 되어야 나올 법한 열정의 찬양이 교회도 안 다니고, 예수님도 모르는 아이들이 많은 이 학교 강당에서 매주같이 터져 나오는 것이었다. 특히 '낮은 자의 하나님'이라는 찬양을 부를 때, 아이들은 서로 어깨를 부여잡고 하늘을 바라보며 소리 질러 찬양했다. 그래서 나는 지금도 이 곡을 '어깨동무 찬양'이라고 부른다.

　　그리고 이어진 나의 첫 설교. 긴장 속에서 시작한 부족한 설교였지만 아이들은 단 한 명도 딴짓하지 않고 진심으로 들어 주었다. 정말 경이로웠다. 교회에서도 보기 어려운 광경이다. 절반 이상이 기독교인이 아닌 공간에서 이토록 경청해 주는 태도는, 그저 감사할 뿐이었다. 그날 이후 지금까지도, 아이들은 여전히 변함없이 설교를 들어 준다. 목사로서 이런 청중을 만난다는 건 정말 복 중의 복이다.

그래서 동산고의 자랑은 예배다. 이곳에서 우리는 공동체를 배우고, 인생을 배우고, 우정을 배운다. 코로나로 인해 채플이 영상으로 대체되던 시기, 맨 먼저 느껴졌던 건, 아이들이 '메말라 간다'는 감각이었다. 예배를 목말라하던 아이들이 "목사님, 채플 언제 다시 해요?"라며 매일 묻곤 했다.

어느 고3 아이는 영상으로 드린 채플에 대해 이런 고백을 남겼다.

"기독교인은 아니지만 오랜만에 좋아하는 찬송가를 듣고 따라 부르며 너무나 뜻깊은 채플을 드렸습니다. 감미로운 노래, 아름다운 피아노, 임출호 목사님의 설교까지… 아침에 좋은 경험을 하게 되어 감사했습니다. 마지막에 선생님들 얼굴을 영상으로 보니 학교가 더 그리워졌습니다."

동산고에게 채플은 호흡과 같다. 예수님을 믿든 믿지 않든, 청소년들이 함께 숨 쉬고, 노래하고, 울고 웃을 수 있는 공간. 이 공동체는 그 '숨결'로 함께 연결되어 있다. 그래서 나는 이 아이들을 통해 위로를 받는다. 바울이 데살로니가 교회를 향해 쓴 편지 속에서, 성도들의 믿음으로 위로를 받았다고 고백한 것처럼 말이다.

"그러므로 형제들아, 우리가 모든 궁핍과 환난 가운데서 너희 믿음으로 말미암아 너희에게 위로를 받았노라."(살전 3:7)

동산고에는 목사보다 더 믿음 좋은 아이들이 많다. 정말 그런 아이들이 여기에 있다. 나는 오늘도 그 아이들에게 은혜를 배우고, 함께 예배하며 살아간다.

동산의 운동장을 다시 뛰다

임태혁 선생님 / 체육

나는 안산동산고등학교 2기 졸업생이자, 현재 이 학교에서 체육을 가르치고 있는 교사다. 내게 동산고는 '출발선'이자 '귀환지'다. 학생으로 시작해 교사로 다시 돌아온 이곳은, 내 인생의 방향을 결정지은 아주 특별한 공간이라 할 수 있다.

모태 신앙인이었던 나는 중학생 시절, 어머니의 권유로 동산교회 중등부에 다니게 되었다. 당시 김인중 목사님께서 "믿음의 학교를 세우겠다."고 선포하셨고, 어머니는 내가 그 학교에 가기를 원하셨다. 입학시험이 있던 시절이라, 중학교 때 과외까지 받으며 간신히 합격했던 기억이 난다. 평소 공부보다 운동을 더 좋아했던 나는, 동산고에 입학한 뒤 그야말로 운동장 체질이었고, 축구공을 쫓아다니는 일이 가장 즐거웠다.

고등학교 시절, 나는 1기 선배들과 함께 축구를 하며 자연스럽게 친해졌다. 졸업 후에도 '매니악'이라는 축구팀을 만들어 계속 함께 운동을 했고, 안산 내 20개 팀 중 준우승까지 할 정도로 실력도 있었다. 축구를 통해 선후배와 교감하며, 운동이 단순한 체육 활동이 아니라 관계를 이어 주는 연결 고리라는 걸 배웠다.

그 무렵, 내 진로를 바꿔 놓은 한 분이 계셨다. 바로 성O연 선생님이다. 1학년 때 내가 운동하는 모습을 눈여겨보시고는 "공부도 운동도 열심히 하면 좋은 학교에 갈 수 있도록 도와주겠다."며 가능성을 열어 주셨다. 선생님의 조언에 따라, 일주일에 세 번씩 방과 후 50분씩 체계적인 운동 지도를 받았다. 함께 훈련받던 친구 셋과 나는 기본 체력, 순발력 등 체육 입시에 필요한 요소들을 집중적으로 준비했고, 그 덕분에 체육교육과에 진학할 수 있었다. 선생님 한 분의 따뜻한 지도가 한 학생의 진로를 완전히 바꿀 수 있다는 걸 그때 처음 체감했다.

이제는 그 역할을 내가 이어 가고 있다. 현재 동산고에서 체육 입시를 준비하는 학생들과 일주일에 세 번, 아침 7시 40분부터 50분간 함께 운동을 한다. 사관학교를 준비하는 학생들만 해도 매년 7~8명 정도 되고, 실기 중심 체육학과에 진학하는 학생도 꾸준히 나온다. 입시 컨설팅 없이, 학교 안에서의 진심 어린 운동 지도로 좋은 결과를 내고 있다는 사실은 내게 큰 보람이다. 사실 이 시스템을 처음 만들 땐 어떤 대가도 바라지 않았다. 단지, 과거 나에게 길을 보여 주었던 선생님의 마음을 되새기며, '내가 받은 걸 그대로 나누자.'는 생각으로 시작했다.

나는 아이들을 '내 자식 키우듯' 대하려 노력한다. 교사의 사명은 결국, 제자들이 언젠가 나를 기억하고 다시 찾아올 수 있는 사람이 되는 것이라고 믿는다. 학생들에게도 자주 이야기한다. "결과보다 과정이 더 중요하다."고. 운동을 해 본 사람은 안다. 열심히 임한 과정이 있었기에, 승패와 상관없이 뿌듯할 수 있다는 걸. 아이들이 승부에 좌절하기보다는 과정에 충실했던 자신을 믿을 수 있도록 이끌어 주는 것이 내 역할이라고 생각한다.

돌아와 교사로 다시 마주한 동산고는 놀랍게도 크게 달라진 게 없었다. 복장 규정이나 학생들의 외모가 조금은 자유로워졌지만, 교사에게 깍듯이 인사하고, 선배를 존중하는 문화는 여전했다. 마치 내가 다니던 시절의 공기가 아직도 그대로 살아 있는 듯하다.

나는 대학 시절, 동산 수영장에서 아르바이트 강사로도 일을 했다. 어머니는 그 경험이 "주님의 은혜로 준비된 자리였다."고 말씀하시곤 한다. 당시 수영 수업을 통해 체육 수업의 현장을 미리 익혔고, 그것이 지금 교사로서의 나를 준비시키는 밑거름이 되었기 때문이다. 코로나 이후 동산 수영장이 문을 닫은 것은 안타깝지만, 그 자리에 새로 지어진 체육관과 강당 '비전홀'은 여전히 아이들의 움직임으로 가득 차 있다. 공간은 변했지만, 이곳에서 아이들이 뛰는 모습은 변하지 않았다.

동산고는 여전히 내게 '운동장'이다. 뛰고, 배우고, 넘어지고, 일어서는 모든 장면이 믿음이라는 이름으로 연결되는 살아 있는 공간이다. 그리고 나는, 여전히 그 운동장을 함께 걷고 있는 사람이라 행복하다.

'함께'에서 오는 즐거움,
'기다림'이 주는 기쁨

정주리 선생님 / 체육

오래전 일이다. 학교에서 장학금 마련을 위한 폐지 모으기를 추진한 적이 있었다. 토요일마다 운동장 한쪽에서 폐지를 모았고, 반별로 그 양을 측정해 기록을 누적해 나갔다. 처음에는 반 아이들이 시큰둥하며 크게 호응을 보이지 않았다. 그런데 어느 순간 옆반과의 경쟁이 붙었고, 반장을 중심으로 몇몇 아이들이 "이왕 좋은 뜻의 폐지 모으기를 하는 거, 우리 반이 제일 많이 모으는 반이 되어 보자."고 친구들을 독려했고, 아이들은 열심을 내기 시작했다.

집에 있는 신문지는 물론 잡지책들도 모두 들고 왔다. 등굣길 아파트 주변을 돌며 폐지를 모아 왔고, 경비 아저씨에게 "폐지가 모이면 꼭 우리에게 달라."고 부탁하기도 하며 열심히 모았다. 학교에서도 식당과 교무실 등 신문지와 폐지가 생길 만한 곳은 적극적으로 다니며 챙겨 왔다.

토요일마다 학급 아이들은 서로 얻어 오고 챙겨 온 많은 폐지를 보며 뿌듯해했고, 차곡차곡 누적되는 총 킬로그램 숫자에 즐거워했다. 이러한 아이들의 적극적인 참여 덕분에 결국 1톤이라는 어마어마한 양의 폐지를 모을 수 있었다. 함께 1톤을 만들어 냈다는 것에 대한 아이들의 성취감은 정말 컸다. 이를 기념하기 위해 집에서 십시일반 쌀을 가지고 와서, 1톤이라고 콩이 박힌 백설기를 만들어 함께 먹고 주변에 돌리기도 했다. 이를 계기로 반 아이들은 정말 많이 친해지고 단합했으며, 이는 활기차고 자신감 넘치는 반 분위기를 만들어 냈다. 1톤의 폐지를 모으리라고는 생각도 못 했지만, 아이들의 '함께'는 정말 놀라웠고 신기했다. 함께였기에 얻을 수 있는 성과였고 즐거움이었다.

또 하나의 이야기는 한 학생에 대한 기억이다. 3월 새 학기, 대부분의 아이들은 새로운 친구들과 처음 만나는 담임 선생님이 어떤 사람일까 궁금해서 눈을 반짝이며 바른 자세로 앉아 있었다. 단 한 학생만 빼고. 그 학생은 창가 쪽 맨 뒷줄에 앉아 보란 듯이 창밖만 바라보고 있었다. 그때 당시 유행하던 깻잎머리를 하고는 '나, 삐딱선 탈래요.'를 온몸으로 말하는 것 같았다. '어떤 녀석일까?' 하는 궁금함과 '어떻게 해야 하지….' 하는 걱정이 함께 들었다.

학생과의 첫 상담. 역시나 귀찮다는 표정으로 뾰로통하게 앉아 있다가 한마디 했다. "저한테 관심 갖지 말아 주세요. 저는 제가 알아서 할 만큼 할 테니, 관심 안 가져 주시면 좋겠습니다." 당황스러웠다. 첫 상담에서 이렇게 당차게 말하는 학생은 처음이었고, 그 당참이 왠지 믿어지는 것도 처음이었다.

"어? 그래…. 좋아, 그럼 너 믿을게. 네 말대로 너 믿고 놔둔다. 네 말에 책임져야 해. 알았지?" 상담 이후 나는 최대한 그 아이에게 잔소리를 하지 않으려 했고 가급적 칭찬할 점을 찾으려 노력했다. 교칙 위반으로 매번 명단이 올라왔지만 꾸짖기보다는 믿고 기다리고자 했다. 지켜보기만 하는 게 힘들기도 했지만 한편으로는 스스로 자신의 말에 책임을 지는 듯한, 조금씩 변화되는 모습이 참 좋았다. 정말 자신이 말한 만큼 성적도 꽤 괜찮았고, 아이들과도 생각보다 잘 어울리며 즐겁게 지냈다.

학년을 마칠 무렵, 연세대에 가고 싶다고 의지를 밝혔다. 기특하면서도 가능할까 하는 생각이 들었다. 그저 조금은 밝고 편안해진 모습으로 3학년으로 올라가는 것이 대견하고 고마웠다. 3학년이 되자 거의 얼굴을 볼 수 없었다. 발동이 걸린 듯했다. 이후, 자신이 밝힌 연세대가 아닌 서울대에 합격하며 모두를 놀라게 했다.

예민하고 힘든 시기에 '믿는다'는 말과 '기다려 줌'은 생각보다 더 큰 힘과 성과를 가져온다. 불안한 마음과 내 방식대로 하고 싶은 유혹을 접고, 기다리고 믿어 주는 것이 오히려 아이에게는 숨통이 트이는 길이 되고, 스스로 일어서는 기회가 된다는 걸 이 학생을 통해 알게 되었다. 그래서 더 고맙고, 내 교사 생활에 좋은 가르침이 되어 주어 두고두고 기억에 남는다.

하나님의 학교를 만나다

조규철 선생님 / 제6대 교장

내 인생의 대반전은 의심할 여지 없이 안산동산고라고 말할 수 있다. 그래서 나에게 동산고는 BD(Before Dongsan)와 AD(After Dongsan)로 기억된다. 교사로서의 시작은 수원에 있는 동원고등학교였다. 나름 교사로서 사명감을 갖고 세상의 기준에 맞춰 목적을 향해 열심히 달렸고, 동료 교사들과도 좋은 유대 관계를 유지하고 있었다. 그러던 중 안산으로 이사를 왔고, 아파트 단지 앞에서 '안산동산고등학교 부지'라는 표지판을 보게 되었다. 나는 교회에서 세우는 학교라며 그냥 지나쳤지만, 아내는 그것을 보는 순간 가슴이 뛰었고, 내가 그 학교에서 근무하길 바라는 마음으로 기도했다고 말했다.

그로부터 얼마 지나지 않아 김인중 목사님께서 직접 연락을 주셨고, 아내는 서류를 준비해 교사 채용 원서를 제출했다. 마지못해 면접을 보러 갔고, 이에 대한 준비는 아무것도 하지 않은 상태였다. 면접 자리에서 목사님은 술을 마시는지, 구원에 대한 확신은 있는지를 물으셨다. 나는 사실대로 술도 마시고 구원의 확신도 없다고 솔직히 말씀드렸다. 그러자 목사님은 "술은 끊을 줄 믿습니다. 새벽에 기도의 자리에 나가 보십시오."라고 권하셨고, 그다음 단계로 넘어갔다.

집에 돌아와 술에 대해 생각해 보니, 술이 주는 유익은 전혀 없고 오히려 좋지 않았던 기억들만 가득했다. 심지어는 교사라는 직업을 선택할 것인지, 술을 선택할 것인지 결단의 순간이 왔다. 결국 그다음 주부터 술을 끊었고, 한두 주 후에는 새벽기도 자리에 나갔다. 그곳에서 나는 성령의 임재를 경험하게 되었다. 면접 당시 목사님께서 말씀하신 설립 취지와 학교의 비전에 대한 확신에 찬 어조는 내 무관심을 흔들어 놓았고, 동산고에 대해 다시 한번 생각하게 하는 계기가 되었다.

그날 밤 잠을 자다가 꿈을 꾸었다. 목사님께서 산을 오르고 계셨는데, 가던 길을 멈추고 주춤거리던 나를 향해 "따라오세요."라고 하셨다. 깜짝 놀라 잠에서 깼고, 아내가 왜 그러냐고 물었을 때 꿈 이야기를 전하자, 아내는 "그 목사님의 음성이 바로 하나님께서 하신 말씀이다. 순종해야 한다."고 말했다.

이렇게 동산고에서의 새로운 여정이 시작되었다. 처음에는 이전 학교와 분위기가 너무 달라 낯설었고, 이방인 같은 느낌도 들었다. 경력 교사였기에 3학년을 맡게 되었고, 10년간 학년부장으로 동산고의 입시 지도를 총괄하게 되었다. 학교를 위해 기도해 주시는 교회 성도들, 열정적인 교직원들, 신뢰를 보내 주는 학부모님들이 계셨지만, 과연 기대에 부응할 수 있을까 하는 부담은 작지 않았다. 당시 학생들의 꿈은 현실과 큰 괴리가 있었기 때문이다.

그러나 1회 졸업생들의 수학능력시험 결과에서 나는 하나님께서 일하시는 모습을 똑똑히 보았다. 동산고 학생들의 눈높이에 맞춰 수능이 출제되었고, 동산고 학생들의 기대에 부응하는 결과를 얻었다. 1기 졸업생부터 SKY대를 비롯한 명문 대학 진학률이 안산에서 가장 좋았고, 이후 몇 년 사이 동산고는 경기도를 넘어 전국적으로도 명문고로 명성을 얻게 되었다. 2006년에는 진학 부문 '명품학교'로 선정되기도 했다.

하지만 이런 성과를 곧이곧대로 받아들이지 않는 시선도 있었다. 일부 중학교에서는 "우수한 학생들을 돈으로 유치했다.", "진학 결과는 조작됐다."는 등의 루머가 돌기도 했다. 그 후 나는 교무부장을 맡았는데, 당시는 이명박 대통령이 자율형 사립고 100개 설립을 공표한 시기였다. 경기도에서는 자사고 신청 자체가 전무했다. 이유는 기준을 충족하는 학교가 거의 없었고, 자사고 반대 단체들의 방해도 심했기 때문이다. 이런 상황 속에서 동산고 이사회는 자사고 신청을 결정했고, 동산고는 경기도 내에서 유일하게 자사고로 지정되었다.

중간에 자사고 폐지 위기라는 어려움도 있었지만 학부모님들, 동문들, 동산교회 교우들, 그리고 여러 기독교 단체들이 함께 힘을 모아 주었고, 결국 우리는 자사고의 지위를 지킬 수 있었다. 나는 이 고난을 통해 건강에도 큰 영향을 받았고, 결국 임플란트 시술까지 하게 되었지만, 그 가운데서도 하나님의 음성을 들었고, 꿈과 환상을 통해 하나님께서 이 일을 주도하심을 확신하게 되었다. 그렇다. 안산동산고는 하나님이 세우신 학교다. 이 학교가 말씀과 기도로 그리스도의 향기를 온 세상에 전하는 학교로 계속해서 쓰임 받기를 간절히 기도한다. 아멘.

동산에서의 두 번째 봄

조수용 선생님 / 사회

　봄은 따뜻함과 새로움의 기대가 시작되는 시기다. 그런 봄과 같은 동산고에서의 시간과 공간이 나에게는 두 번 있었다. 처음의 봄은 동산고 부임 후 첫 채플 예배 때 내가 보고 듣고 느낀 감동이었다. 그때의 감동은 내가 동산에 있어야 하고, 있고 싶은 이유가 되었다. 예배를 통해 전해진 감동은 학교 정체성의 당위를 넘어 학생에 대한, 그리고 공동체에 대한 확신과 기대였다.

　그런 기대로 교사로서의 삶을 살아가며, 잘 가르치는 교사가 되겠다는 다짐을 하였고, 그것이 교사의 가장 중요한 역할이라 생각했다. 그러다 보니 열정은 있으나 때로는 소통의 문제, 때로는 감정의 문제 등 무언가의 부족함이 느껴지기도 했다. 하지만 그것을 교직 생활에서 오는 당연한 감정과 과정으로 치부해 버렸고, 하루하루를 버티고 견디며 지냈다.

　그러던 어느 날, 3월 개학 후 급격히 체력이 약해지고 아파 오기 시작하면서 신체의 많은 변화를 감지하게 되었다. 퇴근 후 바로 응급실에 가서 받은 진단은 원인 불명의 급성 A형 간염이었다. 매일매일 손과 발, 그리고 얼굴과 눈까지 노란색의 황달이 발현되어 나 스스로도 거울을 보기가 힘들 정도였다. 다른 사람들과 달리 간 담도의 이상으로 회복이 더디게 되어 어쩔 수 없이 교직 생활 처음으로 휴직을 하게 되었다. 지속적인 관리와 치료가 필요하다는 의사 선생님의 소견을 받아 치료받는 그 기간은 너무나도 외롭고 추운 겨울이었다.

　하지만 내 마음속에 동산에 대한 복직의 가능성이 있었기에 하루하루 견뎌 내며 지냈다. 그 과정에서 내가 왜 동산을 기대하고 있는가를 다시 한번 생각해 보았다. 화려하거나 빛나는 것이 아님에도 왜 기다려지고 기대되는지, 동산의 일상을 돌아보았다. 그 결과, 동산의 특별한 무엇이 기다려지고 기대된 것이 아니라, 동산의 일상이 봄과 같이 따뜻하고 새로움의 기대가 되었기 때문이라는 것을 알게 되었다. 그리고 그 중심에는 봄과 같은 따뜻함과 새로움을 가진 학생들이 있었다. 동산의 학생들이 바로 나에게 두 번째 봄이었던 것이다.

그런 학생 중 아직도 기억에 남는 학생이 있다. 누구보다 먼저 남을 섬기고, 누구보다 먼저 웃을 수 있으며, 신앙과 생활의 일치를 보여 준 학생이었다. 이 학생의 꿈은 아이돌 가수였다. 동산고에서 흔치 않은 진로 희망을 가진 학생이었다. 그런데 이 학생의 동아리는 선교 워십팀이었고, 3학년 때는 학급 학생들의 학습을 위해 자신이 반장을 하겠다고 선뜻 나서서, 학급 전체의 만장일치로 반장을 역임했던 학생이었다. 모든 일에 성실하고 모범이었던 이 학생은 친구들의 생일날 직접 끓인 미역국과 도시락을 선물로 주는 따뜻한 마음을 가진 학생이었다.

이런 학생이 아이돌 가수를 꿈꾼다는 것은 처음엔 쉽게 이해되지 않았다. 상담을 통해 그 이유를 물어보니, 요즘 청소년들에게 가장 큰 영향력을 줄 수 있는 직업이 아이돌 가수이며, 그 영향력을 통해 자기가 하고 싶은 청소년 선교를 가장 잘 실현할 수 있는 직업이기 때문이라고 했다. 단지 멋있고 화려해서가 아니라, 자신에게 주어진 사명을 가장 잘 실현할 수 있는 길이기에 도전하고 싶다는 고백은 너무도 기특하고 감사했다.

이 학생은 졸업 후 대학 진학이 아닌, 엔터테인먼트 소속사와 계약을 맺고 아이돌 데뷔를 준비하기 시작했다. 이후 음악 방송이나 유튜브를 통해 데뷔하고, 해외 진출도 계획하며 활발히 활동했다. 이 학생은 소속사와의 계약에서 주일에는 반드시 예배를 드릴 수 있게 해 달라는 조건을 달았고, 활동 중에도 신앙생활을 게을리하지 않았다. 시간이 날 때는 봉사 활동도 꾸준히 다녔다.

그러던 중, 전 세계를 강타한 코로나19 감염병의 유행으로 해외 진출의 어려움과 대면 공연 취소가 이어졌고, 소속사의 경제적 문제로 팀이 해체되었다. 학생은 그 와중에도 여유가 생겼다며 아르바이트 시간을 쪼개어 나를 찾아왔다. 팀의 해체와 꿈을 멈춰야 하는 상황이 매우 힘들었을 시기였음에도, 더 나은 길과 방향을 놓고 기도 중이며 그 길을 찾아 보고 있다고 용기 있게 말하는 모습에 오히려 내가 더 큰 힘을 얻었다.

이렇게 두 번째 동산고에서의 봄인 학생들을 통해, 나는 교사로서 학생을 단지 잘 가르치는 것을 넘어, 이 세대를 이해하고 그 길을 응원해 주는 역할을 감당해야 한다는 것을 가슴 깊이 새길 수 있었다.

'난중일기'부터 '동요 함께 부르기'까지: 활기찬 우리 반 만들기

진윤태 선생님 / 영어

학급을 성공적으로 경영하는 일은 정말 만만한 일이 아니지만, 그만큼 중요하고 보람 있는 일이다. 이런저런 시도를 해 본 후 깨달은 것이 두 가지 있는데, 첫째는 아무리 좋다고 알려진 학급 운영 방법도 상황과 여건에 맞지 않으면 별로 소용이 없다는 것과 무엇보다 학생들로 하여금 교사가 자신을 긍정적인 방향으로 잘 이끌어 줄 것으로 믿고 따르도록 유도하는 담임의 카리스마, 즉 '믿음과 이끌림'이 중요하며, 이는 전문 지식이 밑바탕에 깔린, 학생에 대한 애정으로부터 나온다는 것이었다. 이런저런 궁리와 시행착오를 거쳐 만든 학급 운영에 도움이 되었던 몇 가지 프로그램을 소개해 본다.

담임의 처지에서 한 학급의 학생들이 많을 때는 56명까지도 되어 일일이 개별적으로 만나서 대화할 시간이 많이 모자랐고, 학생들도 친한 몇 명만 끼리끼리 모이는 경우가 많아 서로에 대한 이해와 공감이 부족한 상황임을 느꼈다. 이에 대한 대책으로 'AUTO SEAT'라는 프로그램으로 1년간 같은 자리를 일주일 동안 단 한 번만 앉고, 짝도 매주 다르게 조정했고, 보다 근본적으로는 학급 일기를 통해 학생들의 생각과 학급에서 발생하고 있는 문제를 파악하고 학습과 행동을 지원하자는 생각으로 '난중일기(혹은 몽당연필)'를 쓰도록 하였다.

학기 초에는 자연스럽게 자신에 대한 소개를 쓰는 경우가 많아 친분이 없었던 아이들도 서로를 파악하는 데 도움이 되어, 이를 바탕으로 서로를 배려하게 되었으며, 다양한 소재의 글을 쓰고 읽으며 학우들의 비슷한 처지와 고민, 그리고 그 해결 방법을 이해하고 공감하였다. 다른 친구의 꿈을 향해 가는 과정과 방법을 통해 도전을 받고 스스로 각성하는 계기도 되었고, 남 앞에서 자신을 표현하는 것이 서툰 학생들도 글을 통해 자기 생각을 전하면서 공동체의 일원으로 소속감을 느끼고 학급 일에 적극적으로 참여하였으며, 서로를 인정하고 존중하는 분위기를 만들 수 있었다. 생활에서의 고민, 걱정거리를 나누고 작은 일에서도 의미를 찾고 행복을 느끼는 기록하는 등 학급일기가 빡빡한 학교생활에서 자신을 표현하는 유일한 소통의 창구 기능을 했다고 생각한다.

글을 읽다가 야간 자율 학습 시간을 몽땅 날려 먹는 학생이 생기는 부작용이 있긴 했지만, 신임 교사가 된 제자들이 운영 방법을 문의해 오고, 이를 책자로 제작하여 졸업 기념품으로 나눠 가지는 기수들이 많았던 것으로 보아 학생들도 이를 좋게 받아들였다고 본다.

혼미한 아침 시간을 깨우는 방법으로 '동요 함께 부르기'도 있었다. 매일 조회 시간에 담임이 문을 열고 들어오면 환호, 박수와 함께 동요의 전주가 시작되고 율동을 곁들여서 다 같이 합창한 후 웃고 즐기며 활기차게 하루를 시작하게 하였다.

계절을 막론하고 아침 일찍 교실에 들어오면 벌써 여기저기 널어놓은 수영복을 볼 수 있었다. 정서적으로, 신체적으로 건강해지려면 운동이 중요하다는 담임의 말을 아이들은 힘들어도 충실히 따랐다. 운동장을 뛰는 학생들도 있고, 특히 학교 수영장이 있던 시절이어서 새벽 수영 후 젖은 수영복을 교실에 걸어 놓는 학생도 많았다. 환경은 다소 열악했지만, 힘든 수험 생활 속에서도 자기 관리에 최선을 다하고자 하는 착한 학생들이었다고 기억한다.

이 외에도 학생 개개인이 학급 친구들을 위해 할 수 있는 일 한 가지를 스스로 정해 책임감을 갖고 실천하도록 이끌었다. 자신이 정한 실천 내용과 기도 제목을 함께 게시하여 서로 격려하고 책임을 다하도록 했다. 한편, 학생들이 심적으로 지칠 때마다 직접 만든 작은 선물이나 편지로 마음을 전하곤 했는데, 생각보다 많은 학생이 감동했고, 수능 전에 나누어 준 복주머니나 인형을 시험장에서 끝까지 손에 쥐고 있었다는 아이들도 있었다.

이런 여러 가지 것들이 중간에 흐지부지 안 되고 끝까지 유지되었던 것은 학생들이 담임을 믿고 따라와 주었기 때문이리라. 늘 고맙게 생각한다.

수학 수업은 재미있어야 한다

진형도 선생님 / 수학

경험상 대부분의 학생들은 수학 수업이 재미없다고 말한다. 나는 수학이 재미있다. 그렇다고 해서 내가 학습자로서 경험한 수학 수업이 재미있었던 것은 아니다. 나는 재미있는 수학 수업이 무엇인지 오랫동안 고민했다. 수업 중에 학생들에게 재미있는 이야기를 해 주면 교실은 학생들의 웃음소리로 인한 활기가 가득하지만, 다시 본론으로 돌아와 수학 문제를 풀기 시작하면 분위기가 금세 가라앉고 조는 학생들이 점점 늘어난다.

나는 재미있는 수학 수업을 만들기 위해 노력했고, 그 결과 중 하나가 바로 협동 학습이다. 협동 학습을 처음 알게 된 것은 예전에 함께 근무했던 장○기 선생님 덕분이며, 다양한 수업 기법을 배우면서 점차 수학 수업에 적용하게 되었다. 처음 협동 학습을 고안하고 수업에 적용할 당시에는 강의식 수업이 대세였고, 인터넷 강의가 보편화되기 전이었다. 협동 학습의 단점으로는 느린 학습 진도와 교사의 설명 부족이 있었다. 그래서 당시 나의 가장 큰 고민은 강의식 수업을 하지 않을 때 따라오는 학생과 학부모의 불만, 그리고 동료 교사들의 시선이었다.

협동 학습을 내 수업에 도입하는 데 결정적인 계기가 됐던 것은 1급 정교사 연수였다. 이때 나는 대학 졸업 후 오랜만에 학습자가 되어 한 달 넘게 모 대학교에서 수업을 들었다. 그 지루했던 수학 수업의 경험을 통해 나는 협동 학습을 본격적으로 수업에 도입할 용기를 얻게 되었다. 이후로 나는 주당 1시간 이상 협동 학습을 진행했으며, 매 시간 "또 하고 싶다."고 말하는 학생들이 생겨날 정도로 반응이 좋았다. 당연히 조는 학생은 한 명도 없었다.

그러던 중 세상이 바뀌었다. 대부분의 학생이 사교육을 받고 있고, 인터넷 강의 시대가 열렸다. 학교 수업은 이제 지식 전달보다는 다양한 상호작용과 학생 스스로 학습이 일어나게 하는 것에 초점이 맞춰지고 있다고 생각한다. 그래서 나는 조금 더 자신 있게 협동 학습의 비중을 늘렸고, 몇 년 전부터는 모든 수업을 협동 학습으로 진행하고 있다. 매번 수업을 준비하는 일이 쉽지는 않지만, 학생들이 "재미있다."고 이야기해 줄 때마다 큰 위로와 힘이 된다.

　대표적인 협동 학습 수업으로는 암호 풀이 수업이 있다. 4인 1조의 그룹을 편성한 뒤, 수학 문제 6~8개의 정답을 사용해 암호표를 해독하고 영어 단어를 맞히면 보상을 주는 수업 기법이다. 문제의 난이도를 명시하여 조원들이 각자의 수준에 맞게 문제를 풀고, 답을 조합하게 설계했다. 조원들은 문제의 답과 풀이 과정을 서로 비교하거나, 모르는 친구에게 알려 주면서 자연스럽게 학습이 이뤄진다. 실제로 학생들의 반응도 매우 좋았다. 최근에는 학생들 간의 실력 차가 커지면서 생기는 문제와 고3이라는 상황에 맞춰 수업을 수정하기 위해 계속 노력 중이다.

　매년 동산고에서는 연초에 교목실에서 '올해의 말씀'과 '가족과 개인 기도 제목'을 받아 책자로 만든다. 나는 언제부턴가 '좋은 수학 학습 프로그램을 만들 수 있도록'이라는 기도 제목을 항상 넣었다. 교사가 되기로 결심하고, 어떤 과목을 가르칠지를 고민하던 중, 학생들에게 가장 도움이 될 과목으로 수학을 선택했던 예전의 나를 떠올리며, 언젠가는 모든 학생이 진로를 선택하는 데 수학이 방해가 되지 않기를 바라는 나의 염원이 담긴 기도 제목이었다. 지금도 나는 매년 같은 기도 제목을 적어 내고 있으며, 매년 학생들의 수학 학습을 돕기 위해 다양한 시도를 계속하고 있다. 무릇 수학 수업은 재미있어야 하니까 말이다.

세족식과 세리머니, 우리 반의 감동 리그

최도열 선생님 / 수학

2014년, 나는 1학년 담임을 맡았다. 정신없이 지나간 3월이 끝나 갈 무렵, 동산의 모든 학생과 교직원은 자연스레 1학년 수련회에 초점을 맞추게 된다. 대부분의 선생님들은 수련회를 여러 번 다녀왔기에 그 흐름을 잘 알고 있으며, 1학년 학생들이 동산의 정체성을 입는 과정을 기대하며 하루하루를 보내게 된다. 나 역시 여러 번 수련회에 참석했기에 마지막 날의 세족식을 위해 마음의 준비와 체력의 준비를 하고 있었다.

수련회 마지막 날은 학생들이 힘겹게 산행을 마친 후, 담임 교사가 학생들의 발을 씻겨 주며 서로에 대한 신뢰를 쌓고, 친구와 교사라는 끈을 단단히 맺어 앞으로의 어려움을 함께 헤쳐 나가겠다는 무언의 다짐을 하는 시간이다. 동시에 하나님 앞에서 한 명의 신앙인으로 성장해 나가는 의미 있는 순간이기도 하다.

그날, 학생들이 산에 오를 때는 이슬비가 조금씩 내렸지만, 등반을 못 할 정도는 아니었다. 학생들이 안전 요원과 함께 등반을 하러 간 사이, 교사들은 1시간 이상 무릎을 꿇고 진행해야 할 세족식을 준비하며 무릎을 걱정하고 있었다. 점심시간이 조금 지난 무렵, 우리 반 학생들이 산행을 마치고 내려왔는데, 내가 예상했던 모습과는 전혀 달랐다.

힘들지만 친구들과 협력하며 단결력과 협동심을 다졌을 거라고 기대했건만, 41명의 남학생들은 불만 섞인 말들을 쏟아 내기 시작했다. 이유는 이랬다. 우리 반에 장애를 가진 친구가 있었고, 그 친구가 등반 중 자꾸 뒤처지자 안전 요원이 여러 차례 채근하고 지적하는 상황이 벌어졌다는 것이다. 아이들은 분노했고, 그 감정을 나에게 쏟아 냈다. 머리와 옷이 젖은 채로 울분을 토하는 41명의 목소리에 나는 순간 사고가 정지되는 듯했다.

한편으론 학급 친구를 걱정하고 변호하는 아이들의 모습에 깊은 감동을 받았다. 그렇게 잔뜩 뿔이 난 아이들과 함께 엉겁결에 세족식을 시작했다.

담임으로 만난 지 한 달밖에 되지 않았지만, 나는 그동안 지켜본 학생들에게 지금 가장 필요하고, 위로가 될 수 있는 말을 건넸고, 각자에게 주님의 도우심이 넘치기를 간절히 기도했다. 특히 더 화가 나 있던 몇몇 아이들은 더 오래 붙잡고 기도했다. 그랬더니 아이들이 더 큰 감동을 받았던 것 같다.

 우리 반은 다른 반보다 유대감이 더 넘쳤고, 서로를 사랑하려는 마음이 컸다. 나 또한 그날의 고비를 넘긴 후, 마음을 놓고 수련회를 마무리하고 있었다. 그런데 갑자기 아이들이 나를 에워싸더니 가운데 세워 놓고 기도를 하기 시작했다. 41명의 남학생이 겹겹이 나를 둘러싸고 기도하는 그 순간, 나는 말로 다할 수 없는 감동을 느꼈다. 동시에 옷이 덜 마른 남학생들의 열기와 체취가 그대로 전달되어, '아, 이게 레알 마드리드나 바르셀로나 같은 축구팀에서 결승골을 넣고 뭉친 선수들 사이에 있는 기분이구나.' 하는 생각이 들었다. 감동 속에, 약간은 혼란스러운 감각이었다. 평소보다 마음이 더 벅찼던지, 우리 반 아이들은 나에게 정말 격한 세리머니를 해 주었다. 나는 정말 숨을 쉬기 어려웠다. 마치 챔피언스리그 결승전에서 결승골을 넣은 선수처럼, 그날의 감동과 환희는 잊을 수가 없다.

 동산의 봄은 나에게 화가 있을 수도 있고, 분노가 있을 수도 있다. 하지만 우리가 함께 공유하고 나누는 순간, 새로운 시각으로 세상을 바라보게 해 준다. 우리가 함께 있고, 서로 바라보고 있으며, 연결되어 있다는 그 사실을 오래도록 잊지 않았으면 한다.

여섯 명의 교사, 대만을 달리다

최용락 선생님 / 체육

　　2019년 1월, 겨울방학. 누군가에게는 따뜻한 휴식의 시간이었고, 또 다른 누군가에게는 새로운 도전의 시간이었을 것이다. 대한민국 자전거길을 두루 달려 '그랜드 슬램'을 달성한 여섯 명의 교사—김○호, 노○우, 류○영, 신○준, 신○재, 최○락-는 이번엔 한 걸음 더 나아가기로 했다. 바로 '대만 환도 자전거 일주'.

　누군가는 "겨울방학에 대만까지 가서 자전거를 탄다고요?" 하며 의아해했지만, 이 여정은 단순한 여행이 아니었다. 그곳은 또 하나의 교실이었고, 진심을 나눌 수 있는 우정의 자리였다.

　우리는 자전거와 장비를 하나하나 박스에 포장해 공수했고, 대만 타오위엔 국제공항에 도착하자마자, 공항 한복판에서 자전거를 조립하기 시작했다. 하지만 예상치 못한 변수가 기다리고 있었다. 공항 경찰이 다가와 물었다. "이 자전거로 어디로 가시나요?" 우리는 당연히 공항 밖으로 타고 나가면 될 줄 알았다. 하지만 자전거를 타고 나가는 건 금지. 버스를 타야만 했다. 당황스러운 상황이었지만, 경찰의 친절한 안내 덕분에 우리는 첫걸음을 내디딜 수 있었다. 작은 일에도 도움을 아끼지 않는 이방인의 배려 속에서 대만의 온기를 느꼈다.

　하지만 길은 언제나 우리에게 관대하지 않았다. 라이딩 첫날, 신○재 선생님의 허벅지에 경련이 왔다. 늘 '탈락 1순위'로 놀림 받았지만, 그는 누구보다 철저히 준비하고 결코 포기하지 않는 사람이었다. 고통 속에서도 "함께 가겠다."는 그의 말에 우리는 파스를 붙이고 다독이며 그의 페달을 함께 밟아 주었다. 여행의 시작부터 우리는 깨달았다. 이 여정에서 가장 중요한 것은 함께 있는 '존재' 자체라는 것을.

　문제는 거기서 끝나지 않았다. 이번에는 신○준 선생님의 자전거 타이어가 완전히 터져 버렸다. 수천 킬로미터를 자전거로 출퇴근한 그였기에 타이어의 마모는 심각했고, 결국 대만의 도로에서 그 한계가 드러났다. 몇십 킬로미터를 자전거를 끌며 수리점을 찾아다니던 밤. 마침내 도시에서 타이어를 교체할 수 있었을 때, 우리 모두는 속으로 외쳤다. "살았다!"

하지만 진짜 위기는 따로 있었다. 일월담에 오르기 위해 긴 오르막을 올라 편의점에서 잠시 쉬던 중, 노○우 선생님의 배낭이 사라졌다는 사실을 알게 되었다. 여권, 지갑, 필수품이 모두 그 안에 있었다. 점원의 도움으로 CCTV를 확인하니, 배낭은 정상을 내려올 때 그대로 놓고 온 것이었다. 한 치의 망설임도 없이, 택시를 타고 다시 그 길을 거슬러 올라갔다. 몇 시간이 흐른 뒤 정상에 도착하자, 그 배낭은 우리가 떠났던 그 자리에서 조용히 기다리고 있었다. 그 순간 아무 말도 없이 두 손을 모아 감사 기도를 드릴 수밖에 없었다.

정상으로 갈수록 체력은 고갈되고 짐은 짐스러워졌다. 우리는 하나둘씩 가방 속 짐을 꺼내 버렸다. 심지어 신발까지. 무게를 줄이니, 마음도 함께 가벼워졌다. 일월담을 넘을 때, 그 누구보다 강했던 김○호 선생님도 결국 끌바(자전거를 끌고 걷기)를 선택했다. 너무 힘들어서 정상에 도착했을 때는 웃음도, 말도 사치였다. 행동식으로 겨우 기운을 차리고, 내리막길로 들어서니 그제야 살 것 같았다. 30분간의 내리막은 그야말로 '행복' 자체였다.

반가운 일은 또 있었다. 화롄의 한 게스트하우스. 그곳에서 예상치 못한 인연이 우리를 기다리고 있었던 것이다. 그곳 직원이 동산고 졸업생이라는 사실을 알게 된 우리는 말로 다 표현할 수 없는 반가움에 휩싸였다. 비록 직접 만나지는 못했지만, 그 인연만으로도 이번 여정은 더욱 특별해진 것 같은 기분이 들었다.

여행 마지막 날, 우리는 자전거를 내려놓고 예류지질공원, 지우펀, 스펀, 101빌딩, 단수이, 야시장 등 대만의 문화와 사람들을 온몸으로 느꼈다. 어디를 가든, 누구를 만나든, 우리는 환대를 받았다. 낯선 땅이었지만, 그 어떤 곳보다 따뜻했다. 길을 묻는 우리에게 멈춰 서서 길을 안내해 주던 사람들, 숙소를 찾는 이방인에게 집처럼 대해 준 그들. 대만은, 또 하나의 교실이었다. 매 순간이 도전이었고, 매 순간이 위기였으며, 매 순간이 기적이었다.

그 길 위에서 우리는 '교사'라는 타이틀보다 먼저 사람이 되었다. 여섯 명은 각기 다른 색깔처럼 서로 다른 개성을 지녔지만, 하나의 목표를 향해 함께 달렸다. 자전거를 타며 우리는 인생의 진리, 오르막이 있으면 반드시 내리막도 있다는 사실을 체감했다. 라이딩 중의 고난이 오르막이었다면, 그 끝의 내리막은 환희와 성취로 바뀌었다. 대만 환도 라이딩은 끝났지만, 여전히 우리의 가슴속에서 페달은 돌고 있다. 삶이 또 한 번 우리를 시험할 때, 그때 우리는 이렇게 말할 것이다. "같이 가자. 끝까지."

동산에서 시작된 나의 인생 이야기

하정욱 주무관님 / 행정

　　나에게 안산동산고는 인생이다. 동산에 처음 올라섰을 때, 믿음동만 지어진 채 텅 빈 교정을 보고 '정말 학교가 맞나?' 하는 의심을 품었던 기억이 아직도 생생하다. 어느덧 3년을 그곳에서 보내고, 대학을 갔다가 다시 동산에 돌아와 자리를 잡은 시간이, 동산에 발을 딛기 전의 세월보다 더 많아져 버렸다.

　내가 처음 마주한 동산의 모습은 척박한 운동장과 붉은 벽돌 건물이 전부였다. 여느 90년대의 학교와 다르지 않은 풍경이었다. 다만 아침 예배가 있었고, 수요일 아침 전체 예배가 있었고, 종교라는 수업이 있었으며, 저녁 기도 집회와 명사 특강이 있었다. 졸업을 하고도 왜 그렇게 좋았는지, 왜 그렇게 그리웠는지, 학교는 내게 제집 드나들듯 오가던 장소가 되었고, 어느 순간 선생님과 제자라는 이름에서 선생님과 동료라는 관계로 거듭나기까지 많은 시행착오와 노력이 이어졌다. 그사이 결혼을 하고 아이를 낳으며, 벌써 20년이 훌쩍 지나 버렸다.

　업무 중 들려오는 아이들의 웃음소리, 노랫소리, 봄이면 흐드러지게 피는 벚꽃, 여름의 쨍한 햇살, 가을의 붉은 노을, 겨울 눈 내리는 날의 교정…. 어느 것 하나 예쁘지 않은 것이, 정이 가지 않는 곳이 없었다. 이제 나도 나이를 먹었는지, 아이들을 보면 나의 고등학교 시절이 자꾸 떠오른다.

　우리 시절에는 체육대회 때 마라톤이 있었는데, 이제는 하지 않는다. 체육 시간이나 교련 시간에는 운동장의 돌을 줍기도 했는데, 이젠 그런 일도 하지 않는다. 점심시간엔 모두가 한자리에 앉아도 자리가 남았는데, 지금은 자리가 부족하다. 야간 자율학습 시간 분수대에서 들려오던 개구리 소리, 빗소리, 눈 내리는 느낌, 붉게 물든 노을…. 모든 순간이 추억이 아닌 것이 없었다. 그래서인지 코로나 시기에 아이들의 웃음소리와 노랫소리, 바쁘게 드나드는 일상이 그리웠고 간절했다. 그 덕분에 그 이후로 아이들에게 더 다정해졌는지도 모르겠다.

코로나 직전, 자퇴한 아이가 있었다. 이유는 수행평가나 지필평가에 쏟는 시간이 아깝고, 수능 공부에만 집중하고 싶다는 것이었다. 학교생활은 사치라고. 그 말이 충격이었다. 나에겐 정말 재미있는 고등학교였고, 동산고만큼은 그런 학교와 다르다고 생각했는데, 아이들은 같다고 느꼈던 것이다. 학교에서의 생활과 친구와의 우정이 정말 사치인 걸까? 나에게 또 다른 질문을 던지고 간 그 친구 덕분에, 한동안 많은 생각을 하게 되었다.

그러나 코로나 이후, 다른 고등학교들과 소통을 통해 나는 확신하게 되었다. 우리 학교 아이들은 공부에도 열정을 쏟지만, 학교 안에서 누리는 활동과 친구들과의 우정 또한 놓치지 않는다는 것을.

후배들에게 바란다. '안산동산고'라는 이름이 주는 무게는 분명 있지만, 이 시절에만 가질 수 있는 시간이 있다는 것도 반드시 알았으면 좋겠다. 이때의 기억이 삶에서 얼마나 큰 부분을 차지하는지, 후회 없이 치열하게 공부하고, 친구들과 밤새 토론하며 웃고 울고 함께했던 그 순간들이 얼마나 소중한지 꼭 경험했으면 한다. 공부할 때는 치열하게, 놀 땐 신나게, 진한 우정과 추억으로 가득한 동산인의 삶을 살아가기를 누구보다 진심으로 소망한다.

"사람이 마음으로 자기의 길을 계획할지라도 그의 걸음을 인도하시는 이는 여호와시니라."

[잠언 16장 9절]

Good luck!

에필로그

비전이 이끈 길, 우리가 만든 숲

　세상의 희망이 되고자 초석을 놓은 30년의 세월.
서로 다른 시간대에 동산의 언덕을 오르며,
서로 다른 사람들이 경험한 동산고의 사계는
하나의 행복과 감동의 사연으로 연결되었다.

　서로 다른 문화에서 성장했지만,
소중한 교육의 가치에 공감하여 모였고,
그렇게 연결되어 동산의 우거진 숲을 이루었다.

　행복(Happy)한 열정과 감성,
겨자씨와 같은 순종의 걸음에 주신 축복의 기회(Opportunity),
서로 다른 사람들(People)과 보폭을 맞추고,
어우러지는 노력(Effort)으로 하나 된 동산 가족의 다양한 사연 속에서
우리는 동산고의 새로운 30년의 희망(HOPE)을 본다.

　비전은 남이 볼 수 없는 것을 보는 것이다.
세상의 희망이 되고픈 오병이어와 같은 작은 비전,
소소하지만 진심으로 살아왔고
또 그렇게 살아갈 의지로 써 내려간 글에 축복하셔서,
세상의 그늘진 곳, 무너진 마음으로 힘들어하는 사람들이
이 책을 통해 힘을 얻고 희망의 한 걸음을 내딛게 되는 마중물이
되기를 바란다.

문순용 교장선생님

함께 피어난 시간, 함께 걸어갈 이름

　계절마다 다르게 피어나는 꽃들을 바라볼 때마다 우리 아이들이 떠오른다. 진달래처럼 수줍은 봄의 얼굴도, 국화처럼 깊은 가을의 마음도, 제각각 피어나는 모습은 꼭 우리 아이들 같다. 시기는 달라도 각자의 색으로 피어나며 삶을 살아내는 아이들은 그 자체로 하나의 선물이었다.
　30여 년 동안, 나는 그런 꽃 같은 아이들과 함께 햇살을 나누며 살아왔다. 그 꽃들을 담고 있는 꽃병을 볼 때면 문득 우리 선생님들이 생각난다. 매일 아침, 서로의 안부를 나누고 따뜻하게 존중하며 동산의 하루를 함께 열어가는 사람들. 모양새는 서로 다르지만, 어느 꽃이든 가리지 않고 품고 돌보는 꽃병처럼 우리 선생님들도 그 자리에서 묵묵히, 그러나 정성껏 아이들을 품어 주고 계신다.
　시간은 흘러 꽃은 시들지 몰라도, 그 꽃을 함께 바라보고 돌보았던 시간은 오래도록 남는다. 누군가에게 동산은 첫 시작이었고, 또 다른 누군가에겐 잠시 머물다 가는 길목이었지만, 서로가 함께였기에 그 모든 순간은 한 편의 기억으로 남는다. 그래서 먼 시간이 흐른 뒤에도, 마음 깊은 곳에서 다시 돌아보고 싶은 '처음'이 있다면 그곳은 아마 이 자리, 동산일 것이다.
　그런 마음을 담아 우리는 『안산동산고 이야기 2』를 준비했다. 아이들의 이름으로 피어난 이야기, 선생님들의 마음으로 이어 온 시간, 그 모든 사랑과 수고가 한 권의 책으로 묶여 따뜻하게 전해지길 바란다. 이 이야기가 지금 이 책을 펼치는 당신에게 작은 위로가 되기를, 그리고 동산의 다음 30년을 더욱 아름답게 피워 낼 희망이 되기를 소망한다.

오병훈 교감선생님

안산동산고 이야기2

초판 1쇄 2025년 6월 1일

공동저자	김인중, 김성겸, 안산동산고 가족일동
표지그림	8기 박성경
날개그림	25기 윤어진

제작기부	이수형, 문영섭, 문순용, 권혜민, 제정임, 임영빈

펴낸이	13기 방수영
펴낸곳	이분의일
주소	경기도 과천시 과천대로 2길 6, 과천테라스원 508호
전화	02-3679-5802
이메일	onehalf@1half.kr
홈페이지	www.1half.kr

출판등록, 제 2020-000015호
ⓒ안산동산고등학교, 2025
979-11-94474-15-9(03230)

이 책에 실린 글과 이미지의 무단복제를 금합니다.
이 책의 내용의 전부 또는 일부를 재사용하려면 반드시
저자와 출판사의 동의를 받아야 합니다.